# 神社の解剖図鑑 2

監修/平藤喜久子
Hirafuji Kikuko
著/本間美加子
Homma Mikako

X-Knowledge

# Map Index①
# 本書で紹介する日本全国神社マップ［東日本］

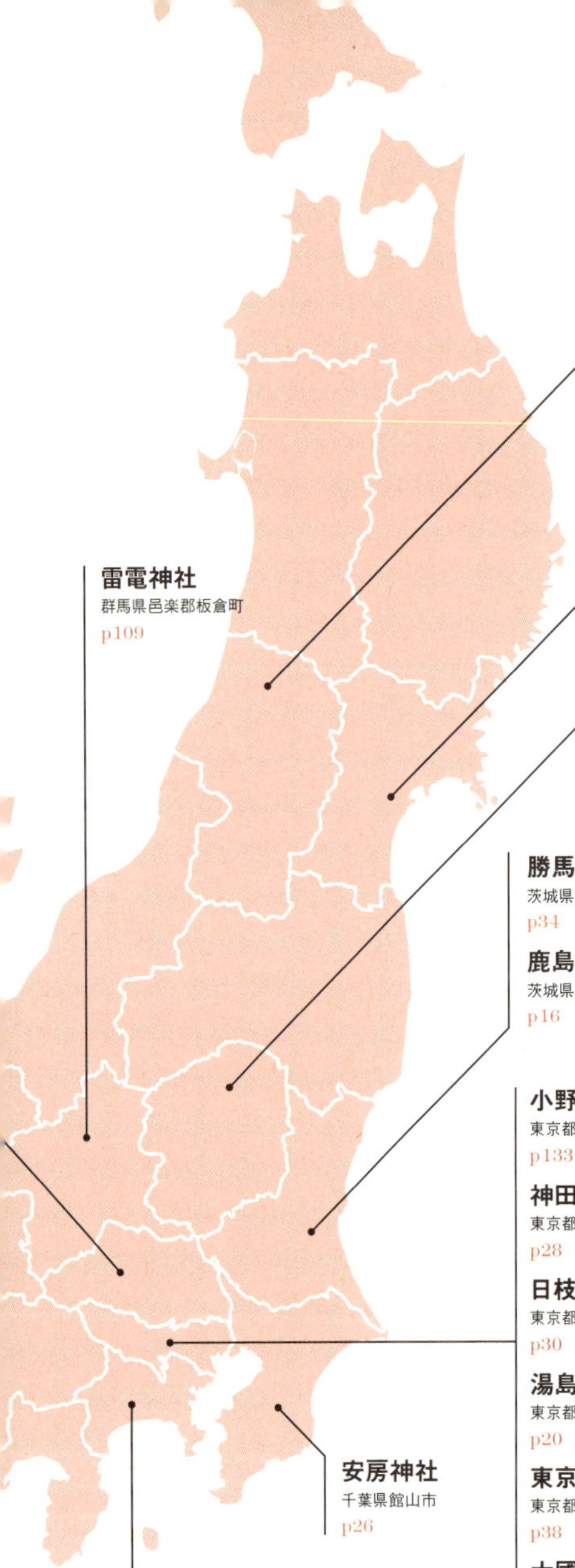

**空気神社**
山形県西村山郡朝日町
p111

**鹽竈神社**
宮城県塩竈市
p66

**猫神社**
宮城県石巻市
p100

**雷電神社**
群馬県邑楽郡板倉町
p109

**日光東照宮**
栃木県日光市
p134

**本城厳島神社**
栃木県足利市
p88

**那須温泉神社**
栃木県那須郡那須町
p106

**鷲子山上神社**
栃木県那須郡珂川町
p112

**勝馬神社**（大杉神社境内社）
茨城県稲敷市
p34

**鹿島神宮**
茨城県鹿嶋市
p16

**小野神社**
東京都多摩市
p133

**神田神社**（神田明神）
東京都千代田区
p28

**日枝神社**
東京都千代田区
p30

**湯島天満宮**
東京都文京区
p20

**東京大神宮**
東京都千代田区
p38

**大國魂神社**
東京都府中市
p42

**明治神宮**
東京都渋谷区
p54

**武蔵御嶽神社**
東京都青梅市
p74

**石井神社**
東京都江東区
p91

**鳥越神社**
東京都台東区
p93

**東京水天宮**
東京都中央区
p95

**子安神社**
東京都八王子市
p95

**五條天神社**
東京都台東区
p97

**阿豆佐味天神社**
東京都立川市
p101

**蚕影神社**
東京都立川市
p101

**市谷亀岡八幡宮**
東京都新宿区
p103

**厳島弁天社**
東京都品川区
p113

**太田神社**
東京都文京区
p115

**谷保天満宮**
東京都国立市
p121

**気象神社**（氷川神社境内社）
東京都杉並区
p125

**安房神社**
千葉県館山市
p26

**九頭龍神社**（箱根神社末社）
神奈川県足柄下郡箱根町
p58

**戸田八幡神社**
神奈川県厚木市
p86

**江島神社**
神奈川県藤沢市
p89

**真田神社**
神奈川県平塚市
p91

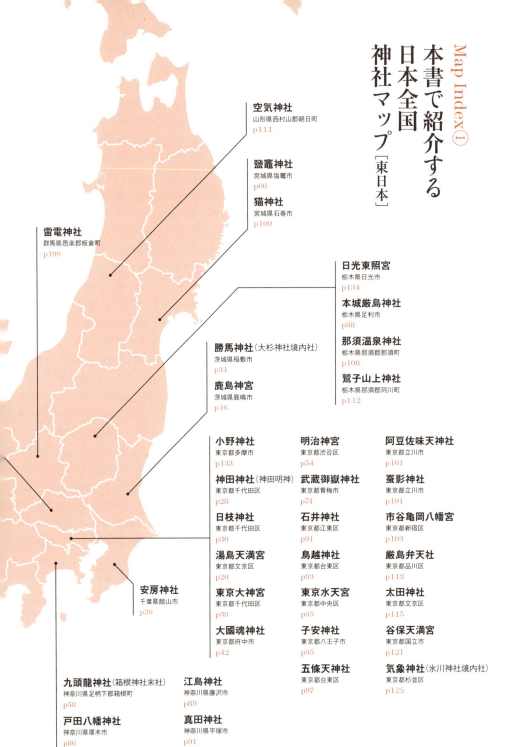

**氷川神社**
埼玉県さいたま市
p50

**秩父神社**
埼玉県秩父市
p135

**川越氷川神社**
埼玉県川越市
p51

**行田八幡神社**
埼玉県行田市
p75

**武蔵第六天神社**
埼玉県さいたま市
p79

**民部稲荷神社**（川越八幡宮摂社）
埼玉県川越市
p80

**萩日吉神社**
埼玉県比企郡ときがわ町
p97

**氣多大社**
石川県羽咋市
p46

**白山比咩神社**
石川県白山市
p52

**篠座神社**
福井県大野市
p78

**御首神社**
岐阜県大垣市
p82

**白山宮**
愛知県日進市
p81

**足王社**（白山宮境内社）
愛知県日進市
p81

**西宮社**（露橋神明社末社）
愛知県名古屋市
p87

**清水社**（熱田神宮境内社）
愛知県名古屋市
p89

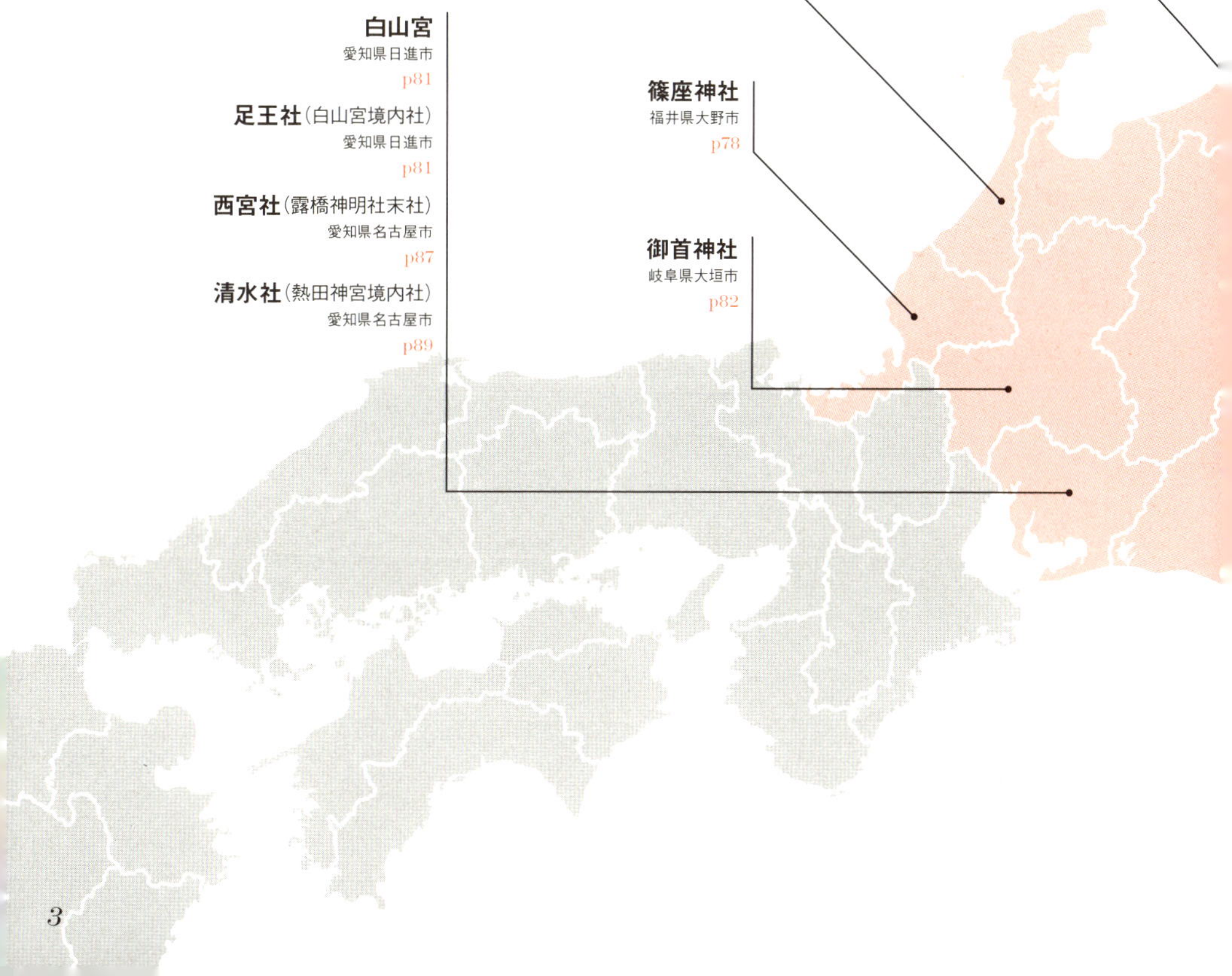

# Map Index②
# 本書で紹介する日本全国神社マップ［西日本］

**石切劔箭神社**
大阪府東大阪市
p87

**少彦名神社**
大阪府大阪市
p96

**泉州航空神社**
大阪府泉佐野市
p120

**日吉大社**
滋賀県大津市
p131

**大笹原神社**
滋賀県野洲市
p135

**多賀大社**
滋賀県犬上郡多賀町
p85

**犬上神社**（大瀧神社摂社）
滋賀県犬上郡多賀町
p102

**東大寺二月堂**
奈良県奈良市
p130

**遠敷神社**（東大寺二月堂鎮守）
奈良県奈良市
p130

**出雲建雄神社**
奈良県天理市
p131

**談山神社**
奈良県桜井市
p136

**夫婦大國社**（春日大社摂社）
奈良県奈良市
p44

**大神神社**
奈良県桜井市
p68

**入鹿神社**
奈良県橿原市
p83

**龍田大社**
奈良県生駒郡三郷町
p110

**石上神宮**
奈良県天理市
p116

**笠山荒神社**
奈良県桜井市
p118

**立里荒神社**
奈良県吉野郡野迫川村
p119

**伊勢神宮**
三重県伊勢市
p64

**月讀宮**（伊勢神宮別宮）
三重県伊勢市
p109

**月夜見宮**（伊勢神宮別宮）
三重県伊勢市
p109

**佐瑠女神社**（猿田彦神社境内社）
三重県伊勢市
p105

**頭之宮四方神社**
三重県度会郡大紀町
p83

**下鴨神社**
京都府京都市左京区
p137

**御蔭神社**
京都府京都市左京区
p137

**北野天満宮**
京都府京都市上京区
p24

**片山御子神社**（上賀茂神社摂社）
京都府京都市北区
p48

**安井金比羅宮**
京都府京都市東山区
p56

**伏見稲荷大社**
京都府京都市伏見区
p62

**松尾大社**
京都府京都市西京区
p70

**おせき社**
京都府京都市伏見区
p90

**三宅八幡宮**
京都府京都市左京区
p93

**芸能神社**（車折神社摂社）
京都府京都市右京区
p105

**貴船神社**
京都府京都市左京区
p108

**疫神社**（八坂神社摂社）
京都府京都市東山区
p114

**首途八幡宮**
京都府京都市上京区
p121

**護王神社**
京都府京都市上京区
p122

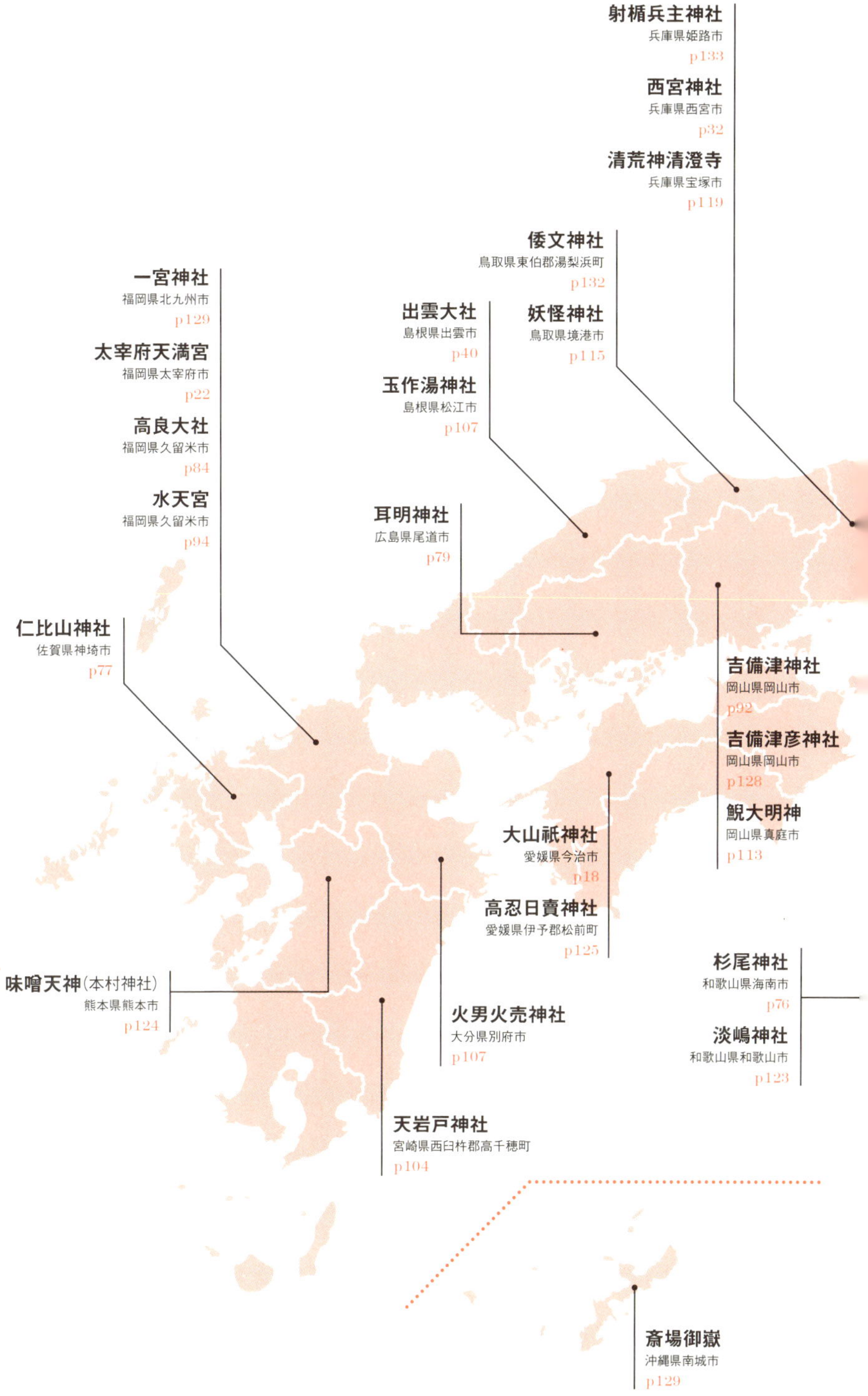
射楯兵主神社
兵庫県姫路市
p133
西宮神社
兵庫県西宮市
p32
清荒神清澄寺
兵庫県宝塚市
p119
倭文神社
鳥取県東伯郡湯梨浜町
p132
妖怪神社
鳥取県境港市
p115
出雲大社
島根県出雲市
p40
玉作湯神社
島根県松江市
p107
一宮神社
福岡県北九州市
p129
太宰府天満宮
福岡県太宰府市
p22
高良大社
福岡県久留米市
p84
水天宮
福岡県久留米市
p94
耳明神社
広島県尾道市
p79
仁比山神社
佐賀県神埼市
p77
吉備津神社
岡山県岡山市
p92
吉備津彦神社
岡山県岡山市
p128
鯢大明神
岡山県真庭市
p113
大山祇神社
愛媛県今治市
p18
高忍日賣神社
愛媛県伊予郡松前町
p125
杉尾神社
和歌山県海南市
p76
淡嶋神社
和歌山県和歌山市
p123
味噌天神(本村神社)
熊本県熊本市
p124
火男火売神社
大分県別府市
p107
天岩戸神社
宮崎県西臼杵郡高千穂町
p104
斎場御嶽
沖縄県南城市
p129

# はじめに

一生のなかで、人はどんなときに神社に行くだろうか。

お宮参りに始まり、七五三、厄年など人生の節目にお参りをする人は多い。

受験や恋愛、出産などがうまくいくようにと、ご利益のあるという神社に祈願に行く人もいる。また、毎年神社に初詣にでかけたり、旅先で有名な神社を参拝したりすることもあるだろう。

最近では神社の清浄な空気に触れ、気分をリフレッシュしたり、あらたな活力を得ることが目的でお参りするという人も少なくない。

多くの日本人が、さまざまな思いを抱き、神社へと出かける。そんなとき、そもそもなぜこの神社に受験生が集まるのか、どうしてこの祭神が縁結びに関わるのか、という知識を知っていたら、もっと神社は興味深い空間になるのではないだろうか。

祭神がもたらす恵みを「ご神徳」という。それぞれの神が神話やその場所に由来するご神徳を持つ。神の得意分野といってもいいかもしれない。そのご神

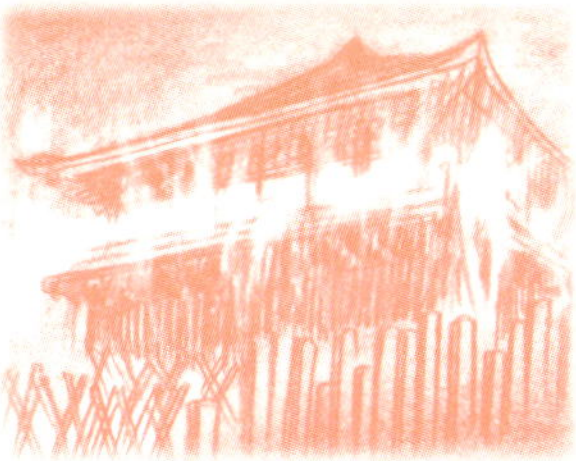

徳は、時代や信仰の拡大によって変化したり付け加わったりする。

たとえば伏見稲荷大社をはじめとする全国の稲荷神社の稲荷神は、そもそも五穀豊穣をもたらす神であったが、江戸のような都市部に信仰が拡大すると、商売繁盛も願われるようになった。いまでも商店街や会社の社屋などにお稲荷さんが祀られているのを見かけるが、その信仰の背景は実は結構奥が深いのである。

この本は、「ご神徳」ごとにさまざまな神社を紹介している。なぜこの神社とこのご神徳が結びつくのか。意外な組み合わせも見つかるだろう。神社に出かけ、参拝してはじめて、なぜ人々がこの神社に願ったのかが腑に落ちる、ということもあるかもしれない。

この本を手にしたことをきっかけに、これまで以上に知的な刺激に満ちた楽しい神社参拝になることを願う。

## 目次


6 はじめに

12 5分で分かる神社と神様とご利益
神社の信仰・祭神の関係図

### 1章 福を招く神社

16 鹿島神宮
剛腕の神が勝負を後押し

18 大山祇神社
源氏の勝ち運を授かる

20 湯島天満宮
東京の「天神信仰」中心地

22 太宰府天満宮
学業成就の祈願なら

24 北野天満宮
天神信仰は京が発祥

26 安房神社
産業の繁栄と技術向上の神

28 神田神社（神田明神）
首都を見守る江戸総鎮守

30 日枝神社
各界リーダーがこぞって集う

32 西宮神社
福と繁盛を招くえべっさん

34 勝馬神社（大杉神社境内社）
大穴よ、来い！ 競馬好きの聖地

### 2章 縁結び 縁切りの神社

38 東京大神宮
婚活男女を導く最高神

40 出雲大社
全国の神が集う縁結びの聖地

42 大國魂神社
武蔵国の神々が一堂に会する

44 夫婦大國社（春日大社摂社）
夫婦の神像が良縁をもたらす

46 幸ある「氣」が多く集まる 氣多大社
48 紫式部も慕った女性の守護神 片山御子神社（上賀茂神社摂社）
50 家族の神を祀る 絆を結ぶ神社 氷川神社・川越氷川神社
52 ご縁の糸をくくる調和の女神 白山比咩神社
54 天皇・皇太后に祈る永遠の縁 明治神宮
56 悪縁や欲望とサヨナラ 安井金比羅宮
58 芦ノ湖の龍神が恋を応援 九頭龍神社（箱根神社末社）

## 3章 食を見守る神社

62 五穀豊穣から商売繁盛まで 伏見稲荷大社
64 毎日欠かさず神に食事を 伊勢神宮
66 神事に不可欠な塩をつくる 鹽竈神社
68 三輪山の麓は杜氏の聖地 大神神社
70 名水で名酒を 酒造第一祖神 松尾大社

## 4章 病気を治し健康を司る神社

74 新たなご利益ガン封じ 武蔵御嶽神社・行田八幡神社
76 胃腸の不調には「おはらさん」 杉尾神社・仁比山神社
78 患部にズバリ！ 目と耳の神 篠座神社・耳明神社ほか
80 足と腰の治癒神 民部稲荷神社・足王社ほか
82 由緒は恐い、頭と学業の神 御首神社・頭之宮四方神社ほか

84 究極のご利益は延命長寿
高良大社・多賀大社

86 吹き出物よ、さらば
戸田八幡神社・西宮社ほか

88 「美」をもたらす神
本城厳島神社・江島神社ほか

90 身近にある疾病 咳止めの神
おせき社・石井神社ほか

92 かわいい子どもの守り神
吉備津神社・三宅八幡宮ほか

94 出産を助ける神
水天宮・子安神社

96 鬼がもたらす疫病を祓う
少彦名神社・五條天神社ほか

## 5章

# 日々の暮らしを守る神社

100 家族の一員 猫にもご利益を
猫神社・蚕影神社

102 飼い主を支える忠犬を守る
犬上神社・市谷亀岡八幡宮ほか

104 芸達者祈願は芸能の女神へ
天岩戸神社・芸能神社ほか

106 火山に畏敬を 温泉守護の神
那須温泉神社・玉作湯神社ほか

108 暮らしを左右する天候を司る
貴船神社・伊勢神宮ほか

110 豊作を祈る 風と空気の神社
龍田大社・空気神社

112 神社のシンボル 動物を祀る
鷲子山上神社・厳島弁天社ほか

114 妖怪・貧乏神も信仰に
疫神社・太田神社ほか

116 起死回生の神剣で窮地逆転
石上神宮

118 火と竈の守護神は神仏習合
笠山荒神社・立里荒神社ほか

120 無事を祈願して 旅行安全の神
泉州航空神社・首途八幡宮ほか

122 道具に感謝、物品供養の神社
護王神社・淡嶋神社

124 職業の大成祈願ならここ
味噌天神・気象神社ほか

# 6章

## 神社の成り立ち

128 神を呼び降ろした古の聖域 吉備津彦神社・一宮神社ほか
130 神々と仏の「習合」と「分離」 東大寺・日吉大社ほか
132 諸国の代表「一宮」に歴史あり 倭文神社・射楯兵主神社ほか
134 室町以降は社殿も華やかに 日光東照宮・秩父神社ほか
136 神前に捧ぐ聖なる食事 談山神社・下鴨神社

## column

36 写経を納める「納経」の証し ご朱印帳の起源をたどる
60 宮中祭祀 天皇家代々の神々の儀礼
72 日本三奇 人智を越えた「不思議」が集まる
98 社家町・社家通り 神職の家系の集落が地名に残る
126 『延喜式』神名帳 平安時代の神社がわかる
138 神職の階級と装束 神社で働く人々の話

140 主な神社の系統一覧
148 掲載神社データリスト
156 あとがき
158 参考文献

ブックデザイン：細山田デザイン事務所（米倉英弘）
制作・コラム執筆：ジーグレイプ
印刷・製本：シナノ書籍印刷
イラスト：みしまゆかり／Ｌｅｉａ

# 神社の信仰・祭神の関係図

神社で祀られる祭神たちの関係は、『古事記』『日本書紀』（記紀）に記されている。全国に神社を勧請した主要な信仰について、その祭神同士の関係を紹介する。

## 多賀信仰

【祭神】伊弉冉尊（伊邪那美命）
【読み】イザナミ
【総本社】多賀大社
【御利益】延命長寿

## えびす信仰

【祭神】えびす大神（蛭児）
【読み】ヒルコ
【総本社】西宮神社
【御利益】商売繁盛

## 愛宕・秋葉信仰

【祭神】軻遇突智
【読み】カグツチ
【総本社】愛宕神社、秋葉神社
【御利益】火伏せ（防火）／商売繁盛／縁結び

イザナギがカグツチを斬った時に血が剣に飛んで誕生

## 三島・大山祇信仰

【祭神】大山祇神
【読み】オオヤマツミ
【総本社】三島大社、大山祇神社
【御利益】商売繁盛／勝負運上昇

## 鹿島・春日信仰

【祭神】武甕槌命（建御雷之男神）
【読み】タケミカヅチ
【総本社】鹿島神宮・春日大社
【御利益】勝負運上昇／縁結び

## 出雲信仰

【祭神】大国主神（大貴己神）
【読み】オオクニヌシ
【総本社】出雲大社
【御利益】縁結び／安産／商売繁盛／夫婦和合／交通安全／家内安全

## 諏訪信仰

【祭神】建御名方神（武南方神）
【読み】タケミナカタ
【総本社】諏訪大社
【御利益】勝利祈願／商売繁盛／子授け

## 浅間信仰

【祭神】木花佐久夜毘売命（木花咲耶姫命）
【読み】コノハナサクヤヒメ
【総本社】富士山本宮浅間大社
【御利益】安産祈願／子育大願／容姿端麗／火防守護

## 多賀信仰

【祭神】 伊弉諾尊（伊邪那岐命）
【読み】 イザナギ
【総本社】 多賀大社
【御利益】 延命長寿

みそぎのプロセスで誕生

みそぎで誕生

## 住吉信仰

【祭神】 表筒男命、中筒男命、底筒男命、
【読み】 ウワツツノオ、ナカツツノオ、ソコツツノオ
【総本社】 住吉大社
【御利益】 航海安全　芸能上達　開運出世

## 伊勢信仰

【祭神】 天照大神
【読み】 アマテラス
【総本社】 伊勢神宮・内宮（皇大神宮）
【御利益】 所願成就　国家安寧

## 祇園信仰

【祭神】 素戔嗚尊（須佐之男命）
【読み】 スサノオ
【総本社】 八坂神社、氷川神社、津島神社
【御利益】 厄除　病気平癒　安産　縁結び　商売繁盛　健康長寿

「誓約」で誕生

## 大鳥信仰

【祭神】 日本武尊
【読み】 ヤマトタケル
【総本社】 大鳥大社
【御利益】 文武上達　出世開運　災難除け

## 宗像・厳島信仰

【祭神】 田心姫（沖津宮）
湍津姫（中津宮）
市杵嶋姫命（辺津宮）
【読み】 タゴリヒメ、タギツヒメ、イチキシマヒメ
【総本社】 宗像大社
【御利益】 航海安全　容姿端麗　水難守護　技能向上　商売繁盛

## 稲荷信仰

【祭神】 倉稲魂命（宇迦之御魂神）
【読み】 ウカノミタマ
【総本社】 伏見稲荷大社
【御利益】 五穀豊穣

# その他の信仰・祭神

前のページではイザナギ、イザナミから直系の神を紹介したが、記紀にはほかにも数多くの神が登場する。また、歴史上の偉人を祀った神社でも、数多くの系列神社をもつところがある。

## 金比羅信仰

【祭神】 大物主神
【読み】 オオモノヌシ
【総本社】 金刀比羅宮
【御利益】 航海安全　商売繁盛　病気平癒　縁切り

## 山王・松尾信仰

【祭神】 大山咋神
【読み】 オオヤマクイ
【総本社】 日吉大社・松尾大社
【御利益】 勝負運上昇　仕事運上昇　家内安全　安産　縁結び

## 白山信仰

【祭神】 白山比咩大神（菊理媛神）
【読み】 ククリヒメ
【総本社】 白山比咩神社
【御利益】 縁結び　復縁

## 香取・春日信仰

【祭神】 経津主神（布都御魂神）
【読み】 フツヌシ
【総本社】 香取神宮・春日大社
【御利益】 勝負運上昇　縁結び

## 八幡信仰

【祭神】 誉田別命（八幡神）
【読み】 ホンダワケ
【総本社】 宇佐神宮
【ご利益】 武勇長久　勝利祈願　出世開運

## 淡島信仰

【祭神】 少彦名命
【読み】 スクナヒコナ
【総本社】 淡嶋神社
【御利益】 縁結び　安産　婦人病平癒

## 天神信仰

【祭神】 菅原道真
【読み】 スガワラノミチザネ
【総本社】 太宰府天満宮、北野天満宮
【御利益】 受験　学業

## 貴船信仰

【祭神】 高龗神
【読み】 タカオカミ
【総本社】 貴船神社
【御利益】 祈雨止雨　所願成就

## 東照宮

【祭神】 徳川家康公
【読み】 トクガワイエヤス
【総本社】 日光東照宮
【御利益】 勝負運上昇　仕事運上昇

## 熊野信仰

【祭神】 家都御子神（素戔嗚尊）、熊野速玉男神（伊弉諾尊）、熊野夫須美神（伊弉冉尊）
【読み】 ケツミコ、クマノハヤタマオ、クマノフスミ
【総本社】 熊野大社
【御利益】 縁結び　安産　健康長寿

# 1章

# 福を招く神社

人生で何度かある「勝負の日」。最後のひと押しを神徳に託す時にはこちらの神社へ。祀られているのは、神話の世界に勇ましい姿が記された、頼もしい勝利の神々だ。

# 剛腕の神が勝負を後押し

茨城

## 鹿島神宮《かしまじんぐう》

日本神話には多くの武神が登場するが、そのなかでナンバーワンといえば武甕槌神《たけみかづちのかみ》だろう。武甕槌神は雷と剣の神で、天照大神《あまてらすおおみかみ》の使者として大国主神《おおくにぬしのかみ》に国譲りを迫り、神武《じんむ》天皇東征の際には神剣「韴霊剣《ふつのみたまのつるぎ》（布都御魂剣《ふつのみたまのつるぎ》）」を下す活躍をみせている。鹿島神社は全国にあるが、総本社となる鹿島神宮は常陸国一宮《ひたちのくにいちのみや》であり、ヤマト朝廷の時代から歴代の中央政権が北方の蝦夷《えみし》に睨みを利かせる武神とされてきた。常陸は「日立」をも意味し、日出ずる地の神が勝負強さを授けてくれる。

### 北方からの脅威を跳ね返す「力の神の社」

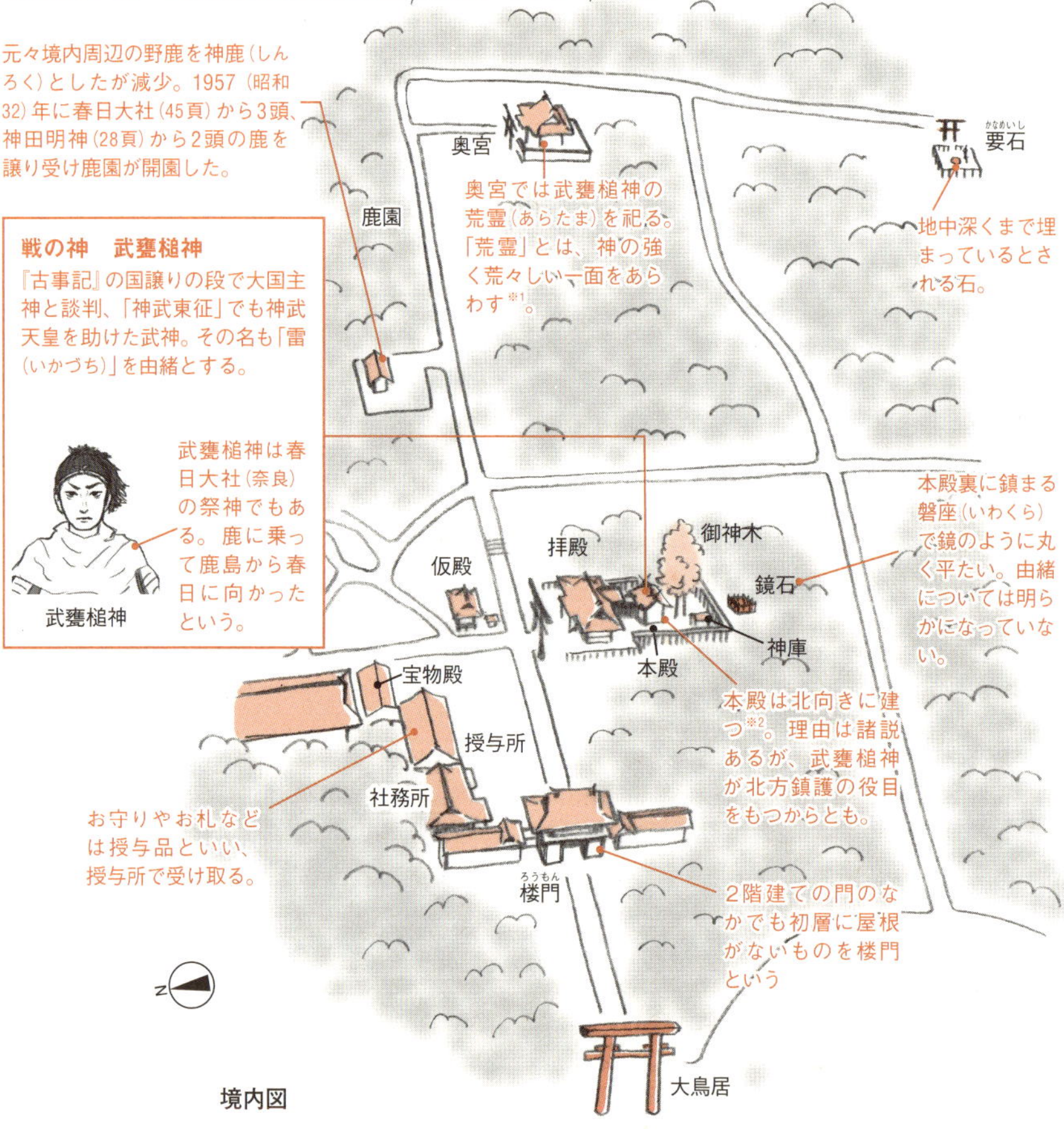

元々境内周辺の野鹿を神鹿（しんろく）としたが減少。1957（昭和32）年に春日大社（45頁）から3頭、神田明神（28頁）から2頭の鹿を譲り受け鹿園が開園した。
奥宮
鹿園
奥宮では武甕槌神の荒霊（あらたま）を祀る。「荒霊」とは、神の強く荒々しい一面をあらわす[※1]。
要石《かなめいし》
地中深くまで埋まっているとされる石。
戦の神　武甕槌神
『古事記』の国譲りの段で大国主神と談判、「神武東征」でも神武天皇を助けた武神。その名も「雷（いかづち）」を由緒とする。
武甕槌神は春日大社（奈良）の祭神でもある。鹿に乗って鹿島から春日に向かったという。
武甕槌神
本殿裏に鎮まる磐座（いわくら）で鏡のように丸く平たい。由緒については明らかになっていない。
御神木
拝殿
仮殿
鏡石
神庫
本殿
宝物殿
授与所
本殿は北向きに建つ[※2]。理由は諸説あるが、武甕槌神が北方鎮護の役目をもつからとも。
社務所
お守りやお札などは授与品といい、授与所で受け取る。
楼門《ろうもん》
2階建ての門のなかでも初層に屋根がないものを楼門という
N
大鳥居

境内図

■所在地：茨城県鹿嶋市宮中2306-1　■主祭神：武甕槌神　■創建：初代神武天皇元（紀元前660）年　■おもなご利益：勝運向上

## 全国3つしかなかった「神宮」の1つ

社伝によれば創建は約2,700年前、神武天皇即位の年（紀元前660年）という古社。また、『延喜式』神名帳[※3]で「神宮」号を有する社は伊勢神宮（64頁）のほかでは鹿島、香取のみだった。

### 武甕槌神を祀る本殿

**内削ぎと外削ぎ**

内削ぎは女神、外削ぎは男神を祀る社が多いが、例外も。

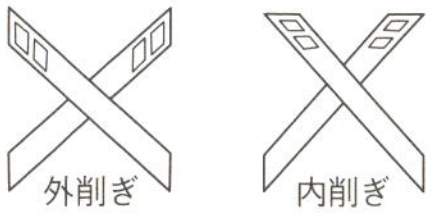

本殿は1619（元和5）年造営。三間社流造。

### 築400年の奥宮は元本殿

社殿はかつて彩色されていたが、いまでは質素な佇まいに。

徳川家康が本殿として1605（慶長10）年に奉納。1619（元和5）年、徳川秀忠による現本殿の造営にあたり現在地へと遷された。

## 要石の伝承は江戸時代から

地震は地中に住む大鯰《おおなまず》が起こすという伝承が広まったのは江戸時代初期。やがて武神・武甕槌神が要石で大鯰を押さえ、地震を防いでいるという信仰が生まれた。

奥宮から150mほど進んだ社叢（しゃそう、神社の森）に佇む要石。鳥居の奥にあり、柵で囲まれている。

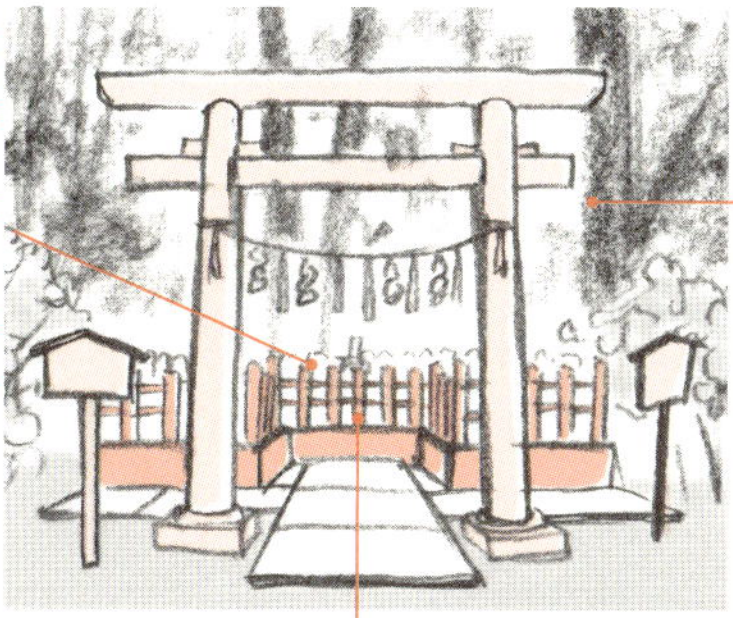

要石から東側の山中は、社殿の屋根に用いる檜皮（ひわだ）の採取地となっている。

**地中深くどこまで続く？**

水戸藩主・徳川光圀が石の大きさを確かめようと掘らせたが翌日には自然に埋まり、7日目に諦めたとの逸話も。

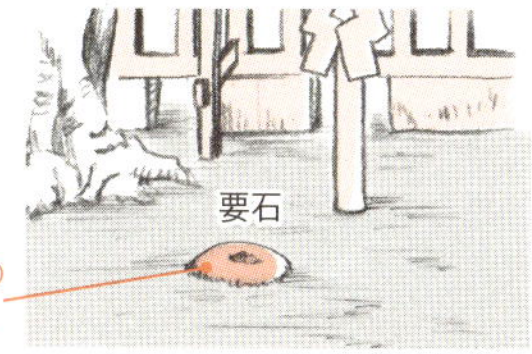


地上に出ている部分は人間の頭程度だが、巨大な岩だとも。

**武甕槌神が地震を鎮める**

大鯰を武甕槌神が懲らしめるようすを描いた「鯰絵（なまずえ）」は現存するだけでも200種におよぶ。

「鯰絵」は地震除けのお守りとして大流行した。

※1：本殿で祀られる慈悲深い御霊は「和霊（にぎたま）」。※2：多くの神社で本殿は南もしくは東に向かって建つ。※3：927（延長5）年に編纂された法令集『延喜式』のうち、神社名を記した一覧を神名帳と呼んでいる。

# 源氏の勝ち運を授かる

愛媛

## 大山祇神社《おおやまづみ》

瀬戸内海のほぼ中央に浮かぶ大三島《おおみしま》は、「国宝の島」と呼ばれ、歴史ファンにとって垂涎《すいぜん》の地である。この島に鎮まる大山祇神社を信仰した名だたる源氏の武将や歴代天皇が奉納した甲冑《かっちゅう》や刀剣類がいまも残されているからだ。この神社が源氏の崇敬を集める契機となったのは、かの「壇ノ浦の戦い」。水上戦を苦手としていた源氏に加勢し勝利へと導いた河野《こうの》水軍（河野氏一族）が、大山祇神社を信奉していたのである。以降、同社のご利益と神威は全国にとどろいたのだった。

### 瀬戸内に鎮まる父娘の山の神

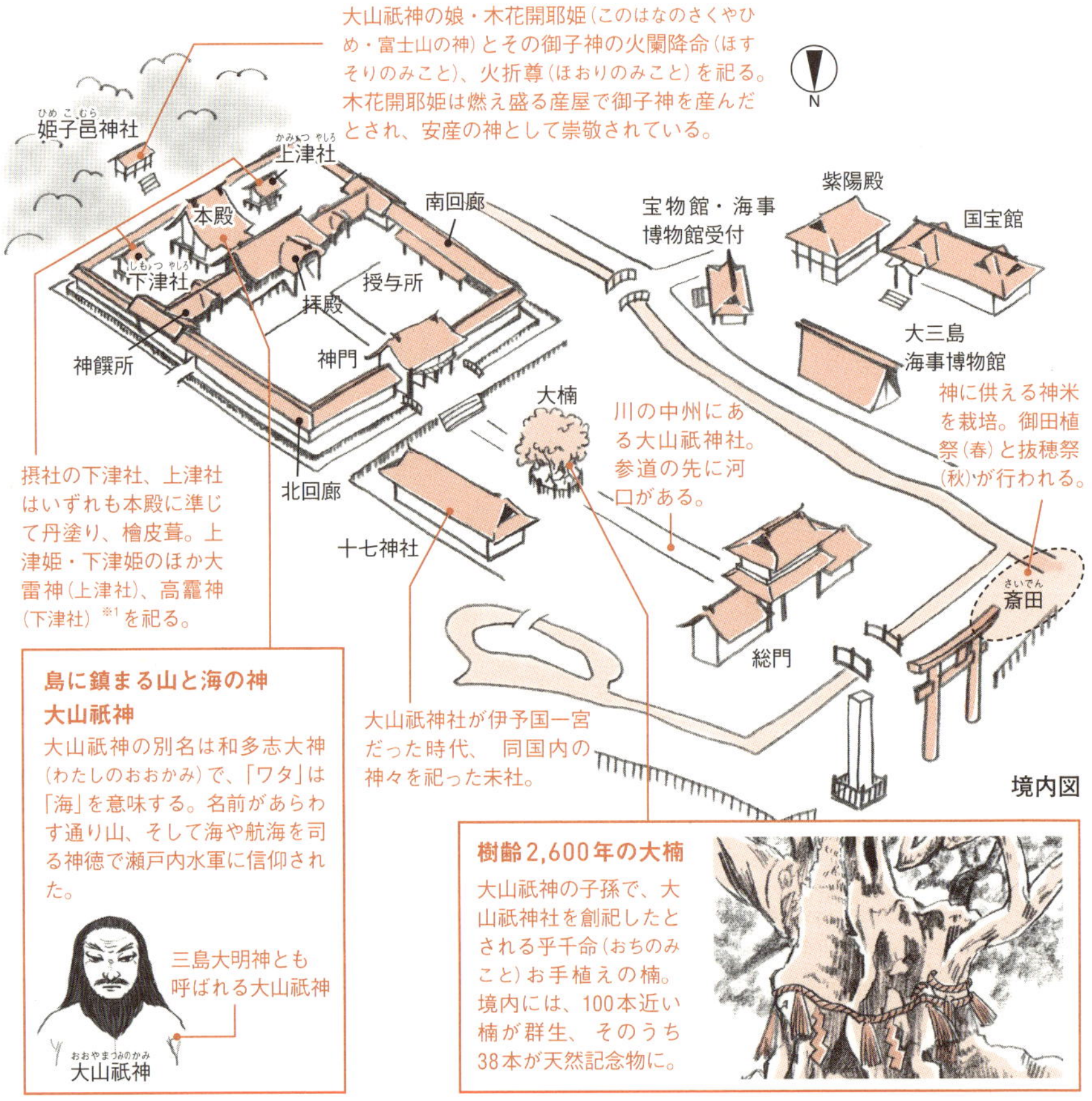
大山祇神の娘・木花開耶姫（このはなのさくやひめ・富士山の神）とその御子神の火闌降命（ほすそりのみこと）、火折尊（ほおりのみこと）を祀る。木花開耶姫は燃え盛る産屋で御子神を産んだとされ、安産の神として崇敬されている。
N
姫子邑《ひめこむら》神社
上津社《かみつやしろ》
本殿
下津社《しもつやしろ》
南回廊
授与所
拝殿
神門
神饌所
北回廊
宝物館・海事博物館受付
紫陽殿
国宝館
大三島海事博物館
大楠
川の中州にある大山祇神社。参道の先に河口がある。
神に供える神米を栽培。御田植祭（春）と抜穂祭（秋）が行われる。
十七神社
総門
斎田《さいでん》
摂社の下津社、上津社はいずれも本殿に準じて丹塗り、檜皮葺。上津姫・下津姫のほか大雷神（上津社）、高龗神（下津社）※1を祀る。
島に鎮まる山と海の神
大山祇神
大山祇神の別名は和多志大神（わたしのおおかみ）で、「ワタ」は「海」を意味する。名前があらわす通り山、そして海や航海を司る神徳で瀬戸内水軍に信仰された。
三島大明神とも呼ばれる大山祇神
大山祇神《おおやまづみのかみ》
大山祇神社が伊予国一宮だった時代、同国内の神々を祀った末社。
境内図
樹齢2,600年の大楠
大山祇神の子孫で、大山祇神社を創祀したとされる乎千命（おちのみこと）お手植えの楠。境内には、100本近い楠が群生、そのうち38本が天然記念物に。

■所在地：愛媛県今治市大三島町宮浦3327　■主祭神：大山祇神　■創建：594（推古天皇2）年　■おもなご利益：勝運向上・航海守護

## 軍神としても崇敬を集めた

大山祇神社の祭神・大山祇神は、多くの武家から崇敬を集めたことで、軍神という性格ももつ。大三島にその名を由来する三島社系神社は、大山祇神社を勧請したところが多い。

三間社流造・丹塗り・檜皮葺の本殿は1427（応永34）年の造営。

大山祇神を主祭神として祀る神社は全国で10,000を越すともいわれる。大山祇神社、三島神社、山神社などの神社名で知られる。

### 三島系神社を示す神紋

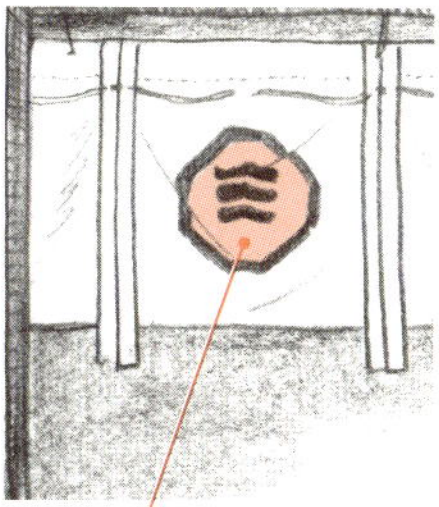

拝殿に吊された門帳（もんちょう）。社紋は「折敷に縮三文字」。神に食物を供える神具「折敷」の中に、大三島の「三」が描かれている。

## 戦に勝った武士が奉納した武具が伝わる

戦勝祈願に訪れた武士が戦に勝った後、加護に感謝して着用していた武具を奉納した。宝物館[※2]に保管・展示されている国宝は8点、重文は実に472点にものぼる。

### 義経の鎧と伝わる「赤絲威鎧《あかいとおどしよろい》」

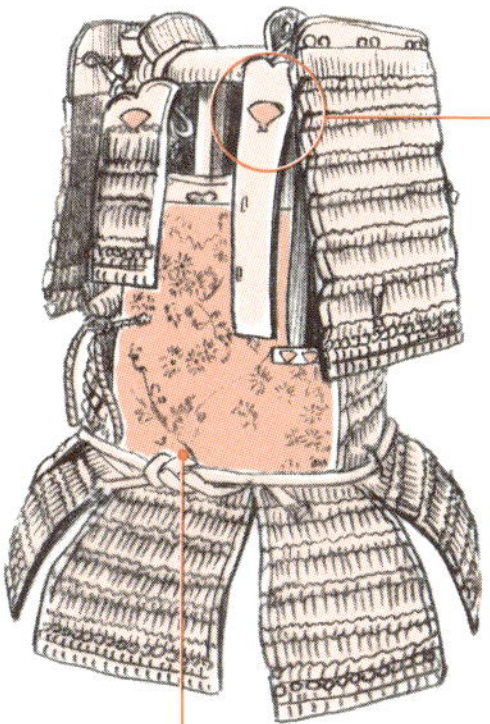

源義経が源平合戦の後に奉納したという鎧。金具の扇文が美しく、激しい戦にも優雅さを求めた義経の人となりが伝わる。

大鎧に胴丸[※3]の要素を加えた特殊な形状で「胴丸鎧」とも呼ばれる。平安時代後期作、国宝。

### 宝物館の国宝は8点

| | |
|---|---|
| 鎧 | 赤絲威鎧（源義経奉納）<br>大鎧に胴丸の要素を加えた珍しい様式の鎧 |
| | 紺絲威鎧<br>平安時代の遺品で、原形に近い姿で残る |
| | 紫綾威鎧（源頼朝奉納）<br>綾布を切ってつくる綾威鎧の遺品は非常に稀 |
| | 澤瀉《おもだか》威鎧<br>騎射戦に用いられる「大鎧」としては最古 |
| 太刀 | 大太刀 銘貞治五年丙午千手院長吉（後村上天皇の奉納）<br>刃長136cm |
| | 牡丹唐草文兵庫鎖太刀拵（護良親王の奉納）<br>総長97cmで、各所に美しい装飾が施されている |
| | 大太刀 無銘（武将・大森彦七の奉納）<br>刃長180cmの大太刀 |
| 鏡 | 禽獣葡萄鏡<br>斉明天皇が、筑紫の朝倉宮に奉納したと伝わる |

※1：大雷神（おおいかづちのかみ）は伊弉冉尊（いざなみのみこと）の遺体から産まれた八雷神（やはしらのいかづちがみ）の1柱で、頭部から生まれたとされる。高龗神（たかおかみのかみ）は祈雨止雨の神。 ※2：紫陽殿、大三島海事博物館（葉山丸記念館）、国宝館の3館の総称。
※3：大鎧、胴丸はそれぞれ鎧の形式を示す。大鎧はおもに騎馬戦、胴丸は徒歩戦で使用された。

## 東京の「天神信仰」中心地

東京

# 湯《ゆ》島《しま》天《てん》満《まん》宮《ぐう》

日本の最高学府・東京大学の近くに鎮座し、学業を見守る湯島天満宮。同社の祭神が菅原道真であることはよく知られるが、意外なことに創建当初の祭神は、怪力の神・手力雄神《たぢからおのかみ》※1だったという。

南北朝時代の1355（正平10／文和4）年、氏子の願いを受け、菅原道真を合祀した。道真を慕った徳川家康から庇護を受けて以降、学者や文人がこぞって参拝し、江戸の天神信仰の中枢となった。さらに、梅園《ばいえん》や「富くじ※2」の興業で、広く庶民にも親しまれた。

## 学業祈願の代名詞もかつては「力の神」を祀った

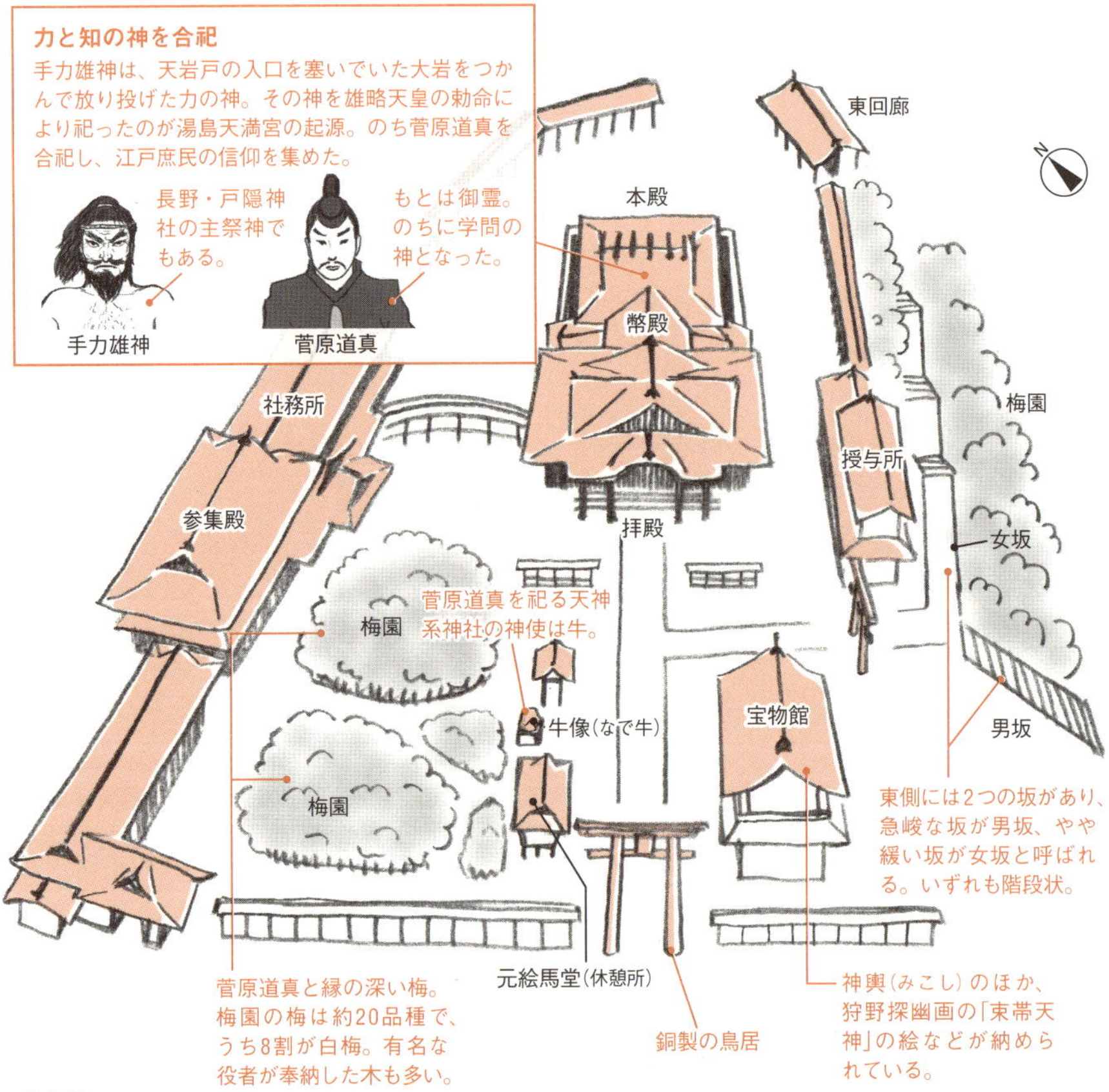
力と知の神を合祀
手力雄神は、天岩戸の入口を塞いでいた大岩をつかんで放り投げた力の神。その神を雄略天皇の勅命により祀ったのが湯島天満宮の起源。のち菅原道真を合祀し、江戸庶民の信仰を集めた。
長野・戸隠神社の主祭神でもある。
もとは御霊。のちに学問の神となった。
手力雄神
菅原道真
東回廊
本殿
幣殿
社務所
梅園
授与所
参集殿
拝殿
女坂
菅原道真を祀る天神系神社の神使は牛。
梅園
牛像（なで牛）
宝物館
男坂
梅園
東側には2つの坂があり、急峻な坂が男坂、やや緩い坂が女坂と呼ばれる。いずれも階段状。
元絵馬堂（休憩所）
菅原道真と縁の深い梅。梅園の梅は約20品種で、うち8割が白梅。有名な役者が奉納した木も多い。
銅製の鳥居
神輿（みこし）のほか、狩野探幽画の「東帯天神」の絵などが納められている。

境内図

■所在地：東京都文京区湯島3-30-1　■主祭神：手力雄神、菅原道真　■創建：458（雄略天皇2）年　■おもなご利益：学業成就

## 「合格守」は存在しない

境内には勉学に励む学生はもちろん、昇級試験や資格試験を控えた社会人の姿も。「学業守」はあるが「合格守」がないのは、普段の真摯な態度が学業成就に繋がるとされるためだ。

### 受験の戦に勝つ授与品いろいろ

「学業成就鉛筆守」は初穂料600円。格言あり、格言なしの2種類がある。

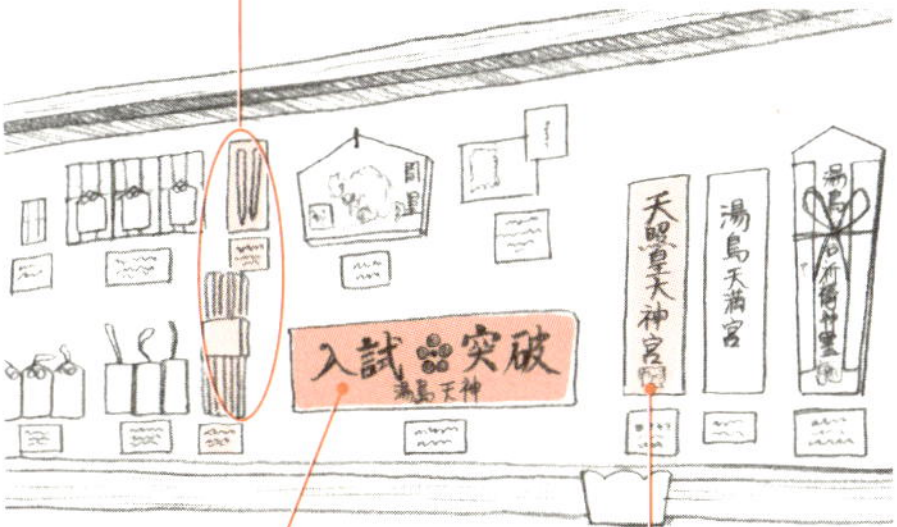


受験風景でおなじみの鉢巻は、合戦で烏帽子が落ちないように武士がつけたものが起源とされる。

「神宮大麻」は天照大神が鎮座する伊勢神宮の神札（しんさつ）。全国の神社で頒布されている。

### 合格祈願絵馬は年間4万枚

学業成就を願う絵馬は拝殿周辺に設けられた掛け所へ。

毎年4月に前年度の絵馬がお焚き上げされる。

学業祈願祈祷の際は「牛の絵馬」

## 随所に建つ名建築が見逃せない

江戸時代の儒学者・林羅山や新井白石も参詣したという境内には、由緒ある建造物が並ぶ。現在の社殿は1995（平成7）年に再建したもの。

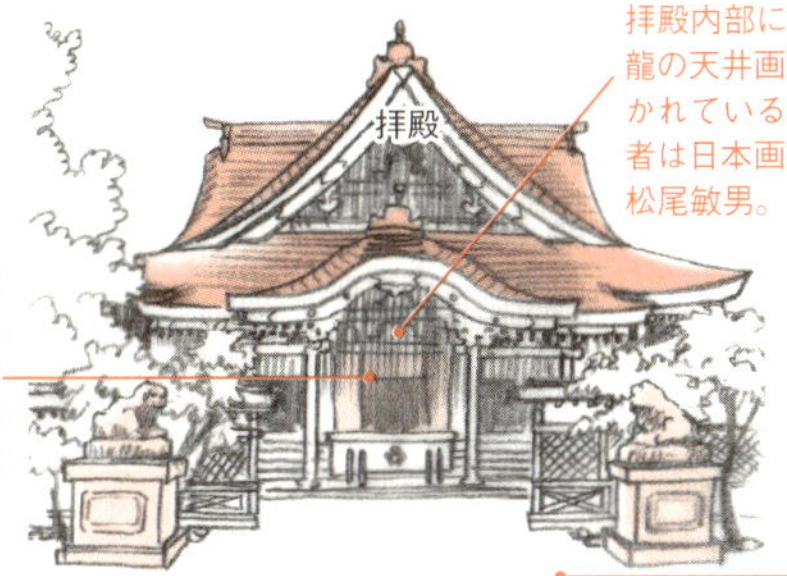


拝殿内部には、龍の天井画が描かれている。作者は日本画家の松尾敏男。

拝殿の奥に幣殿と本殿が連なる権現造で、建材は樹齢250年の木曽檜。

### 東京最古の「鋳造鳥居」

拝殿手前にある表鳥居は、柱と島木との接合部にある台輪が特徴の「台輪鳥居」。

寛文年間の建造とされ、都内に現存する鋳造鳥居としては最古級。東京都指定有形文化財。

### 休憩所になった絵馬堂

2000（平成12）年までの社名「湯島神社」の扁額が掲げられている。

1892（明治25）年造営の絵馬堂は、現在休憩所となっている。

※1：『古事記』では、天照大神が隠れた天岩戸の戸を開けた神として登場。 ※2：社殿の修繕費を調達するためにはじまったとされ、当選者には金銭が与えられた。現在の宝くじのルーツでもある。

## 学業成就の祈願なら

福岡

# 太宰府天満宮《だざいふてんまんぐう》

「天神」こと菅原道真は全国の天《てん》満《ま》神社、天満宮《てんまんぐう》、天神社《てんじんしゃ》で祀られ、その数は1万社を超える。「天神《てんじん》さん」の愛称で慕しまれる、これらの神社の中核が福岡の太宰府天満宮である。

優秀すぎる頭脳と才能を妬まれ、政敵の讒言《ざんげん》によって平安京から太宰府へと流された道真が失意のうちに亡くなったのは903(延喜3)年。棺をひいていた牛が、座して全く動こうとしなかった場所を墓所とし、2年後に祠廟《しびょう》を建てたのが太宰府天満宮のはじまりとされる。

## 子孫が祭祀を受け継ぐ知の神の総本宮

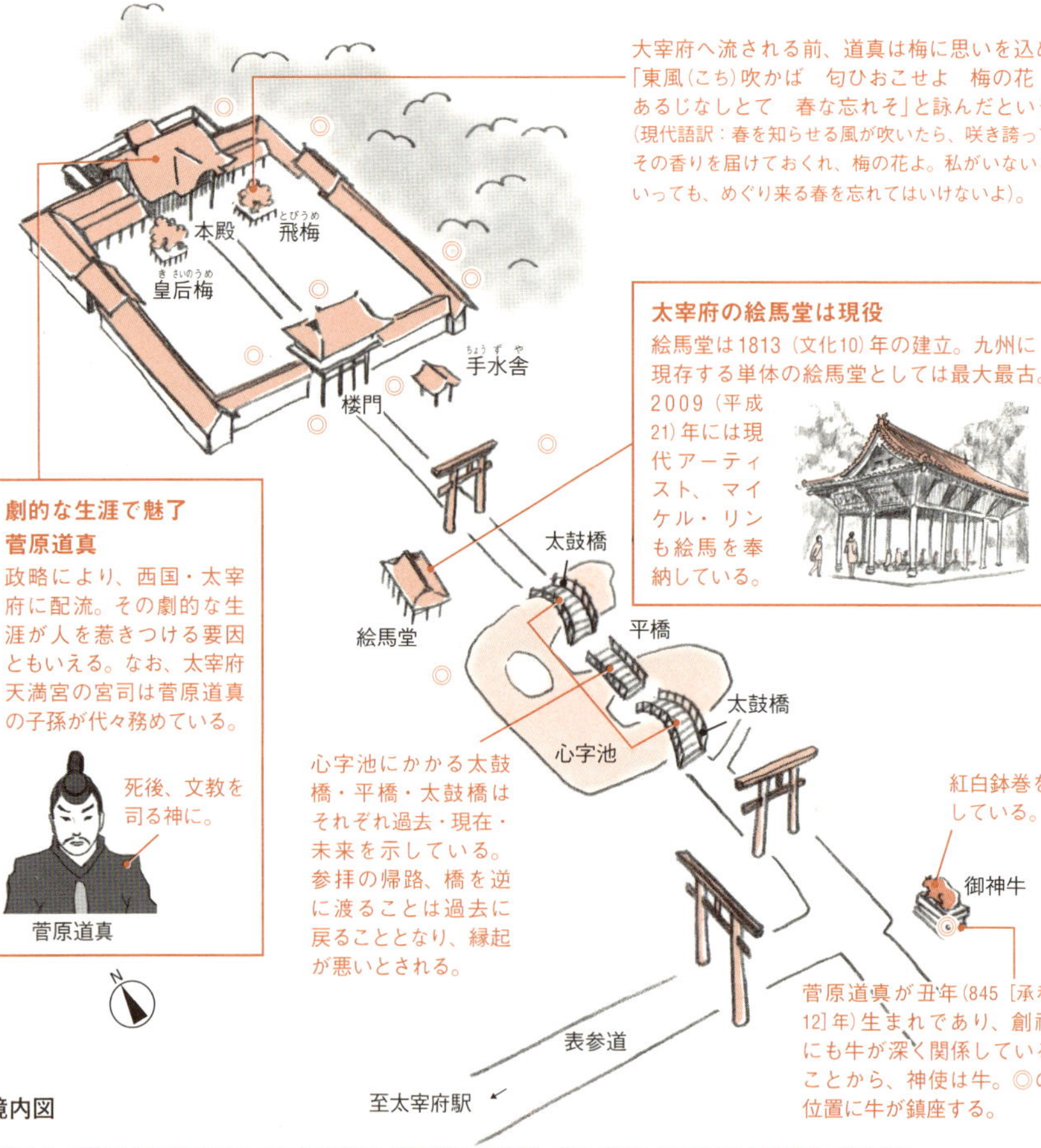


境内図

大宰府へ流される前、道真は梅に思いを込め、「東風(こち)吹かば　匂ひおこせよ　梅の花　あるじなしとて　春な忘れそ」と詠んだという(現代語訳：春を知らせる風が吹いたら、咲き誇ってその香りを届けておくれ、梅の花よ。私がいないといっても、めぐり来る春を忘れてはいけないよ)。

**太宰府の絵馬堂は現役**

絵馬堂は1813（文化10）年の建立。九州に現存する単体の絵馬堂としては最大最古。2009（平成21）年には現代アーティスト、マイケル・リンも絵馬を奉納している。

**劇的な生涯で魅了**
**菅原道真**

政略により、西国・太宰府に配流。その劇的な生涯が人を惹きつける要因ともいえる。なお、太宰府天満宮の宮司は菅原道真の子孫が代々務めている。

死後、文教を司る神に。

菅原道真

心字池にかかる太鼓橋・平橋・太鼓橋はそれぞれ過去・現在・未来を示している。参拝の帰路、橋を逆に渡ることは過去に戻ることとなり、縁起が悪いとされる。

紅白鉢巻をしている。

菅原道真が丑年(845［承和12］年)生まれであり、創祀にも牛が深く関係していることから、神使は牛。◎の位置に牛が鎮座する。

■所在地：福岡県太宰府市宰府4-7-1　■主祭神：菅原道真　■創建：905（延喜5）年　■おもなご利益：学業成就

## 「道真の怨念」はなかった？

道真の死後、平安京では皇族の死や天災が相次ぎ、祟《たた》りと恐れられたが[※1]、太宰府天満宮の社伝では道真が誰にも恨みを抱くことはなかったとしている。

戦国武将・小早川隆景が1591（天正19）年に造営した本殿は、五間社流造・檜皮葺。

本殿左手に植えられた梅は、大正天皇の后・貞明皇后お手植えの「皇后梅」。

**道真とともに来た飛梅**

道真を慕い、一夜にして平安京から飛んできたとされる「飛梅」の子孫が社殿を彩る。

## 前後で違う珍しい楼門が立つ

本殿はあるが拝殿が無いなど、ほかの神社とは異なる箇所がいくつかある。前後でデザインの異なる楼門もここでしか見られないものだ。

かつての楼門は明治期の火災で焼失。現在の門は1914（大正3）年に再建されたものだ。

檜皮葺、重層の豪奢なつくり。この門を抜けるとすぐ、正面に本殿がそびえる。

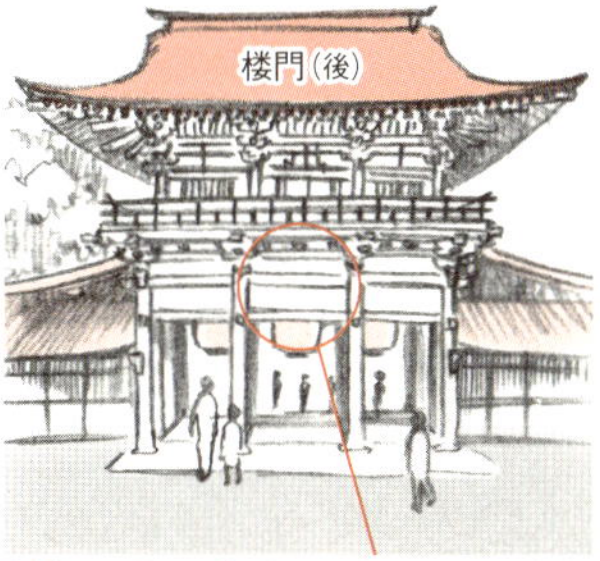


本殿側から見ると初層の屋根がない、本来の楼門の姿。前後で外観の異なる楼門は珍しい。

## 天満宮といえばやっぱり牛

「天神様」を象徴する牛の像は、全国の天神系神社で見られる。太宰府でも牛が参拝客を迎えるが、ここでは学問のご利益を象徴してか、紅白の鉢巻を頭につけている。

紅白鉢巻をした御神牛は1805（文化2）年、台座は1985（昭和60）年（丑年）に奉納された。

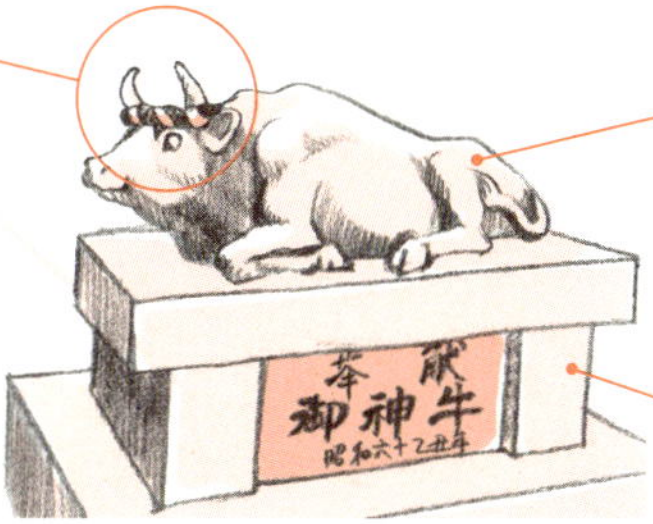


境内にある神牛像をさすると不調が消え、知恵がつくという。「なで牛信仰」は、全国の天満宮で見られる。

これを含め境内には11頭もの「御神牛」がいるという[※2]。

※1：菅原道真は京都・上御霊、下御霊神社など、全国に伝わる「御霊信仰」との関係も深い。 ※2：右頁図中◎印のほか、12頭目の「幻の牛」が本殿左手の「菅公歴史館」にいる。

# 天神信仰は京が発祥

京都

## 北野天満宮

「道真の祟《たた》り」は、菅原道真を陥れた張本人・藤原時平の死からはじまった。その後、讒言《ざんげん》を真に受けた醍醐天皇の近親者が相次いで亡くなり、宮中には雷が落ちる※1。憔悴した醍醐天皇が崩御すると、ついに道真は雷と結びつき「天神《てんじん》」と恐れられるようになった。

道真の御霊《みたま》※2を鎮めるため、都に北野天満宮が創建されたのは947（天暦元）年。時代が下ると、明晰な頭脳、そして「書の三聖※3」と称えられた達筆にあやかり、学問の神様へと変貌を遂げた。

### 道真の荒魂を鎮めた京の天神さん

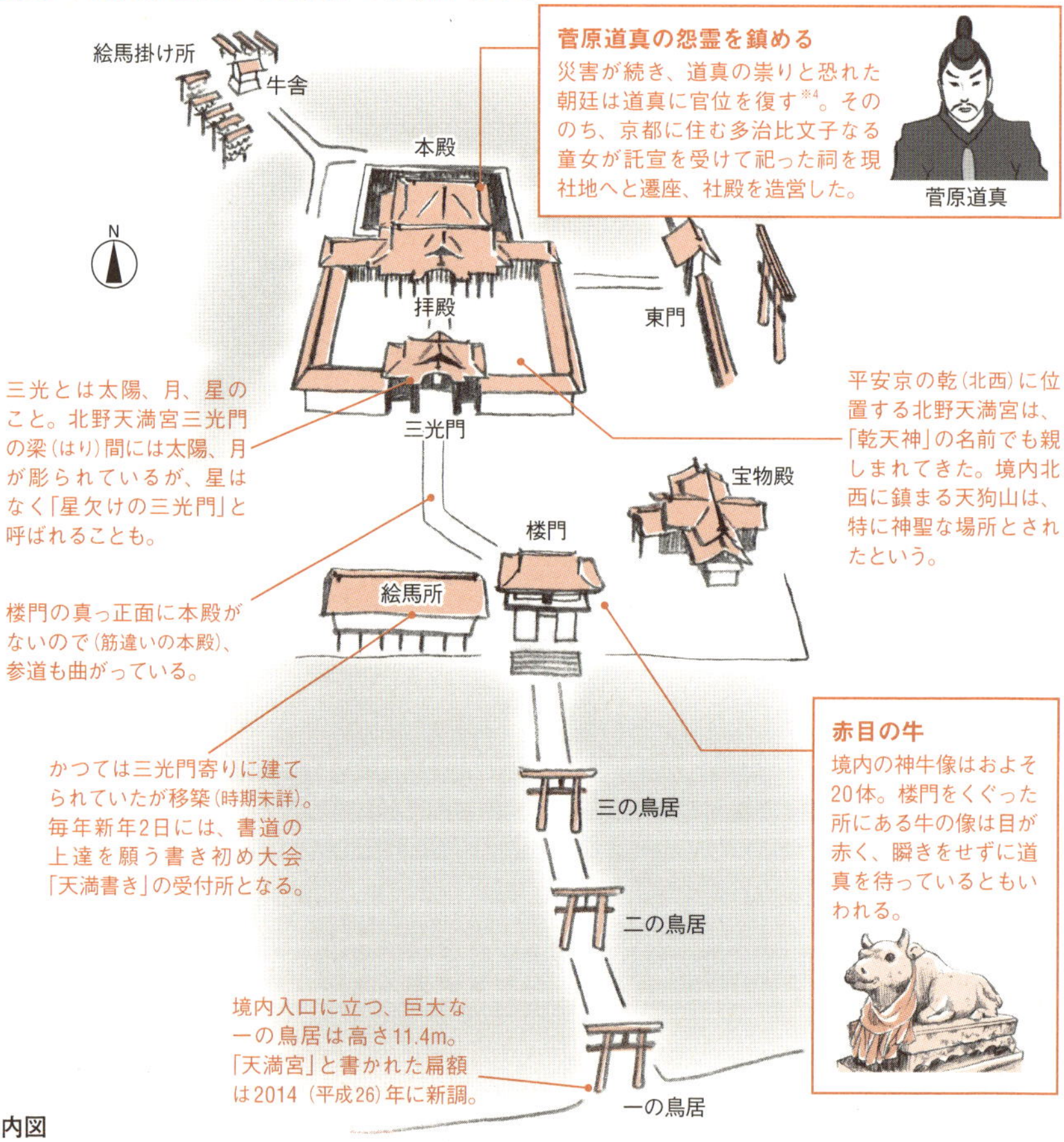

菅原道真の怨霊を鎮める
災害が続き、道真の祟りと恐れた朝廷は道真に官位を復す※4。そのち、京都に住む多治比文子なる童女が託宣を受けて祀った祠を現社地へと遷座、社殿を造営した。
菅原道真
絵馬掛け所
牛舎
本殿
N
拝殿
東門
三光門
宝物殿
楼門
絵馬所
三の鳥居
二の鳥居
一の鳥居
三光とは太陽、月、星のこと。北野天満宮三光門の梁（はり）間には太陽、月が彫られているが、星はなく「星欠けの三光門」と呼ばれることも。
平安京の乾（北西）に位置する北野天満宮は、「乾天神」の名前でも親しまれてきた。境内北西に鎮まる天狗山は、特に神聖な場所とされたという。
楼門の真っ正面に本殿がないので（筋違いの本殿）、参道も曲がっている。
かつては三光門寄りに建てられていたが移築（時期未詳）。毎年新年2日には、書道の上達を願う書き初め大会「天満書き」の受付所となる。
赤目の牛
境内の神牛像はおよそ20体。楼門をくぐった所にある牛の像は目が赤く、瞬きをせずに道真を待っているともいわれる。
境内入口に立つ、巨大な一の鳥居は高さ11.4m。「天満宮」と書かれた扁額は2014（平成26）年に新調。


境内図

■所在地：京都府京都市上京区御前通今出川上る馬喰町　■主祭神：菅原道真　■創建：947（天暦元）年　■おもなご利益：学業成就

## 社殿は3つの建物がつながる権現造

社殿は拝殿の後ろに石の間（石畳）、その後ろに本殿が連なる権現造。この建築様式は「多くの棟が集まる」ことを示す「八棟造《やつむねづくり》」と呼ばれることもある。

1607（慶長12）年、右大臣・豊臣秀頼により造営された社殿。絢爛豪華な装飾は桃山文化を体現する。

屋根は檜皮葺
拝殿
本殿

本殿背面には「御后三柱（ごこうのみはしら）」と呼ばれる神座があり、菅原道真の父、祖父、祖先神を祀る。

大崎八幡宮（宮城）と共に、権現造社殿としては現存最古。

**権現造の社殿**

本殿・石の間・拝殿が棟続きとなっているのが権現造（八棟造、石の間造とも。北野天満宮ではさらに拝殿両脇に楽の間［がくのま］がつく）。近世に広く用いられた神社の建築様式だ。

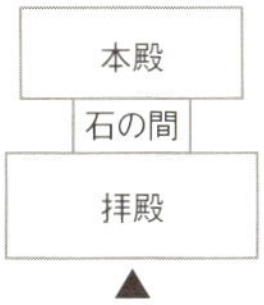
本殿
石の間
拝殿
▲

## 梅と松が拝殿左右を飾る

豊臣秀頼が寄贈したとされる三光門をくぐると拝殿が参拝者を迎える。拝殿左手に梅、右手には松が立つ。これらが意味するところは未詳だが、2〜3月の梅の開花シーズン、松の渋い緑と梅の鮮やかなピンクが参拝客の目を和ませる。

拝殿

毎月25日は「天神さんの日」。境内の石灯籠と拝殿の釣灯籠に明かりが灯され、社殿が美しく照らされる。

**拝殿前の梅は「紅和魂梅《べにわこんばい》」**

樹齢300年とされる「紅和魂梅」。道真を慕い太宰府へと飛んだ「飛梅」と同品種と伝わる。

境内の梅の木は50種・1,500本ともいわれる。2015（平成27）年、冬芽の組織を培養し苗木を殖やすことに成功した。

**同じ天神系でも違う「社紋」**

北野天満宮
湯島天満宮
太宰府天満宮
星梅鉢《ほしうめばち》
梅鉢《うめばち》
梅花《ばいか》

全国の天満宮の社紋は梅がモチーフ。北野、湯島はともに「梅鉢」で、太宰府は「梅花」、それぞれ若干の違いがある。

※1：930（延長8）年、会議が行われていた清涼殿に雷が直撃し、多数の死傷者が出た。 ※2：神徳の尊称。 ※3：日本史上、もっとも書道に優れていたとされる3人の総称。菅原道真・空海・小野道風。 ※4：太宰府天満宮（22頁）の社伝では、道真が祟ることはなかったとしている。

# 産業の繁栄と技術向上の神

千葉

## 安房《あわ》神社

**祭** 神の太玉命《ふとだまのみこと》は、宮廷祭祀を統括していた忌部《いんべ》氏の祖神。忌部氏は全国各地に本拠地をもち、開拓・農産を奨励。ものづくりに長けた者も多かった。そのため現代ではあらゆる産業を繁栄させ、技術を向上させる神として崇敬されている。

安房神社、およびこの地方一帯の旧国名である安房は、「阿波《あわ》」をルーツとする。これは太玉命の孫で、神《じん》武《む》天皇即位の際、橿原宮《かしはらのみや》を造営した天富命《あめのとみのみこと》が、四国の阿波※1を開拓した後、新たな拠点としてこの地に移り住んだことに由来する。

### 「阿波」の神が開いた「安房」の社

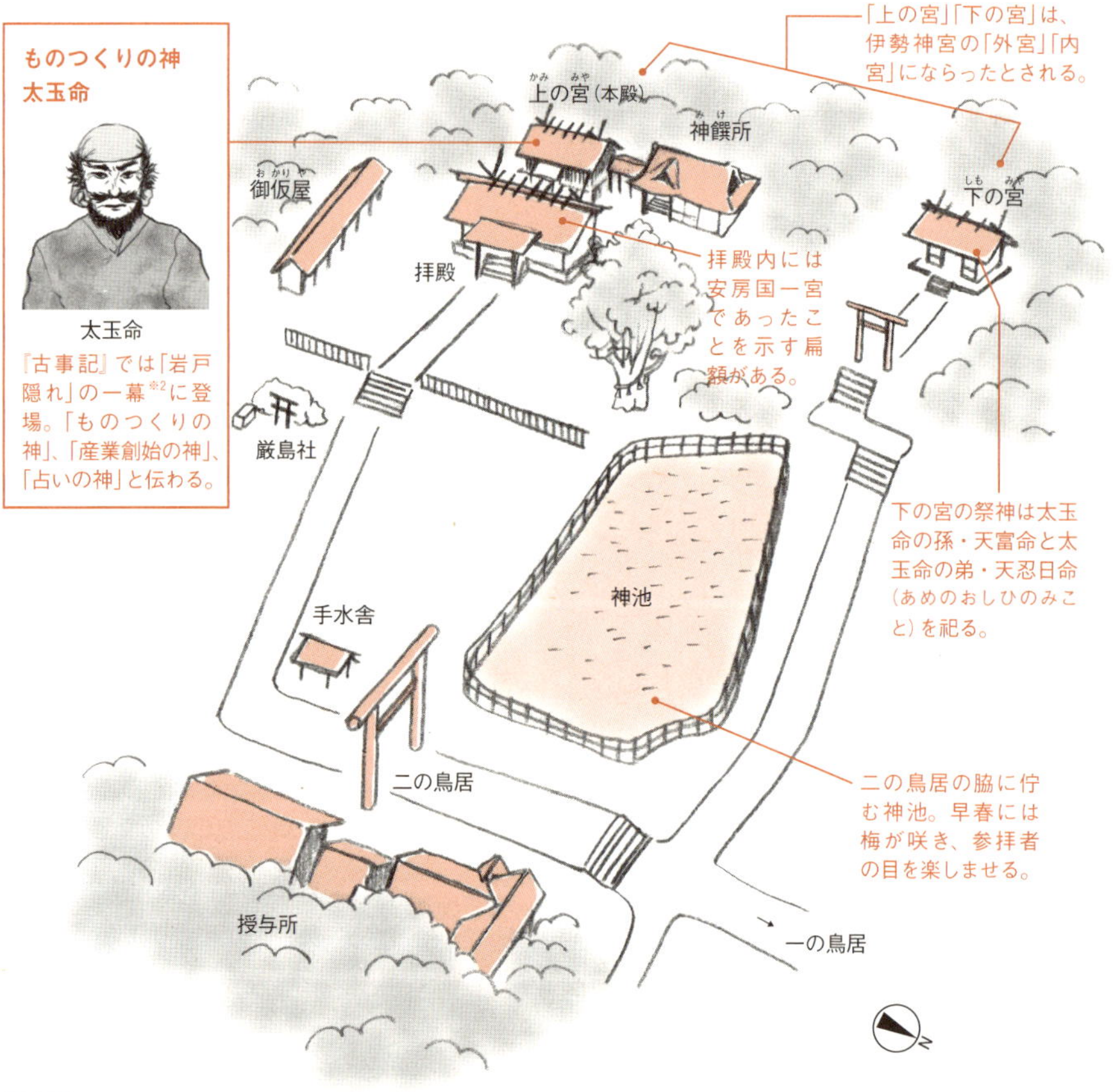
ものつくりの神
太玉命
太玉命
『古事記』では「岩戸隠れ」の一幕※2に登場。「ものつくりの神」、「産業創始の神」、「占いの神」と伝わる。
「上の宮」「下の宮」は、伊勢神宮の「外宮」「内宮」にならったとされる。
上の宮《かみのみや》(本殿)
神饌《みけ》所
御仮屋《おかりや》
下の宮《しものみや》
拝殿
拝殿内には安房国一宮であったことを示す扁額がある。
厳島社
下の宮の祭神は太玉命の孫・天富命と太玉命の弟・天忍日命(あめのおしひのみこと)を祀る。
神池
手水舎
二の鳥居
二の鳥居の脇に佇む神池。早春には梅が咲き、参拝者の目を楽しませる。
授与所
一の鳥居

境内図

■所在地：千葉県館山市大神宮589 ■主祭神：太玉命 ■創建：初代神武天皇元年 ■おもなご利益：事業繁栄

## ご利益のある清水をテイクアウト

安房神社の本殿裏には、境内を抱くように吾谷山《あづちやま》がそびえ「ご神水」が湧く。湧水点一帯への無断立ち入りは禁止だが、受付に申し込めば「お水取り※3」ができる。

主祭神の太玉命は、天岩戸に隠れた天照大神を誘い出すのに貢献した神とされる。

拝殿とその奥に鎮まる本殿は神明造。華美な装飾はなく、釘を1本も使っていない。

太玉命のほか、妻の天比理刀咩命（あめのひりとめのみこと）、各地に散った忌部氏の祖「忌部五部神」を祀る。

拝殿はRC（鉄筋コンクリート）造だが、本殿は木造で屋根は檜皮（ひわだ）葺。

### 吾谷山から湧くご神水

吾谷山の山裾から湧く清水は、かつて近隣の水田を潤す貴重な水源でもあった。

ご神水の拝所では安房大神・罔象女神（みつはのめのかみ、水神）・吾谷山御神霊を祀る。

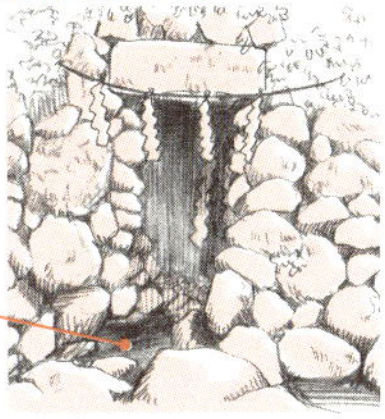

### 太古を偲ぶ金運お守り

下の宮の祭神・天富命は、黒潮に乗って阿波から安房にたどり着いたという。お守りにはそれを偲ばせる船が描かれている。

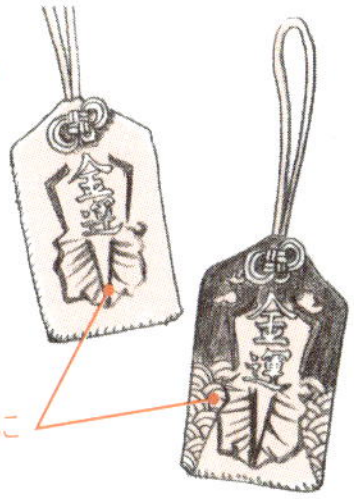


船がモチーフで、帆には「金運」の文字。

## 古来栄えた地を示す名残

安房神社のそぐそばには忌部氏の遺骨を祀る「忌部塚《いんべづか》」がある。境内で見つかった海食洞窟から発掘された人骨の一部を祀ったものだ。

忌部氏一族の人骨として祀られている。忌部氏は各地で神殿の造営などに従事した氏族で太玉命を祖とする。地方でも繁栄し、房総のほか、紀伊半島や九州でも勢力を広げた。

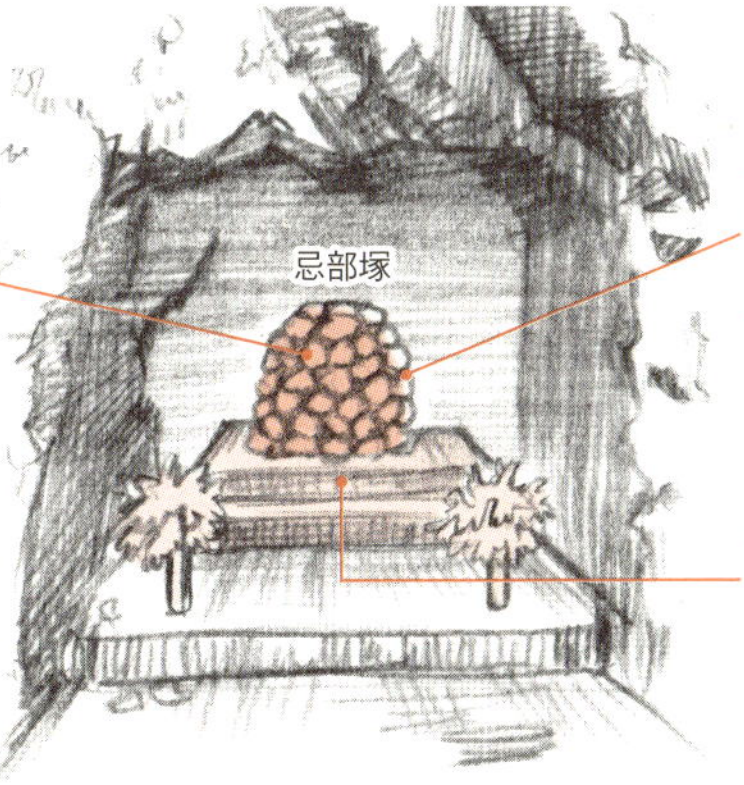


人骨が出土した洞窟は弥生時代の墓地であった。人骨を祀った場所は安房を開拓した忌部氏一族になぞらえ「忌部塚」の名がつけられた。

境内の洞窟遺跡から出土した人骨（22体）は神社東方に移され、「忌部塚」として祀られている。

※1：現在の徳島県。 ※2：素戔嗚尊（すさのおのみこと）の暴挙を嘆いた天照大神（あまてらすおおみかみ）が、天岩戸という洞窟に隠れてしまったとの記述がある。 ※3：お水取りには玉串料を納め、拝殿にてお祓いを受ける必要がある。容器は持参すること。

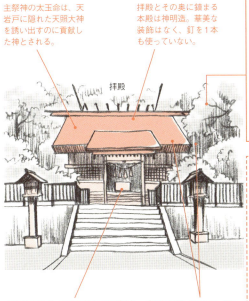

# 首都を見守る江戸総鎮守

東京

## 神田《かんだ》神社（神田明神）

江戸城の表鬼門《おもてきもん》（北東）を守る神田明神は「江戸総鎮守」として知られる。天下人となった徳川家康以降、歴代の将軍が篤い信仰を寄せ、勝利・成功・富をもたらす神社として現在も多くの人を集める。

社伝によれば、創建は730（天平2）年。真神田臣《まかんだおみ》が出雲の神・大己《おおな》貴神《むちのかみ》を祀ったのがはじまりだ。その後、東国の英雄としてその名を馳せた平将門の御霊《みたま》も祭神とした。氏子地域は神田、秋葉原、日本橋、大手町。日本経済をリードする大企業が集団参拝する姿も恒例である。

### オフィスビルの懐に鎮座するビジネスマンの聖地

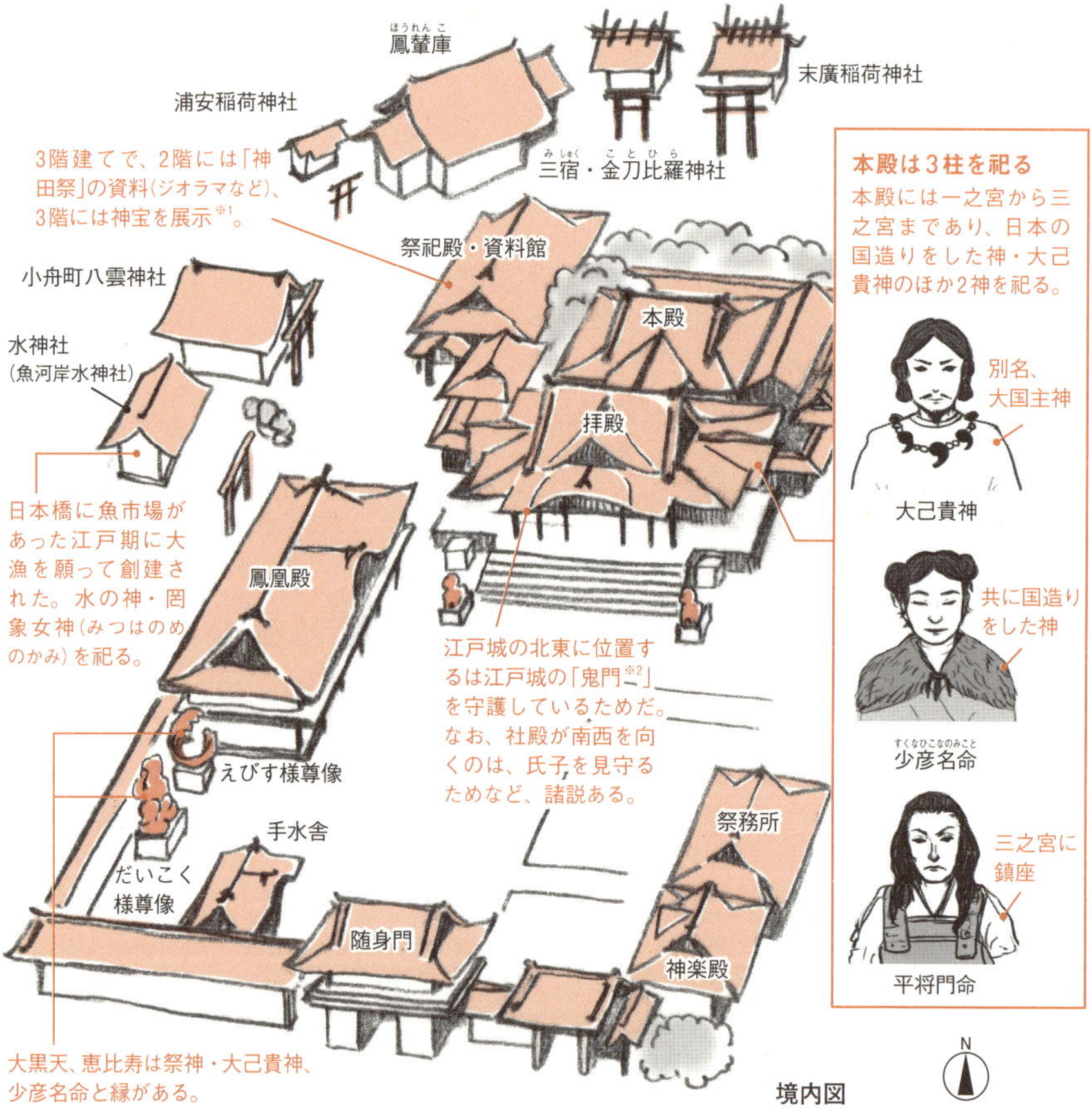


境内図

■所在地：東京都千代田区外神田2-16-2　■主祭神：大己貴神、少彦名命、平将門命　■創建：730（天平2）年　■おもなご利益：事業繁栄

## 1 大企業がこぞって参詣する霊験あらたかな神社

新年になると、数多くの企業が集団参拝する神田明神。その拝殿は多くの近代神社建築を手がけた伊東忠《ちゅう》太《た》・大江新太郎・佐藤功一により設計された。

歴代の将軍が造営・再建してきた社殿は、関東大震災によって焼失。現在の社殿は1934（昭和9）年に造営された。権現造。

社殿内部の柱間を狭めるなど、木造に近い姿とされているが、RC造。

神田明神は、1975（昭和50）年、昭和天皇在位50周年を記念して企画された「東京十社めぐり」に名を連ねる。10月10日は「十社めぐりの日」。

**ご祈祷は拝殿で**

仕事はじめには、1,000社もの企業が訪れる。神職が祝詞（のりと）を奏上し、代表者が玉串を捧げた後、大幣（おおぬさ）でお祓いを受け、お神酒やお守りを授かる。

拝殿内部は総漆塗りとなっている。

手前は土間なので靴を履いたまま昇殿できる。

## 日常業務もしっかりと守護

商売繁盛・業務拡大といった経営者的な願いだけでなく、日々の業務におけるトラブルを除けるお守りも人気が高い。

### 社地を象徴するお守りも

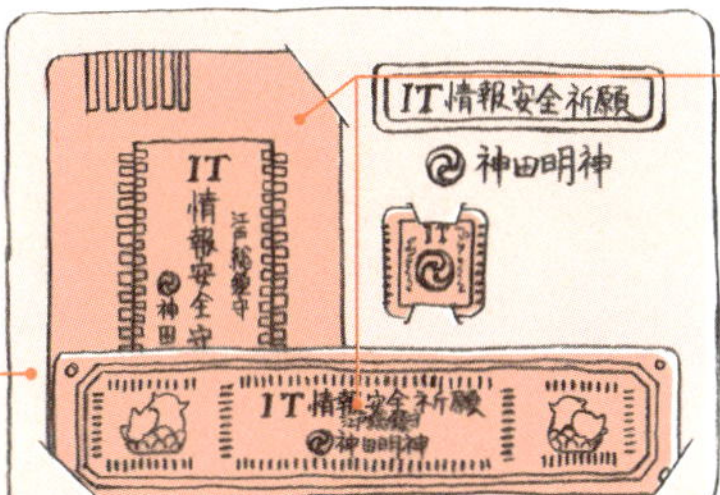


カードタイプとシールタイプがセットになったお守り。

パソコントラブルを除けるお守り「ＩＴ安全守護」は、電気街・秋葉原を氏子地域とする神田明神ならではの授与品。

### 神札《しんさつ》で業務のご加護を

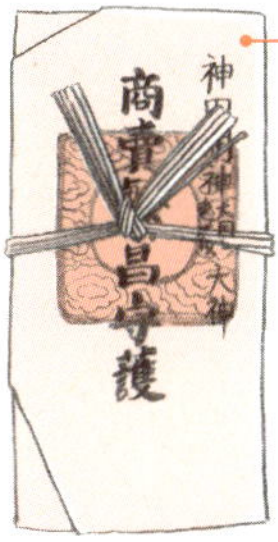


祭神の大己貴神・少彦名命はそれぞれ「大黒天」「恵比寿」とも結びつけられる商売繁盛の神様。その神徳を授かる神札（お札）は社内の神棚に祀り、日々の業務を見守っていただくのがいいだろう。

※1：拝観料は大人300円、学生・子どもが200円。土日祝の午前10時〜午後4時まで開館している。※2：北東は陰陽道において鬼が出入りする方角とされる。また、反対の方角である南西も同様でこちらは「裏鬼門」。

# 各界リーダーがこぞって集う

東京

## 日《ひ》枝《え》神社

かつての為政者・徳川家が参詣した神田明神（28頁）に対し、現代日本をリードする政治家や実業家の崇敬を集めるのが日枝神社である。永田町という「日本の中枢」に鎮座し、首都東京を見守る。

祭神の大山咋神《おおやまくいのかみ》は山の神。大地を支配し、万物の成長を見守る。その神徳から、仕事の足場を固め立身出世をもたらすご利益で知られる。また、大山咋神のお使いは「神猿《まさる》」だ。神猿は「魔が去る」「勝る」に通じるとされ、ご朱印帳やお守りにも描かれている。

### 国を動かすリーダーの崇敬を集める江戸の守護神

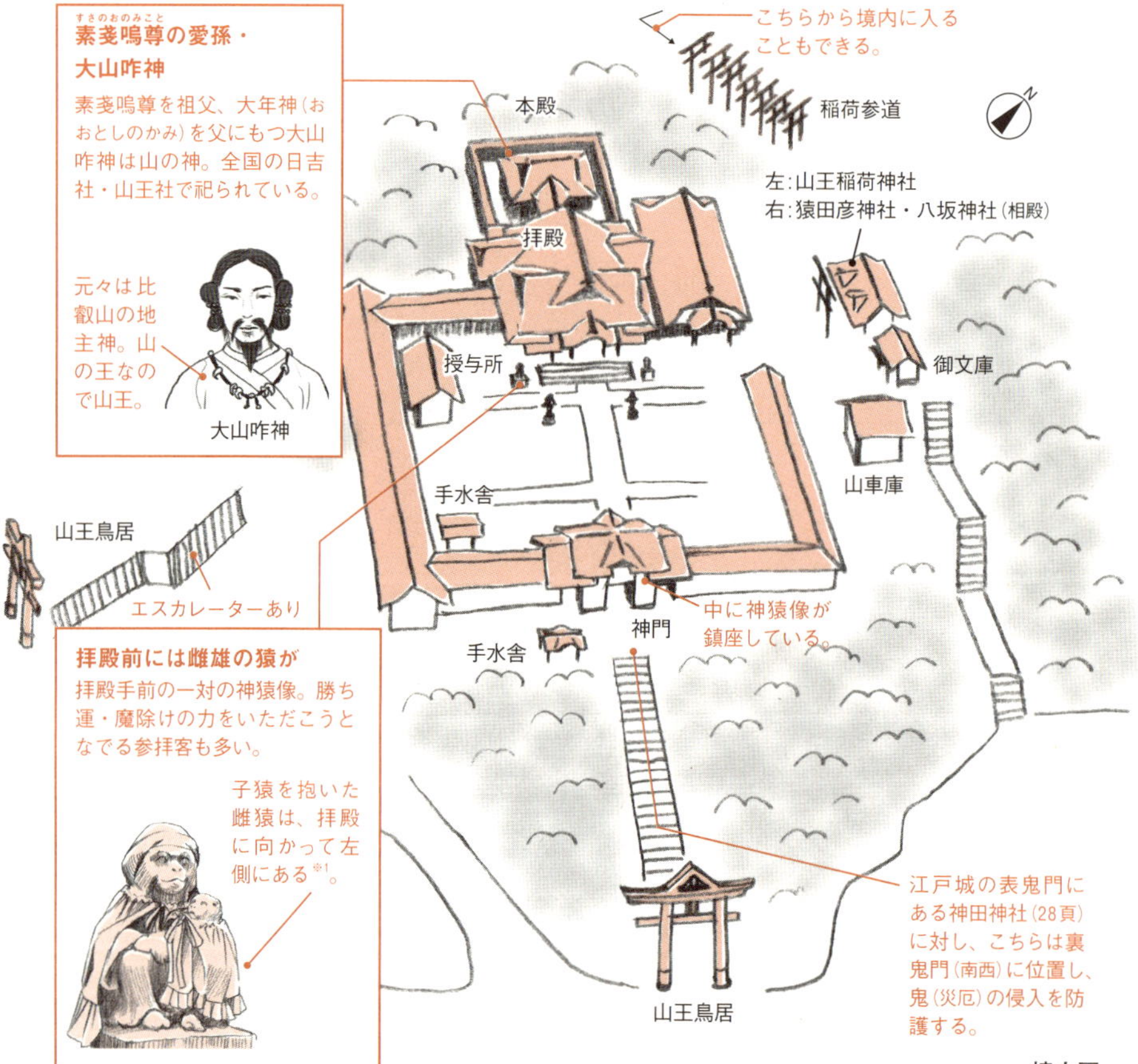
素戔嗚尊《すさのおのみこと》の愛孫・
大山咋神
素戔嗚尊を祖父、大年神（おおとしのかみ）を父にもつ大山咋神は山の神。全国の日吉社・山王社で祀られている。
元々は比叡山の地主神。山の王なので山王。
大山咋神
こちらから境内に入ることもできる。
本殿
稲荷参道
左：山王稲荷神社
右：猿田彦神社・八坂神社（相殿）
拝殿
授与所
御文庫
山車庫
手水舎
山王鳥居
エスカレーターあり
中に神猿像が鎮座している。
神門
手水舎
拝殿前には雌雄の猿が
拝殿手前の一対の神猿像。勝ち運・魔除けの力をいただこうとなでる参拝客も多い。
子猿を抱いた雌猿は、拝殿に向かって左側にある※1。
江戸城の表鬼門にある神田神社（28頁）に対し、こちらは裏鬼門（南西）に位置し、鬼（災厄）の侵入を防護する。
山王鳥居

境内図

■所在地：東京都千代田区永田町2-10-5　■主祭神：大山咋神　■創建：未詳　■おもなご利益：立身出世

## 太田道灌が川越から山王社を勧請

日枝神社は平安末期、秩父平氏一門の秩父重継(江戸氏)が日吉大社を勧請※2したのがはじまり。その後、江戸城を築いた太田道灌《どうかん》が川越山王社を再勧請、城の鎮守とした。

かつては江戸城内に鎮座していたが、庶民が参拝できるようにと2代将軍・徳川秀忠が半蔵門外に移し、4代・徳川家綱が現在地に遷座。

権現造の社殿を彩る朱色は「丹(に)塗り」とも呼ばれ、魔を祓い神威を高めると考えられてきた。また原料の水銀は、防腐剤という役目も。

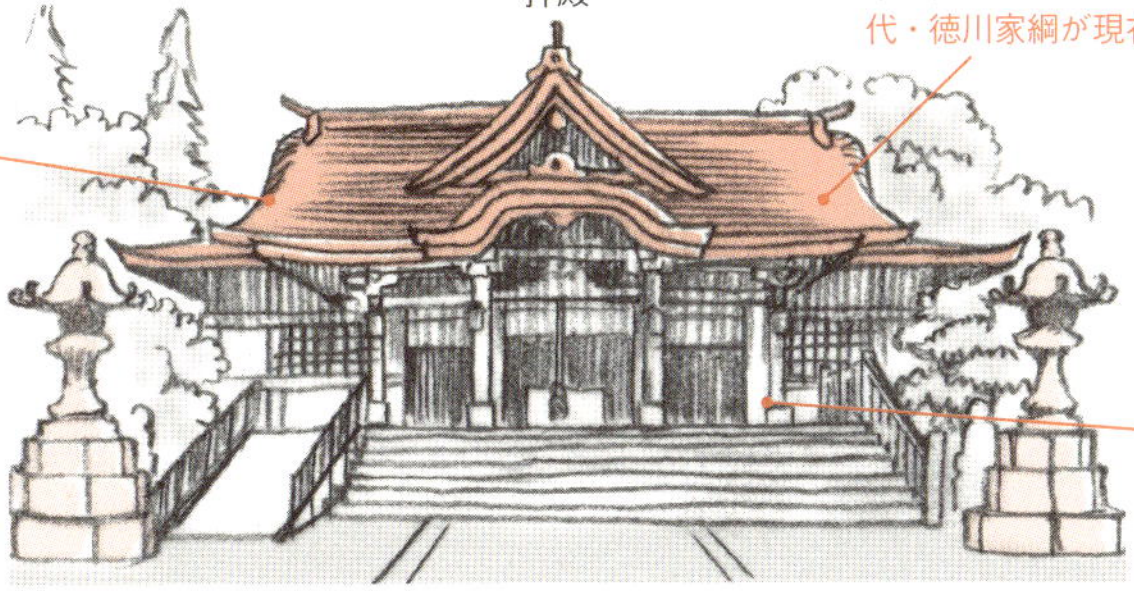


社殿は空襲で焼失後、1958(昭和33)年に再建。拝殿天井には123枚の板絵が掲げられている。

## 特徴的な2種類の鳥居が見ものの1つ

日《ひ》吉《え》・山王系神社である日枝神社は特徴的な形状の「山王鳥居」を備えるが、境内社には別の形状の鳥居も。鳥居の違いに注目して参拝するのもおもしろい。

### 三角の飾りがある山王鳥居

三角形の装飾を施した「山王鳥居」は、日吉・日枝・山王神社で見られる。三角形を合掌した手になぞらえ「合掌鳥居」とも。

外堀通り側の参道には昇りエスカレーターが備わる。

### 末社の参道に並ぶ奉納鳥居

末社の山王稲荷神社は商売繁盛を司る。こちらへは、本社での参拝を済ませた後に参詣する。

伏見稲荷大社(62頁)にならった参道脇の鳥居は崇敬者から奉納されたもの。

**鳥居が示す神社の系統**

鳥居は、神社の系統により形が異なる。神明系は直線的、明神系は反りのある鳥居だ。山王系は明神鳥居に三角形の装飾が付いている。

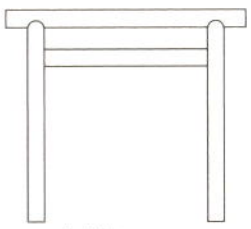
神明《しんめい》鳥居

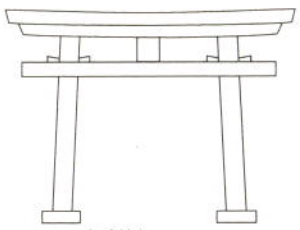
明神《みょうじん》鳥居

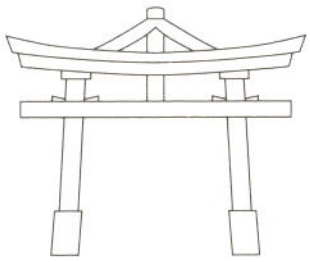
山王鳥居

※1：拝殿に向かって右側には、烏帽子を被った雄猿が鎮座。 ※2：「勧請」は仏や神の霊を別の場所に迎えて祀ることをいう。

# 福と繁盛を招くえべっさん

兵庫

## 西宮《にしのみや》神社

関西地方で福を招くお祭りといえば、「商売繁盛で笹持って来い！」のかけ声が響く「十日《とおか》えびす」※1である。当日、西宮神社では縁起物の福笹が授与され、境内を舞台に「開門《かいもん》神事・福男選び」が行われる。祭神は釣り竿を持ち、鯛を抱え満面の笑みを浮かべる姿でおなじみの「えべっさん（えびす大神）」だ。元は伊弉諾尊《いざなぎのみこと》と伊弉冉尊《いざなみのみこと》の子でありながら、すぐに海へと流された神、蛭児《ひるこ》だったとされるが、時代とともに大漁、そして商売繁盛をもたらす神として信仰され、福の神となった。

### 庶民に愛された不運の神が福の神として鎮まる

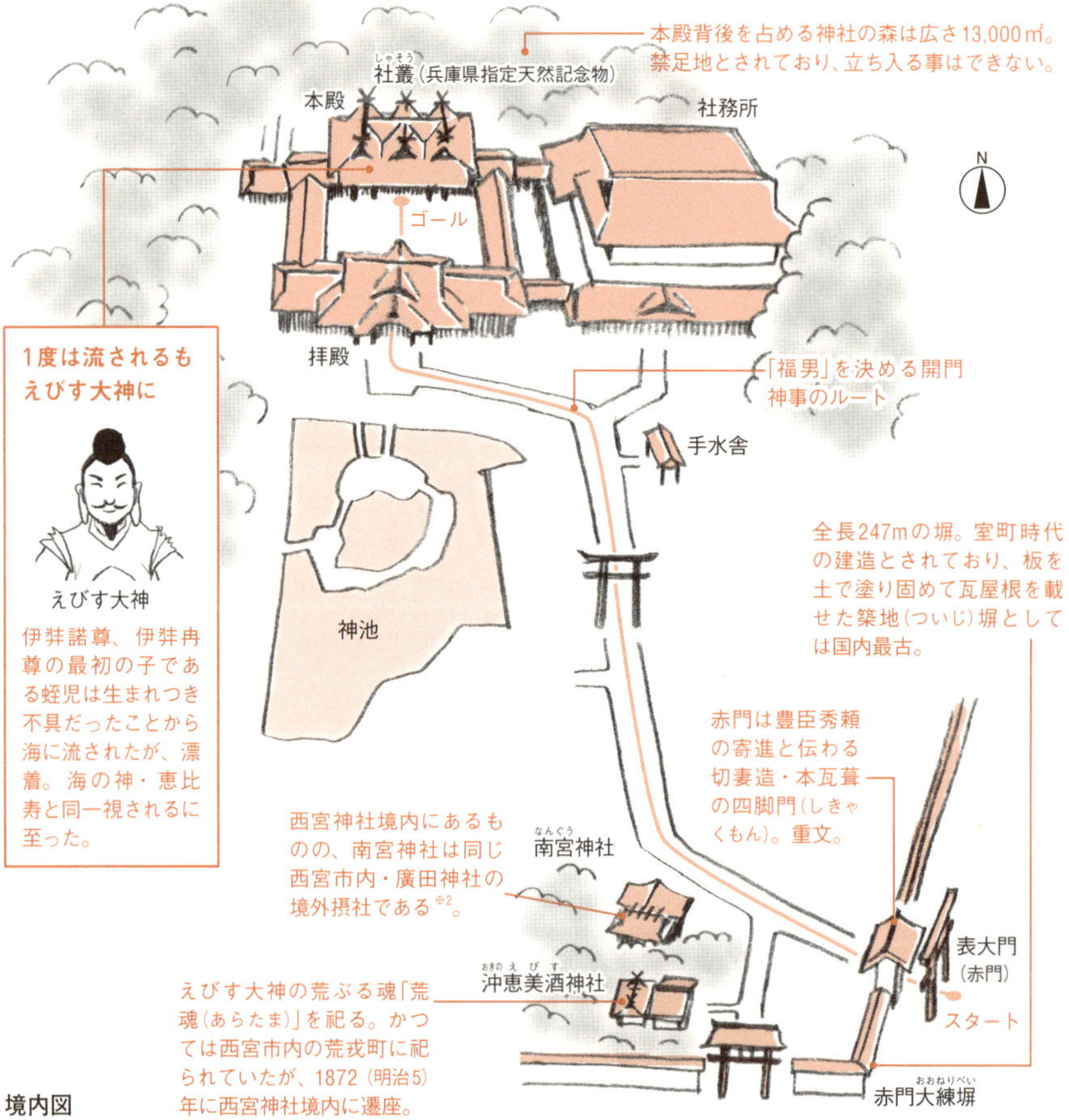
本殿背後を占める神社の森は広さ13,000㎡。禁足地とされており、立ち入る事はできない。
社叢《しゃそう》（兵庫県指定天然記念物）
本殿
社務所
N
ゴール
拝殿
「福男」を決める開門神事のルート
手水舎
1度は流されるもえびす大神に
えびす大神
伊弉諾尊、伊弉冉尊の最初の子である蛭児は生まれつき不具だったことから海に流されたが、漂着。海の神・恵比寿と同一視されるに至った。
神池
全長247mの塀。室町時代の建造とされており、板を土で塗り固めて瓦屋根を載せた築地（ついじ）塀としては国内最古。
赤門は豊臣秀頼の寄進と伝わる切妻造・本瓦葺の四脚門（しきゃくもん）。重文。
西宮神社境内にあるものの、南宮神社は同じ西宮市内・廣田神社の境外摂社である※2。
南宮《なんぐう》神社
表大門
（赤門）
スタート
沖恵美酒《おきのえびす》神社
えびす大神の荒ぶる魂「荒魂（あらたま）」を祀る。かつては西宮市内の荒戎町に祀られていたが、1872（明治5）年に西宮神社境内に遷座。
赤門大練塀《おおねりべい》

境内図

■所在地：兵庫県西宮市社家町1-17　■主祭神：えびす大神（蛭児）　■創建：未詳　■おもなご利益：商売繁盛

## 1 イザナギ・イザナミの子が流れ流れて

海に流された蛭児が時を経て流れ着き、漁師によって現在の地に祀られたとされる西宮神社。創建年代は未詳だが、平安後期の文献に記載がある。

春日造の屋根を3棟連結した「三連春日造」の本殿は、全国でも例を見ない。空襲により焼失したが、1961（昭和36）年に総檜造・銅板葺で再建。春日造とは切妻造の妻側正面に庇をつけたもの。

門帳には社紋「三つ葉柏」が刺繍されている。柏は古来、聖なる葉とされ、神饌（しんせん）を盛りつけるのに用いられた。

横に3つ並ぶ社殿のうち、第一殿では蛭児（えびす大神）、第二殿では天照大神と大国主神、第三殿では素戔嗚尊（すさのおのみこと）を祀る。

**通常は立ち入り禁止**

本殿に入れるのは「十日えびす」の日だけ。通常は、拝殿でのお参りのみ。

入母屋造・銅板葺の拝殿は本殿と同じく1961（昭和36）年に再建[※3]。

後藤貞行[※4]によって制作された神馬が参拝客を出迎える。

## 福を呼ぶキーマンを決める「十日えびす」

十日えびすの3日間は、祭神の神力がもっとも高まる期間。福笹を求めて100万人が訪れる。その年の福を集める福男選びは「十日えびす大祭」の後、門が開くと同時にスタートする。

### 「商売繁盛」の福笹

鯛や「福」と書かれた巾着のほか、お守りがつけられている。

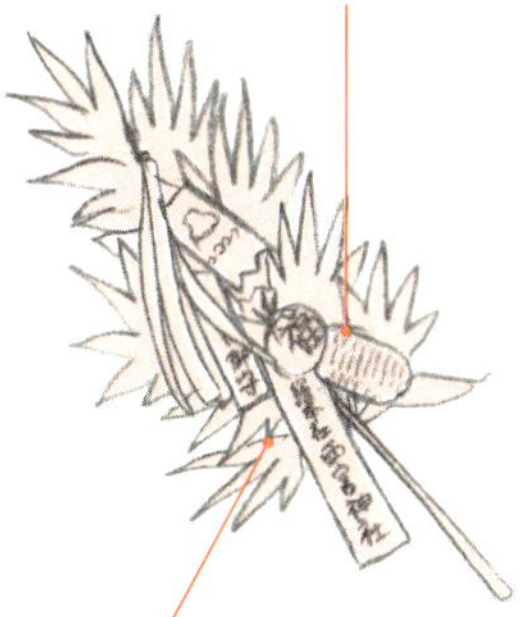

サイズは2種で小が1,000円、大が3,000円。

### 福男を決めるのは開門神事

赤門脇の「大練塀」は太閤塀（京都）、信長塀（愛知）とともに日本三大練塀の1つ。

昭和10年代からはじまった開門神事は1番乗りの参拝者を称えるもので、本殿に早く到着した1番〜3番までの参詣者を「福男」に認定。

**「福娘」は年末・年始だけ**

福娘とは巫女のこと。大晦日から年明け15日で社務所で参拝客の対応などを行う。

福娘は書類審査や面接などにより選ばれる。前年9月頃より神社が募集を告示。

※1：毎年、1月10日前後の3日間で行われる。 ※2：西宮神社の境内は平安時代、同じ西宮市・廣田神社の摂社・浜南宮の神域だったため、現在も南宮神社が鎮まる。 ※3：豊臣秀頼が寄進した社殿を復元。※4：皇居前広場の楠正成が乗る馬像の制作で知られる彫刻家。

# 大穴よ、来い！ 競馬好きの聖地

茨城

## 勝馬《かちうま》神社
## （大杉神社境内社）

社

名からして縁起が良い勝馬神社は、馬体を守護する神として朝廷の官牧《かんぼく》・信太馬牧《しだのうままき》※1で祀られていた馬櫪社《ばれきしゃ》がルーツ。のちに「あんばさま」※2としても知られる大杉神社境内へと遷座、勝馬神社と改称した。昭和初期までは境内の馬場で競馬が開催され、100頭もの馬が出走していたという。

勝馬神社は、日本中央競馬会（JRA）の美浦《みほ》トレーニングセンターに近い場所柄もあり、必勝を期する騎手など関係者の参拝が後を絶たない。勝ち馬を求める競馬ファンの聖地ともなっている。

### 勝運だけじゃない！ 境内各所の豪奢な彫刻も魅力

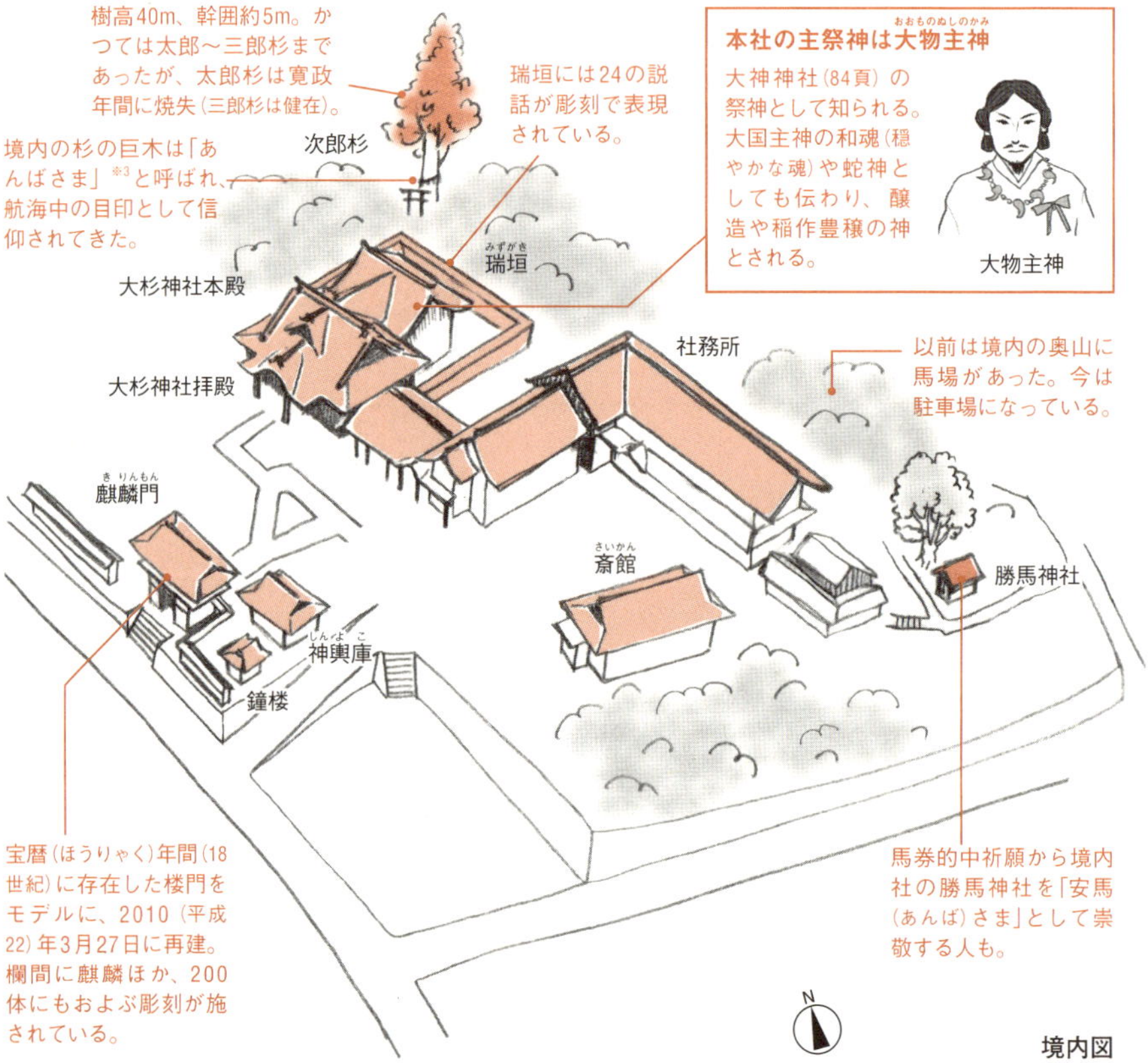
樹高40m、幹囲約5m。かつては太郎～三郎杉まであったが、太郎杉は寛政年間に焼失（三郎杉は健在）。
次郎杉
境内の杉の巨木は「あんばさま」※3と呼ばれ、航海中の目印として信仰されてきた。
瑞垣には24の説話が彫刻で表現されている。
瑞垣《みずがき》
大杉神社本殿
大杉神社拝殿
社務所
本社の主祭神は大物主神《おおものぬしのかみ》
大神神社（84頁）の祭神として知られる。大国主神の和魂（穏やかな魂）や蛇神としても伝わり、醸造や稲作豊穣の神とされる。
大物主神
以前は境内の奥山に馬場があった。今は駐車場になっている。
麒麟門《きりんもん》
斎館《さいかん》
神輿庫《しんよこ》
鐘楼
勝馬神社
宝暦（ほうりゃく）年間（18世紀）に存在した楼門をモデルに、2010（平成22）年3月27日に再建。欄間に麒麟ほか、200体にもおよぶ彫刻が施されている。
馬券的中祈願から境内社の勝馬神社を「安馬（あんば）さま」として崇敬する人も。
N
境内図

■所在地：茨城県稲敷市阿波958　■主祭神：未詳　■創建：862（貞観4）年　■おもなご利益：馬体守護・馬券的中

## 1 ユニークなご利益で存在感バツグンの境内社　勝馬神社

勝馬神社は境内社として鎮座。本社の大杉神社授与所では、サラブレッドの鬣《たてがみ》を用いた「たてがみお守り(初穂料1,000円)」など、馬に関する縁起物も多数頒布《はんぷ》している。

### 平安期創祀の由緒ある勝馬神社

農耕馬が不要となってからは参拝者も減ったというが、2002(平成14)年、篤志家により社殿が建立された。JRAの美浦トレーニングセンターは車で15分ほど。

### 名騎手からの奉納物も

勝馬神社に至る参道には名騎手から奉納された石灯籠も。本社・大杉神社の社殿を囲む瑞垣も騎手や厩舎が奉納したものが多い。

## 馬蹄が勝馬神社の象徴

勝馬神社の絵馬には本物の馬蹄が貼られ、社殿前には使用済みの馬蹄が奉納されている。

**馬蹄付きの絵馬**

必勝祈願のほか、勝ち運を授かるお守りとして神棚に祀る人も多い。

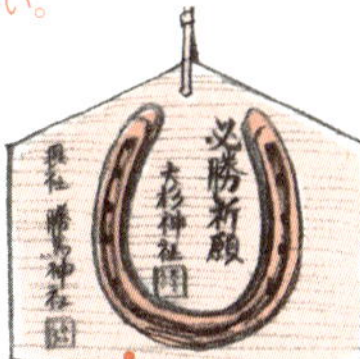

初穂料は2,000円。

社殿内には神馬と手綱をひく猿の像が納められている。古来、猿は馬の守護神と考えられ、猿が世話をすれば病気を防ぐとされた。

蹄鉄が奉納された社殿前の石製の箱は、厩舎で馬の餌を入れておく「飼い葉」の桶を模してつくられている。

※1:現在の茨城県稲敷郡美浦村信太付近にあったとされる。 ※2:あんばさまとは航海の神(豊漁)。 ※3:この地が元々安婆嶋といわれていた(『常陸風土記』)ことから。

## column ｜ ご朱印帳の起源をたどる —— 写経を納める「納経」の証し

近年、神社や寺院で、社務所の前にご朱印を求める参拝者が行列をつくる姿が見られるようになった。スタンプラリーのように、現代的な感覚で神社や寺院をめぐる参拝者も多いようだが、そのルーツをたどると、仏教にたどりつく。寺院を回り納経（写経を納める）する巡礼だ。

ここでいう「経」は法華経をさすが、これは本来非常に長いもので一般の参拝者が写経するのには無理があった。そこで、参拝者が一部を経文として納め、その証しにご朱印をいただく。当初のご朱印は「納経帳」に押してもらうのが習わしだった。現在もこれに倣って納経帳にご朱印を押してもらう参拝者もいるが、より一般的な「ご朱印帳」を使う人が多い（「ご朱印帳」の登場時期は未詳）。

神社参拝の証しにもなったのは江戸時代と考えられる。この頃に戦がなくなって平和になり、庶民が参詣の旅に出られるようになったのである。さらに時代とともに一般の参拝者が納経する習慣は廃れ、参拝の証しとしてのご朱印が一般化した。

### 納経を背負って66カ国巡礼

ご朱印めぐりの起源は、奉納する写経を背負って日本全国66カ国[※1]の主要な霊場を巡礼する「六十六部」だとされる。当時のようすは、現在残されている『日本風俗図絵』[※2]などに見ることができる。

修行者は法華経を書写し、神社仏閣に納めて行く。

『日本風俗図絵』より

巡礼の正式名称は「日本回国大乗妙典六十六部経聖」で、「六十六部」はこれを略したものだ。

**六十六部で使われた「納札」**

江戸後期には写経の手間を省き、「納め札」と呼ばれるお札を奉納する文化が広まっていった。

※1：当時の日本は畿内、山陽道、山陰道、南海道、西海道、東海道、北陸道、東山道の8つの地域に分かれており、全部で66の国に分割されていた。 ※2：『日本風俗図絵』は国立国会図書館に所蔵されている。

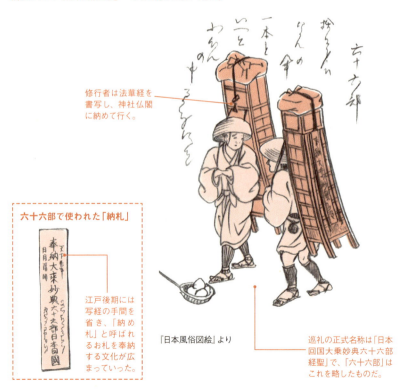

# 2章

# 縁結び 縁切りの神社

まだ見ぬ幸せな運命の元へ、導いてくれるのは縁結びの神々。結ぶのは必ずしも恋愛の縁だけとは限らない。仕事の縁、お金の縁など、成功への縁をとりもつ神を祀る神社。

## 婚活男女を導く最高神

東京

# 東京大神宮《とうきょうだいじんぐう》

神前結婚式は古来のものと思いがちだが、その歴史はここ百年あまり。1900（明治33）年、当時皇太子だった大正天皇が、皇居内の賢所《かしこどころ》で結婚式を行ったことが起源だ。賢所は日本の最高神、天照大神《あまてらすおおみかみ》を祀《まつ》る場所であったため、同じく天照大神を祀る東京大神宮が、一般向けに神前結婚式を創始した。

天照大神はあらゆる神徳を発揮する万能の女神。その神威と神前結婚式の元祖という歴史が、結婚へとつながる良縁を運んできてくれる。

### 神前結婚式の元祖には披露宴会場が併設

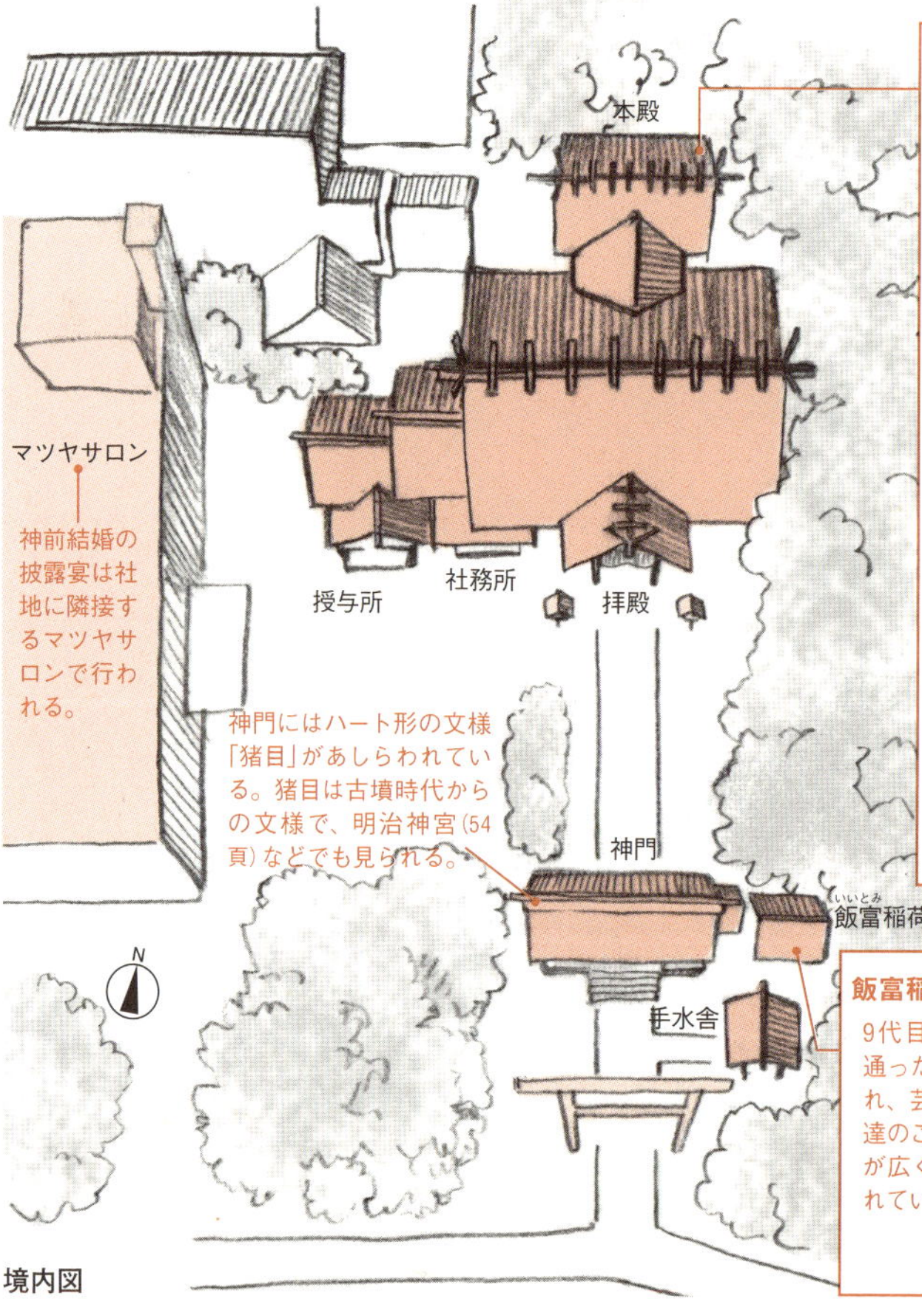
本殿
マツヤサロン
神前結婚の披露宴は社地に隣接するマツヤサロンで行われる。
授与所
社務所
拝殿
神門にはハート形の文様「猪目」があしらわれている。猪目は古墳時代からの文様で、明治神宮（54頁）などでも見られる。
神門
飯富《いいとみ》稲荷神社
手水舎
N

境内図

**伊勢に準ずる祭神2柱**

神明系神社で祀られる天照大神、豊受大神が主祭神。さらに「造化三神」と呼ばれる天御中主尊（あめのみなかぬしのみこと）・神皇産霊尊（かむみむすびのみこと）・高皇産巣日神（たかみむすびのかみ）を祀る。

日本の総氏神とも。

天照大神

食物を司る神

豊受大神《とようけのおおかみ》

**飯富稲荷神社で芸能上達**

9代目市川團十郎（1838-1903）が通ったとされ、芸能上達のご利益が広く知られている。

■所在地：東京都千代田区富士見2-4-1　■おもな祭神：天照大神・豊受大神　■創建：1880（明治13）年　■おもなご利益：恋愛成就・結婚成就・良縁成就

## 伊勢信仰から始まった神前結婚

明治に創建された東京大神宮。当時の神社名は「日比谷大神宮」。
伊勢神宮を崇敬する同社が神前結婚を広めた。

### 社殿様式は伊勢神宮を踏襲した神明造《しんめいづくり》

屋根の両端にあり、V字状に延びる板木は千木(ちぎ)と呼ばれる。先端を地面に対し水平に切った内削(うちそぎ)は女神を、垂直に切った外削(そとそぎ)は男神を祀るといわれる。東京大神宮は内削である。

切妻造の社殿は棟と平行する側(平[ひら]という)が正面となる平入りで、伊勢神宮をはじめとした神明造の特徴だ。

**ご朱印は社務所で**

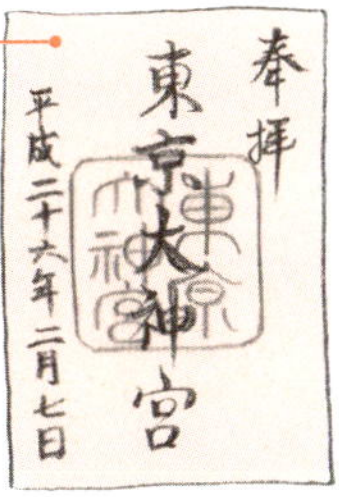

蝶、桜、鶯をイメージした3種類のご朱印帳も授与されている。ご朱印をいただく際の初穂料は300円。

### 種類豊富なお守りは縁結びのご利益が中心

縁結びの一大聖地であるだけに、恋愛にご利益のあるお守りが多い。肌守りだけでなく、根付のついたストラップタイプのものも。シンプルながらも可愛いらしいデザインの数々に、女子力アップも期待大。

**花言葉は「幸福が訪れる」スズランをかたどった縁結び守り**

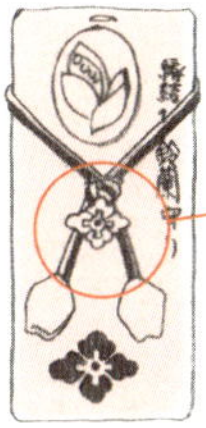

2つの花の根元には、東京大神宮の社紋「花菱」がつけられている。肌身離さず大切に持ち歩き、自然に社紋が取れれば願いが叶うというジンクスも。

## 婚姻の儀に蝶が舞う「豊寿舞《とよほぎのまい》」

雅楽の演奏とともに雌雄の蝶が舞うようすを演じる豊寿舞。バックに流れる祝婚歌は伊勢神宮の祭主《さいしゅ》※1だった北白川房子※2より賜ったものだ。

結婚式で奉納される祝いの舞は2種類。乙女舞とも呼ばれる豊栄舞(とよさかのまい)と豊寿舞(右図)だ。豊寿舞は東京大神宮でのみ見られる。

神前結婚式にはかかせない、太鼓、笙(しょう)、箏(そう)などの雅楽器を演奏する人々は「伶人」(れいじん)と呼ばれる。

※1:伊勢神宮神官の位の1つで、「長官」にあたる最も高いもの。皇族のなかから選任される。 ※2:明治～昭和の皇族の1人「成久王妃房子内親王」。1947(昭和22)年、伊勢神宮祭主就任後に皇籍を離脱、北白川房子に。

# 全国の神が集う縁結びの聖地

島根

## 出雲《いずも》大社《たいしゃ》

出雲大社の祭神・大国主神《おおくにぬしのかみ》は、見目麗しい男神で、日本神話の中で正式に妻をめとった最初の神である。この大国主神は相当魅力的だったのだろう、津々浦々の姫神と結ばれ181柱もの御子をもうけたとも伝わり、恋愛を司る神としての崇敬につながった。

また、旧暦10月には八百万《やおよろず》の神が出雲大社に集まり、あらゆる縁を取り決める神議が行われる。そのため一般的には「神無月《かんなづき》」とされる旧暦10月が、出雲地方では「神在月《かみありづき》」と呼ばれる。

### 全国の神が集い、あらゆる縁を司る

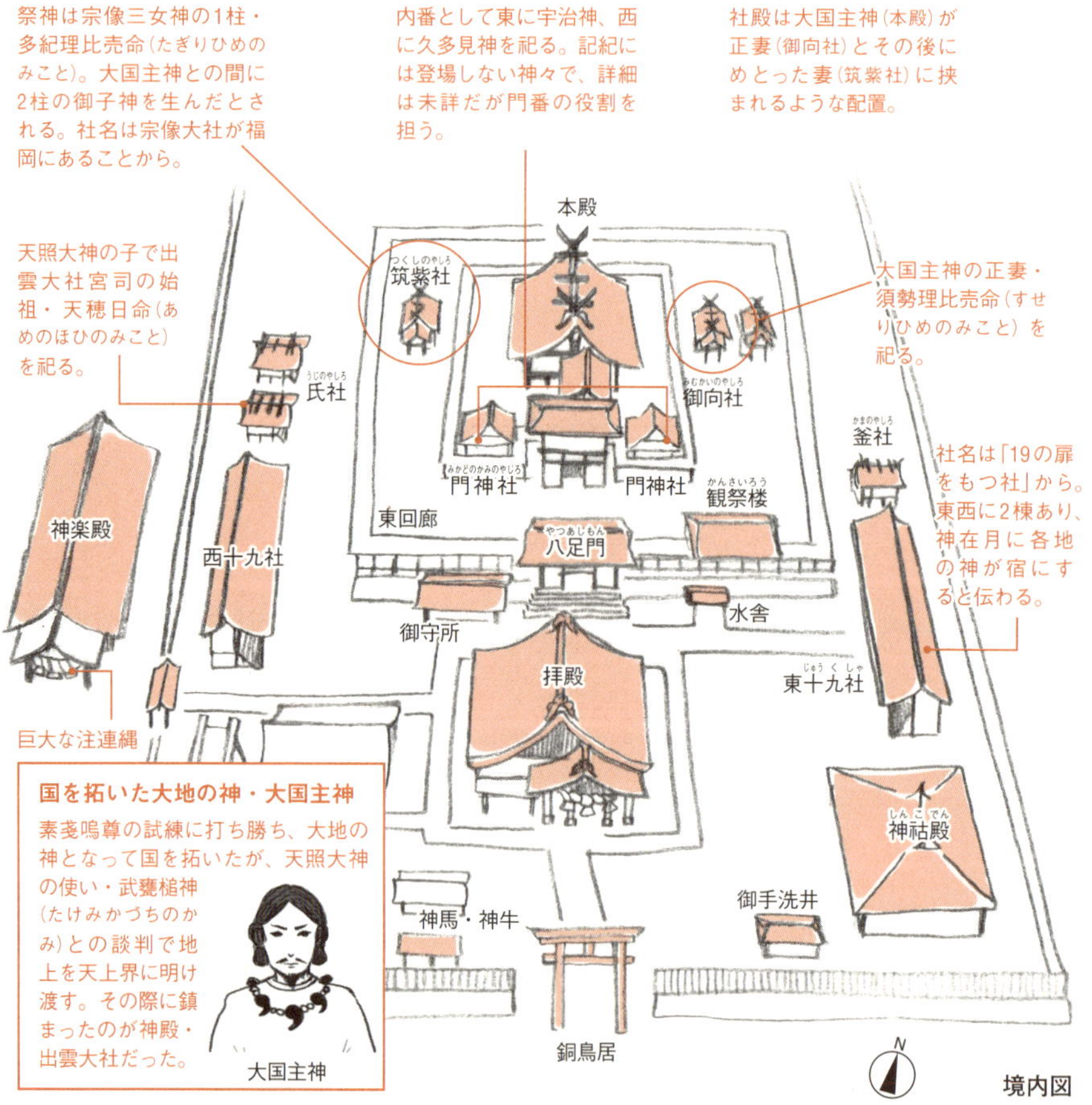
祭神は宗像三女神の1柱・多紀理比売命（たぎりひめのみこと）。大国主神との間に2柱の御子神を生んだとされる。社名は宗像大社が福岡にあることから。
内番として東に宇治神、西に久多見神を祀る。記紀には登場しない神々で、詳細は未詳だが門番の役割を担う。
社殿は大国主神（本殿）が正妻（御向社）とその後にめとった妻（筑紫社）に挟まれるような配置。
本殿
筑紫社《つくしのやしろ》
大国主神の正妻・須勢理比売命（すせりひめのみこと）を祀る。
天照大神の子で出雲大社宮司の始祖・天穂日命（あめのほひのみこと）を祀る。
氏社《うじのやしろ》
御向社《みむかいのやしろ》
釜社《かまのやしろ》
門神社《みかどのかみのやしろ》
門神社
観祭楼《かんさいろう》
社名は「19の扉をもつ社」から。東西に2棟あり、神在月に各地の神が宿にすると伝わる。
東回廊
神楽殿
西十九社
八足門《やつあしもん》
水舎
御守所
拝殿
東十九社《じゅうくしゃ》
巨大な注連縄
神祜殿《しんこでん》
御手洗井
神馬・神牛
大国主神
銅鳥居
N
境内図

**国を拓いた大地の神・大国主神**

素戔嗚尊の試練に打ち勝ち、大地の神となって国を拓いたが、天照大神の使い・武甕槌神（たけみかづちのかみ）との談判で地上を天上界に明け渡す。その際に鎮まったのが神殿・出雲大社だった。

■所在地：島根県出雲市大社町杵築東195　■主祭神：大国主神　■創建：神代　■おもなご利益：恋愛成就・開運招福

## 神が集まる「神在祭《かみありさい》」は大国主神の宣言から

天照大神に国譲りを終えた大国主神が「幽《かく》れたる神事を治める（目に見えない縁を結ぶ）」と宣言、出雲に神々が集合する伝承が生まれた。「神在祭」は旧暦の10月10日に行われる。

拝殿奥には本殿が建つ。「平成の大遷宮[※1]」の期間中はご神体が拝殿へ遷され、「御仮殿」と呼ばれた。

1959（昭和34）年造営の拝殿は総檜造・銅板葺。向拝が東側に寄るのは、本殿内の神座が東側にある「二間造」のため。

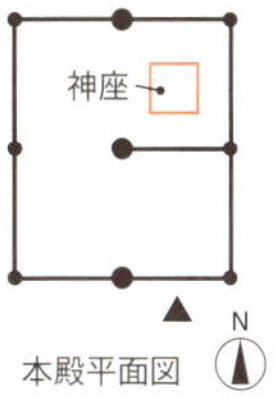


本殿平面図

### 古式を伝える「大社造《たいしゃづくり》」の本殿

1744（延享元）年の造営、高さ24mの本殿は、神明造と並ぶ最古の神社建築様式・大社造。

傷みの激しかった本殿前方の千木は新造、3本の鰹木は傷んだ箇所を削り、埋め木を施して再利用した[※2]。

屋根の檜皮もすべて葺き替えられた。使用した檜皮は約64万枚。

### 神を境内へ導く「神迎祭《かみむかえさい》」

出雲に到着した神々を出迎える「神迎祭」は、大社近くの稲佐の浜[※3]で斎行される。

砂浜の篝火（かがりび）が闇夜を照らし、幻想的な雰囲気に包まれる。

## 聖地の入口を示す注連縄《しめなわ》

出雲大社のシンボルともいうべき神楽殿の巨大な注連縄は、神域と俗界との境界。社殿や木、石などに張られることで、神聖性を参拝者に伝える役割も果たす。

日本最大級の注連縄は長さ13m、太さ8m、重さ4.5t。

巨大な注連縄は中央部分が太く、向かって左に「ない始め」があるのが特徴。出雲系の神を祀る神社に多く見られる。

神楽殿の大広間は270畳。奉納神楽や結婚式、神迎祭の神事などが行われる。

※1：2008（平成20）年～2016（平成28）年3月に行われた社殿の大修繕。※2：130年ぶりに松脂、石灰、鉛などを原料とする「ちゃん塗り」が施された。※3：国譲りの際、武甕槌神が現れたとされる。

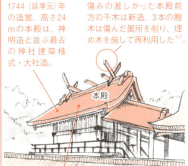

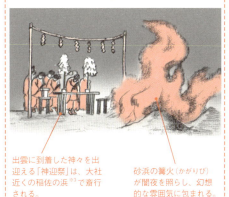

# 武蔵国の神々が一堂に会する

東京

## 大《おお》國《くに》魂《たま》神社

大國魂神社には名だたる神が大集合している。まず主祭神は大國魂大神《おおくにたまのおおかみ》。出雲大社の大国主神《おおくにぬしのかみ》と同一神で、やはり縁結びのご利益がある。律令制が整った7世紀末には武蔵国の国府《こくふ》が近くに設置され、やがて国内の諸神社を合祀する武蔵総《そう》社《しゃ》となった。そのため本殿には武蔵国一宮《いちのみや》から六宮《ろくのみや》まで、20柱近い神々が祀られ、摂末社も合わせると居並ぶ神は30柱あまり。大國魂神社に参拝すれば一宮から六宮を巡拝したことになり、あらゆる神徳を授かれるのだ。

### 武蔵国だけじゃない！ 名だたる神社の分霊が集まる境内

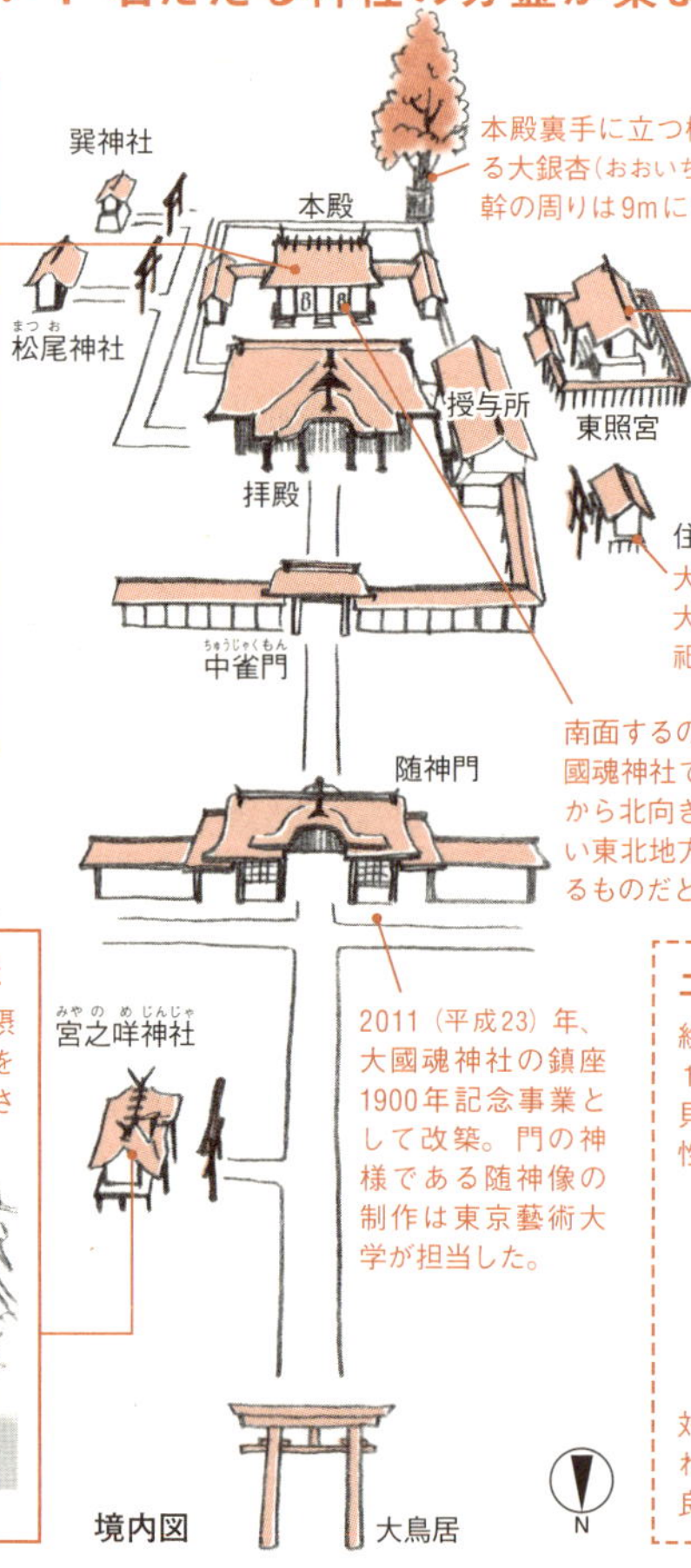
巽神社
本殿
松尾《まつお》神社
授与所
東照宮
拝殿
住吉神社・大鷲《おおとり》神社
中雀門《ちゅうじゃくもん》
随神門
宮《みや》之《の》咩《め》神社《じんじゃ》
境内図
大鳥居
N

本殿裏手に立つ樹齢1000年と伝わる大銀杏（おおいちょう）。樹高は23m、幹の周りは9mにもおよぶ。

徳川秀忠により造営。その父、家康が鷹狩りをするなど、徳川家と府中は関わりが深かった。

大阪の住吉大社・大鳥神社の分霊を祀る。

南面するのが一般的な本殿だが、大國魂神社では1051（永承6）年の造営から北向き。朝廷の力がおよびにくい東北地方を神力で抑える意図によるものだという。

2011（平成23）年、大國魂神社の鎮座1900年記念事業として改築。門の神様である随神像の制作は東京藝術大学が担当した。

**武蔵国の魂宿る大國魂大神**

神名には、武蔵国の魂を祀った神という意味が込められているとされる。「国造り」の際、府中の地を訪れ、衣食住や医療の技術を伝えたと伝えられる。

大國魂大神

大国主神と同一神。

**安産特別祈願の宮之咩神社**

本社と同時代の創建と伝わる摂社。天鈿女命（あめのうずめ）を祀り、安産の神様として信仰されている。

**二枚貝は良縁成就の象徴**

絵柄が１つ１つ異なる貝守りは女性に人気。

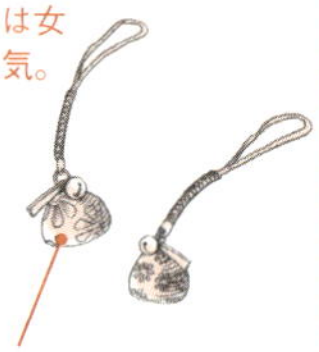

対となっている貝殻としか合わさることがない二枚貝は、良縁を招く縁起物とされる。

■所在地：東京都府中市宮町3-1　■主祭神：大國魂大神　■創建：111（景行天皇41）年　■おもなご利益：恋愛成就・良縁成就

## 大地の神・大国主神が開拓した武蔵国の総社

111（景行天皇41）年、府中に大國魂大神（大国主神）が降り立ち、里人がそれを祝ったのが神社の起こりと伝わる。武蔵国一宮から六宮までを合祀し、「六所宮《ろくしょぐう》」とも称される。

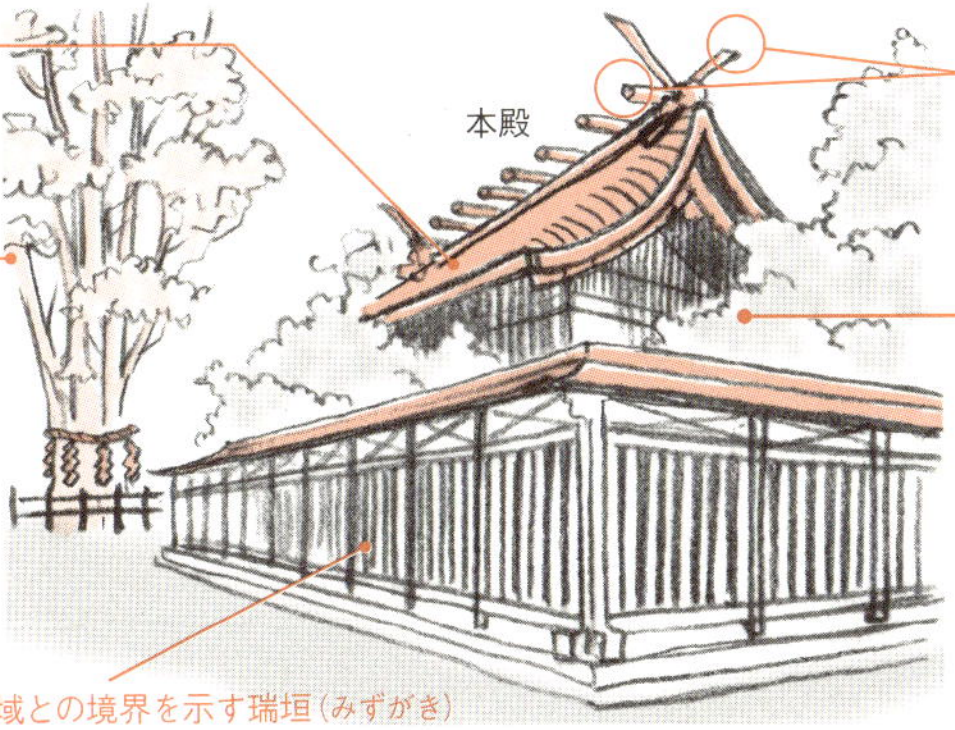
本殿
都内の有名神社が連携することで誕生した「東京五社」の1つ※。
千木は内削ぎ、鰹木は8本
大銀杏に祈ると産後の回復が早くなるといわれる。また根元に生息する蜷貝（にながい）を煎じて飲むと母乳の出が良くなるという。
聖域との境界を示す瑞垣（みずがき）

### 大國魂神社は武蔵国の総本山

本殿は三殿が一棟になっていて大國魂神社は中殿に、武州一宮から六宮の神は東殿・西殿に鎮座する。

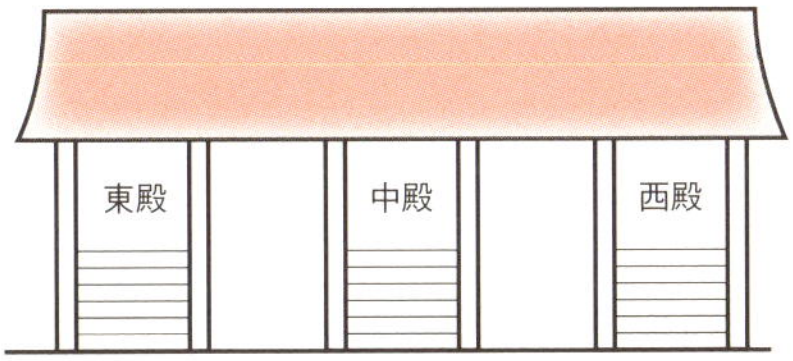
東殿
中殿
西殿

### 本殿と武州六社（武蔵一宮から六宮）

| 本殿 | 社名 | | 所在地 | 主祭神 |
|---|---|---|---|---|
| 東殿 | 一宮 | 小野神社（133頁） | 東京都多摩市 | 天ノ下春命《あまのしたはるのみこと》ほか7柱 |
| | 二宮 | 二宮神社 | 東京都あきる野市 | 国常立尊《くにのとこたちのみこと》 |
| | 三宮 | 氷川神社 | 埼玉県さいたま市 | 須佐之男命《すさのおのみこと》、稲田姫命《いなだひめのみこと》、大己貴命《おおなむちのみこと》 |
| 西殿 | 四宮 | 秩父神社 | 埼玉県秩父市 | 八意思兼命《やごころおもいかねのみこと》ほか3柱 |
| | 五宮 | 金鑽《かなさな》神社 | 埼玉県児玉郡神川町 | 天照大神《あまてらすおおみかみ》、素戔嗚尊《すさのおのみこと》、日本武尊《やまとたけるのみこと》 |
| | 六宮 | 杉山神社 | 神奈川県横浜市緑区西八朔町 | 五《い》十《そ》猛命《たけるのみこと》ほか4柱 |

### 武州六社が集う「くらやみ祭」

かつて社地に国府を有した武蔵総社・大國魂神社の「くらやみ祭」は、古代の国府祭が起源。5月5日の夜、武蔵一宮〜六宮それぞれの神霊を乗せた神輿（みこし）を含む8台の神輿が渡御する。

新宿
提灯に「新宿」とあるのは町内の支部名で「しんしゅく」と読む。
24台の山車（だし）が府中市内を巡業する「山車行列」も開催される。
くらやみ祭

※：都内の有名神社が連携することで誕生した「東京五社」の1つ（ルーツは未詳）。他4社は明治神宮・靖国神社・日枝神社・東京大神宮。

# 夫婦の神像が良縁をもたらす

奈良

## 夫婦大國社《めおとだいこくしゃ》
（春日大社摂社）

全国に大国主神《おおくにぬしのかみ》を祭神とする神社は数あれど、妻の須勢理姫《すせりひ》命《め》とともに「夫婦の大国様《だいこく》」を祀るのは夫婦大國社だけだ。平安時代、出雲大社から神霊を迎え、2柱の木像を祀ったのが起源。この神像のうち、須勢理姫命がしゃもじを持ち、頭に洗濯用の桶を載せていることから、「家事が得意な良妻になれる」と人気を集める。

　また、大国主神と須勢理姫命は正式に夫婦となった初めての神とされ、結婚へ至る良縁をもたらす神社としても名高い。

### 春日大社南門外に鎮座する「若宮十五社」をめぐる

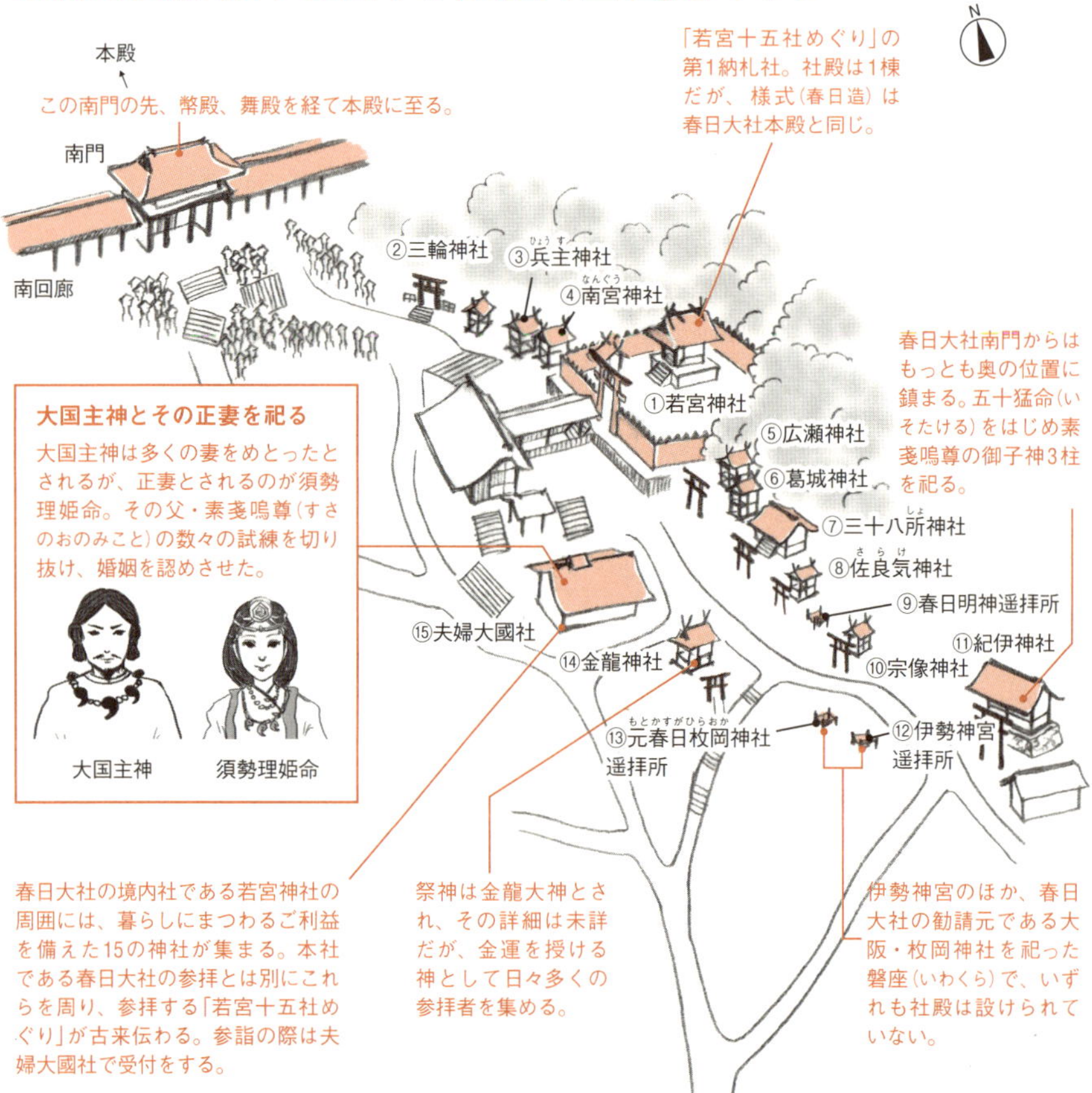
本殿
この南門の先、幣殿、舞殿を経て本殿に至る。
南門
南回廊
「若宮十五社めぐり」の第1納札社。社殿は1棟だが、様式（春日造）は春日大社本殿と同じ。
N
②三輪神社
③兵主《ひょうず》神社
④南宮《なんぐう》神社
①若宮神社
⑤広瀬神社
⑥葛城神社
⑦三十八所《しょ》神社
⑧佐良気《さらけ》神社
⑨春日明神遥拝所
⑩宗像神社
⑪紀伊神社
⑫伊勢神宮遥拝所
⑬元春日枚岡《もとかすがひらおか》神社遥拝所
⑭金龍神社
⑮夫婦大國社
春日大社南門からはもっとも奥の位置に鎮まる。五十猛命（いそたける）をはじめ素戔嗚尊の御子神3柱を祀る。
大国主神とその正妻を祀る
大国主神は多くの妻をめとったとされるが、正妻とされるのが須勢理姫命。その父・素戔嗚尊（すさのおのみこと）の数々の試練を切り抜け、婚姻を認めさせた。
大国主神
須勢理姫命
春日大社の境内社である若宮神社の周囲には、暮らしにまつわるご利益を備えた15の神社が集まる。本社である春日大社の参拝とは別にこれらを周り、参拝する「若宮十五社めぐり」が古来伝わる。参詣の際は夫婦大國社で受付をする。
祭神は金龍大神とされ、その詳細は未詳だが、金運を授ける神として日々多くの参拝者を集める。
伊勢神宮のほか、春日大社の勧請元である大阪・枚岡神社を祀った磐座（いわくら）で、いずれも社殿は設けられていない。

春日大社南門外境内図

■所在地：奈良県奈良市春日野町160　■主祭神：大国主神、須勢理姫命　■創建：1135（長承4）年　■おもなご利益：結婚成就・夫婦円満

## 社殿も特徴的！ 全国の春日社を率いる春日大社

本社・春日大社は全国1,000社におよぶ「春日社」の総本社。710（和銅3）年、平城京鎮護の神として鹿島神宮（16頁）から武甕槌神《たけみかづちのかみ》を勧請、平安時代には藤原氏の氏神としても崇敬を集めた。

春日造[※1]の4殿4棟が並ぶ本殿。妻入りで階（きざはし）の上に向拝がつくのが特徴。

2016（平成28）年、20年毎の式年造替（しきねんぞうたい）が完了。屋根の葺き替え（檜皮、ひわだ）と社殿の塗り替え（丹塗り）が行われた。

武甕槌神は本殿の第一殿に鎮座。

階には魔除けの杖[※2]があしらわれている。

## 国内で唯一、「夫婦神」を祀る夫婦大國社

春日大社の境内には61社もの摂末社が鎮座。そのなかで、縁結びを担当するのは平安期に出雲大社から勧請した夫婦大國社。国内唯一、大国主神×須勢理姫命の夫妻神を祀る。

屋根に煙出しがあるのは、かつて神饌（しんせん）を調理する場であったため（現在は不使用）。

大国主神夫婦の神像は普段、前立と厨子に守られているが6年に1度開帳される。次回は2020（平成32）年。

### 縁を深める「ハート形絵馬」

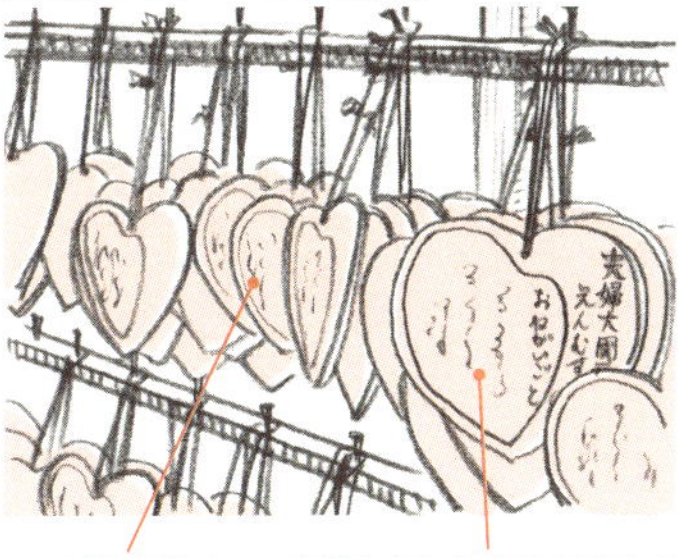

ハート形絵馬はピンク×白のツートンカラー。

夫婦や恋人の名前を並べて書けばさらに深い縁で結ばれるというジンクスも。

### 「水占い」でお告げを受ける

初穂料300円を納めたら、おみくじを社殿脇の水盤へ。お告げが浮かび上がる。読んだ後は納所へ。

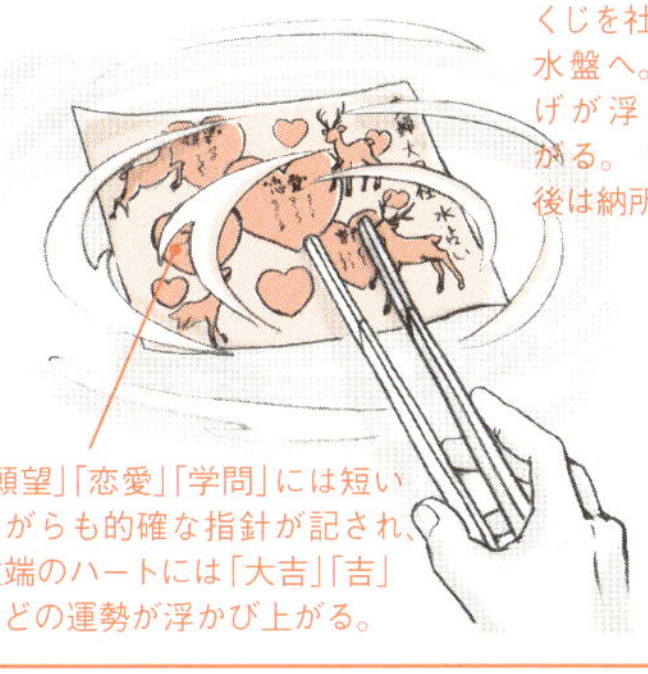

「願望」「恋愛」「学問」には短いながらも的確な指針が記され、左端のハートには「大吉」「吉」などの運勢が浮かび上がる。

※1：切妻造、妻入りで屋根正面の妻側に庇（向拝）がつくのが特徴。近畿地方に多い。 ※2：連珠（珠が連なった文様）、剣頭（剣の頭を示す文様）、三つ巴の文様を合わせた装飾模様。魔除けの意味がある。

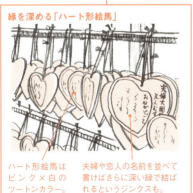

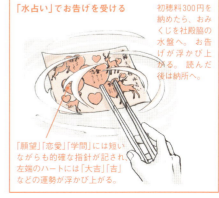

## 幸ある「氣」が多く集まる

石川

# 氣《け》多《た》大《たい》社《しゃ》

能登半島に鎮座する氣多大社には、日本で唯一、縁結び専用の祈願所がある。その名も「気麗《きれい》むすびどころ」。毎月1日には「ついたち結び」が行われ、良縁を求めて多くの男女が集まる。祭神は縁を司る大己貴神《おおなむちのかみ》（大国主神《おおくにぬしのかみ》）で、数々の試練を乗り越えて須勢理姫命《すせりひめみこと》と結ばれたことが知られている。

近世では加賀藩祖・前田利家が尊崇し、たびたび祈願・祈祷に訪れた。愛を引き寄せた男神と、愛妻家としても知られる戦国の雄の「氣」が、参拝客を厳かに包み込む。

### 北陸の半島に良縁が集う「能登国一宮《いちのみや》」

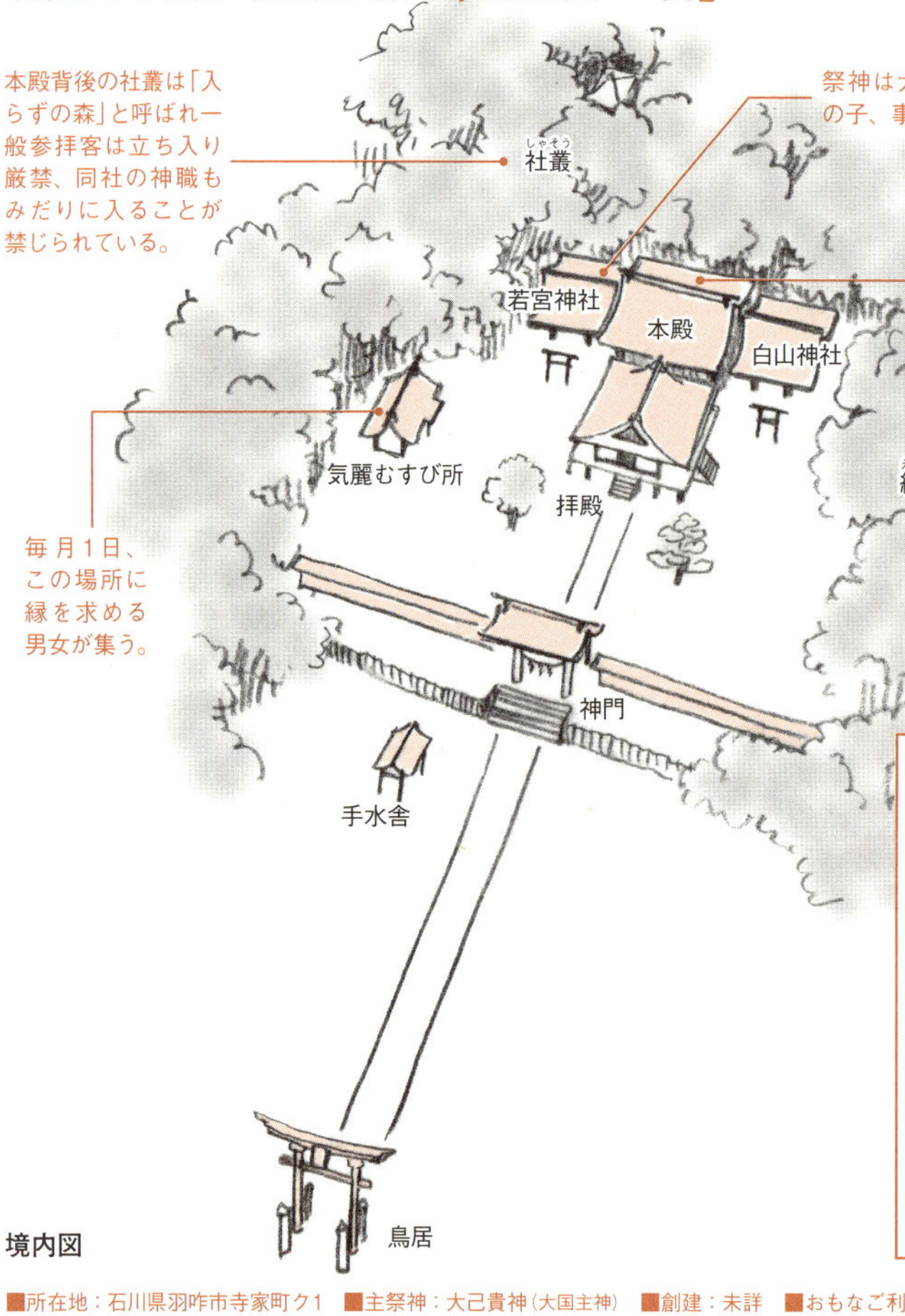
N
本殿背後の社叢は「入らずの森」と呼ばれ一般参拝客は立ち入り厳禁、同社の神職もみだりに入ることが禁じられている。
社叢《しゃそう》
祭神は大己貴神の子、事代主命。
若宮神社
本殿
白山神社
気麗むすび所
拝殿
縁結《えんむすび》の道
毎月1日、この場所に縁を求める男女が集う。
神門
手水舎
鳥居
境内図

**出雲から能登へ渡った「国造り」の神**

大己貴神が国造りを行う際、出雲から東へ舟で渡り能登半島に来臨。同地を開拓したあとに去った同神を慕って神霊を祀ったのが氣多大社と伝わる。

大己貴神は大国主神の別名。
大己貴神

■所在地：石川県羽咋市寺家町ク1　■主祭神：大己貴神（大国主神）　■創建：未詳　■おもなご利益：良縁成就・恋愛成就・結婚成就

## 万葉集にもその名を残す古社

氣多大社は大己貴神が各地を開拓する途上、能登国に降臨し活躍。その神霊を祀ったのが起源とされる。『万葉集』にも登場し、能登国一宮として崇敬を集めた。

氣多大社拝殿は入母屋造・檜皮葺。承応年間（1652～1654年）の造営。重文。

拝殿は「北陸の左甚五郎」と称えられた宮大工・山上善右衛門による[※1]。

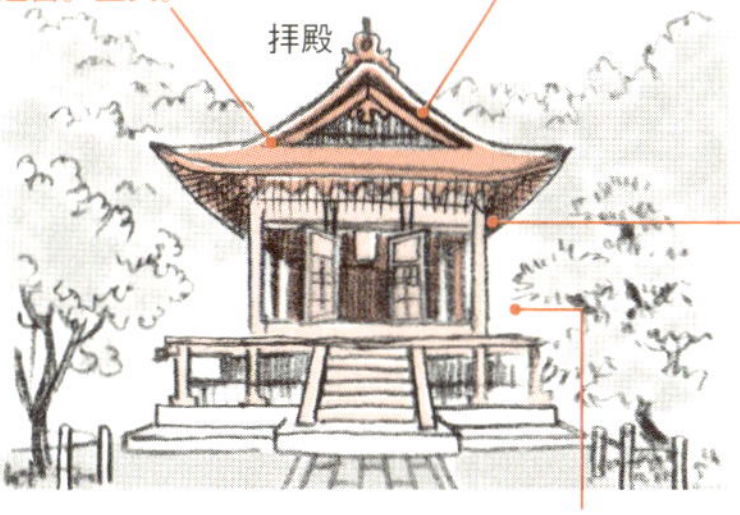


拝殿奥には両流造の本殿。加賀藩の大工頭・清水多四郎の代表作だ。

### 縁結びを演出するアーティストとのコラボ

8月13、14日の「心むすび大祭」では、キャンドルナイトも[※2]。

拝殿周辺に配されたキャンドルの点灯は18時～。縁結びを祈願する女性参加者の姿も見られる。

## さまざまな縁を結ぶ心願成就の道

良縁祈願のほか、恋愛成就、復縁祈願など人と人との縁を願う多くの人が参拝に訪れる氣多大社。境内の「縁結の道」に掛けられた無数の絵馬が、その霊験を象徴する。

氣多大社に寄せられる心願成就のお礼報告は、これまで6万件以上にもおよぶという。

参拝者の絵馬が左右に並ぶ「縁結の道」は、授与所付近から30mあまり続く。

### 愛を象徴するハートの絵馬

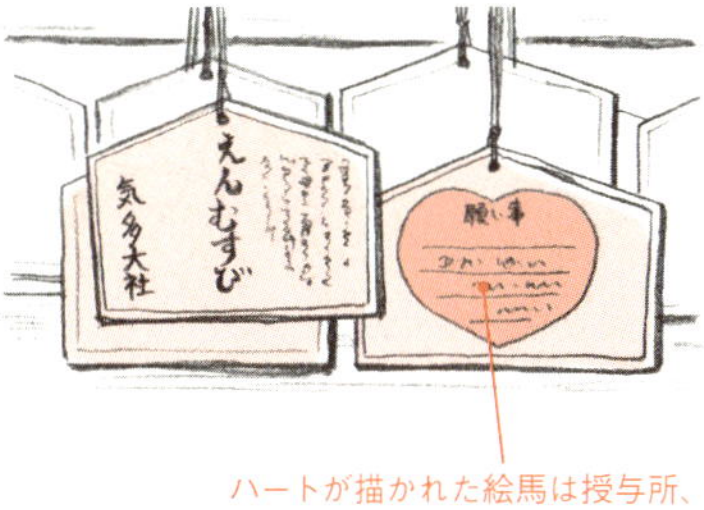


ハートが描かれた絵馬は授与所、または縁結び専門の祈願所「気麗むすびどころ」で授かる。

### 新年へ、絵馬をはずす

毎年12月になると巫女はお祓いを受け、穢れを落としてから切なる願いが込められた絵馬をはずす。

※1：北陸を代表する宮大工で、富山県高岡市の国宝・瑞龍寺も手がけたとされている。 ※2：アーティスト・Candle JUNEとのコラボレーションによる。

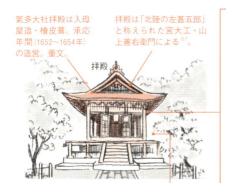

# 紫式部も慕った女性の守護神

京都

## 片《かた》山《やま》御《み》子《こ》神社
## （上賀茂《かみがも》神社摂社）

上賀茂神社（賀茂別雷《かもわけいかづち》神社）の境内には、恋愛の神、そして婦《ふ》道《どう》の守護神として平安時代から女性の崇敬を集める社がある。片山御子神社、通称「片岡社※1」だ。その神徳は平安文学の第一人者、紫式部をも魅了、『新古今和歌集』に同社を参詣した際に詠んだ歌が見られる。

紫式部といえば千年以上読み継がれてきた『源氏物語』の作者。ドラマチックで情熱的な恋物語を紡ぎだした彼女のお墨付きとあって、恋愛パワースポットとしての人気はいまも衰えることがない。

### 重文社殿で行う神前結婚式も人気　上賀茂神社

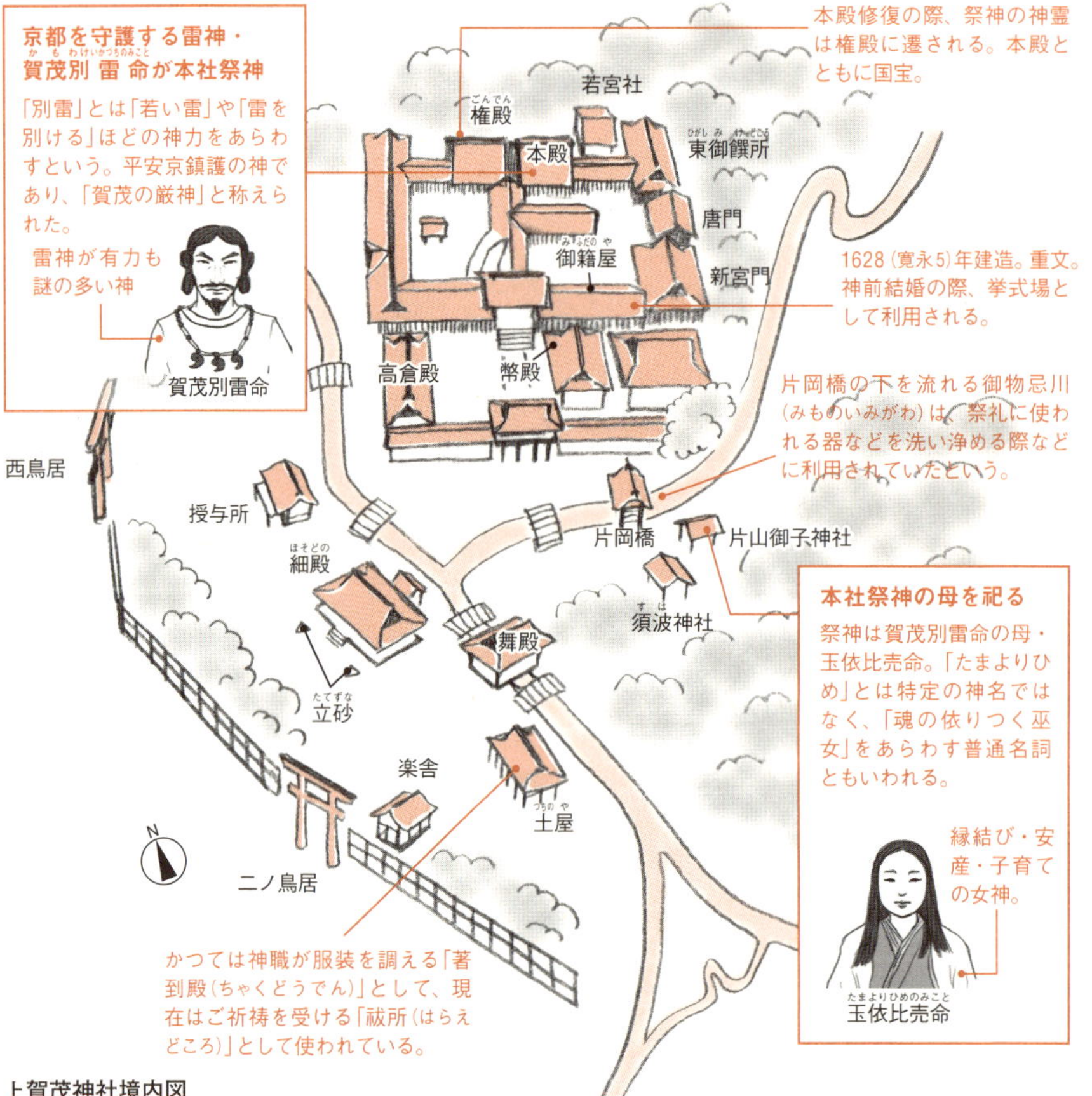
京都を守護する雷神・賀茂《かも》別《わけ》雷《いかづち》命《のみこと》が本社祭神
「別雷」とは「若い雷」や「雷を別ける」ほどの神力をあらわすという。平安京鎮護の神であり、「賀茂の厳神」と称えられた。
雷神が有力も謎の多い神
賀茂別雷命
本殿修復の際、祭神の神霊は権殿に遷される。本殿とともに国宝。
若宮社
権殿《ごんでん》
本殿
東《ひがし》御《み》饌《け》所《どころ》
唐門
御《み》籍《ふだの》屋《や》
新宮門
1628（寛永5）年建造。重文。神前結婚の際、挙式場として利用される。
高倉殿
幣殿
片岡橋の下を流れる御物忌川（みものいみがわ）は、祭礼に使われる器などを洗い浄める際などに利用されていたという。
西鳥居
授与所
片岡橋
片山御子神社
細殿《ほそどの》
須《す》波《は》神社
本社祭神の母を祀る
祭神は賀茂別雷命の母・玉依比売命。「たまよりひめ」とは特定の神名ではなく、「魂の依りつく巫女」をあらわす普通名詞ともいわれる。
舞殿
立砂《たてずな》
楽舎
土屋《つちのや》
縁結び・安産・子育ての女神。
N
二ノ鳥居
かつては神職が服装を調える「著到殿（ちゃくどうでん）」として、現在はご祈祷を受ける「祓所（はらえどころ）」として使われている。
玉依比売命《たまよりひめのみこと》

上賀茂神社境内図

■所在地：京都府京都市北区上賀茂本山339　■主祭神：玉依比売命　■創建：未詳　■おもなご利益：良縁成就・恋愛成就・子授け

## 2 婚活・妊活を母神が後押し

片山御子神社の祭神は上賀茂神社の主祭神・賀茂別雷命の母・玉依比売命。縁結びのほか、一夜にして賀茂別雷命を身籠もった伝承から、子授けのご利益も信仰されている。

### 母神が鎮座するはハートが踊る片山御子神社

片山御子神社は上賀茂神社の第一摂社で、祭礼の際も本社より先に祭りが行われる。

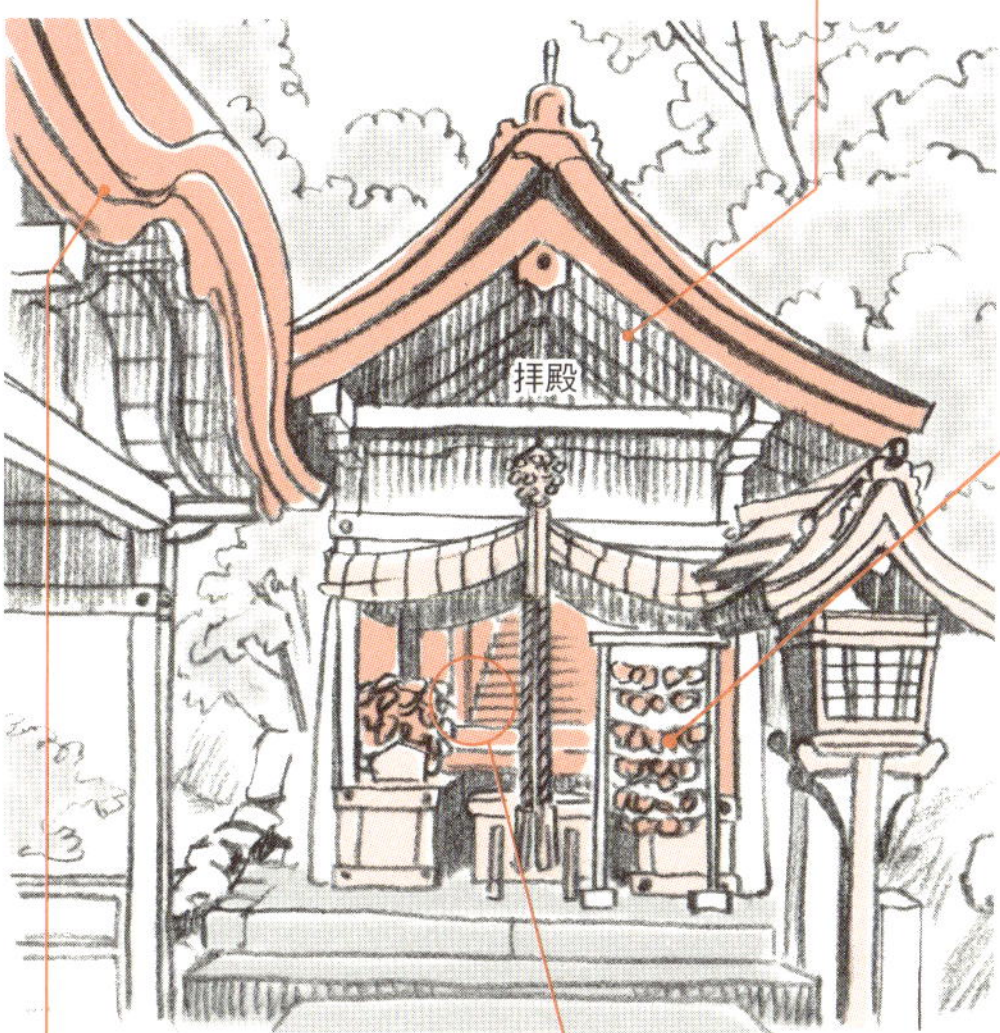


社殿手前の御物忌川には片岡橋がかかる。1868（明治元）年造営で、重文に指定。

拝殿の奥には本殿が鎮まる。1628（寛永5）年の造替。

**ハートに見える形は二葉葵**

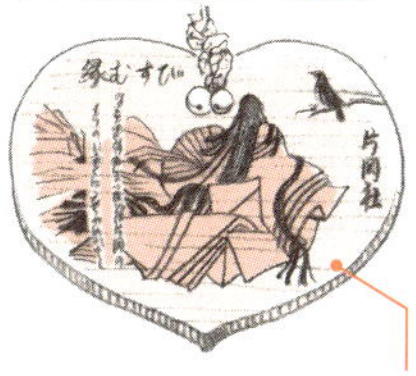


ハート形の絵馬は社紋「二葉葵」をかたどったもの。葵は社紋にも使われている※2。

**片山御子神社の登場する紫式部歌碑**

境内・舞殿の近くにある歌碑。2008（平成20）年、『源氏物語』の成立千年を記念しで奉納。素材は鞍馬石。

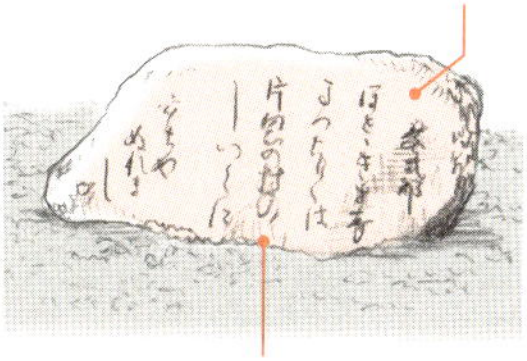

絵馬にも記された「ほとゝきす　聲（こえ）万（ま）つ本（ほ）とは　片岡の　杜のしつくに　立ちやぬれまし」という歌は「ホトトギス（＝将来の結婚相手）の声を待ちわびる間は、この片岡杜の梢の下で朝霧の雫に濡れていましょう」という意味。

### 御子神の依代《よりしろ》となる「立砂」

細殿の前には賀茂別雷命が降臨したとされる神体山・神山をかたどった立砂がある。

円錐形の頂点には、神が降臨する際の目印となる松葉が刺さる。

立砂は別名「盛砂」。鬼門を清めるためにまく砂の起源ともいわれる※3。

※1：「片岡」は、背後の片岡山から名付けられた。 ※2：葵が社紋に採用されているのは、賀茂別雷命が降臨した地に葵の葉が自生していたことにちなむ。 ※3：砂は「清めの砂」として初穂料500円で授与。

# 家族の神を祀る 絆を結ぶ神社

## 埼玉 氷川《ひかわ》神社

## 埼玉 川越氷川神社

素《す》戔嗚尊《さのおのみこと》と奇稲田姫《くしなだひめ》は八頭八尾の怪物、八岐大蛇《やまたのおろち》を協力して倒し結ばれた。これら2柱の子孫には縁結びの神・大己貴神《おおなむちのかみ》（大国主神《おおくにぬしのかみ》）がいる。この一家、3柱を揃って祭神とするのが、埼玉・東京を中心に関東各地に鎮まる氷川神社だ。

その総本社は大宮にある氷川神社で、聖武天皇の御世には、武蔵国でもっとも重要な神社（一宮《いちのみや》）とされた。この氷川神社を勧請《かんじょう》した川越氷川神社は、家族の絆を深めるご利益で人気を集める。縁結びのお守りは個性的で種類も豊富だ。

### 「氷川信仰」約280社の総本社・氷川神社

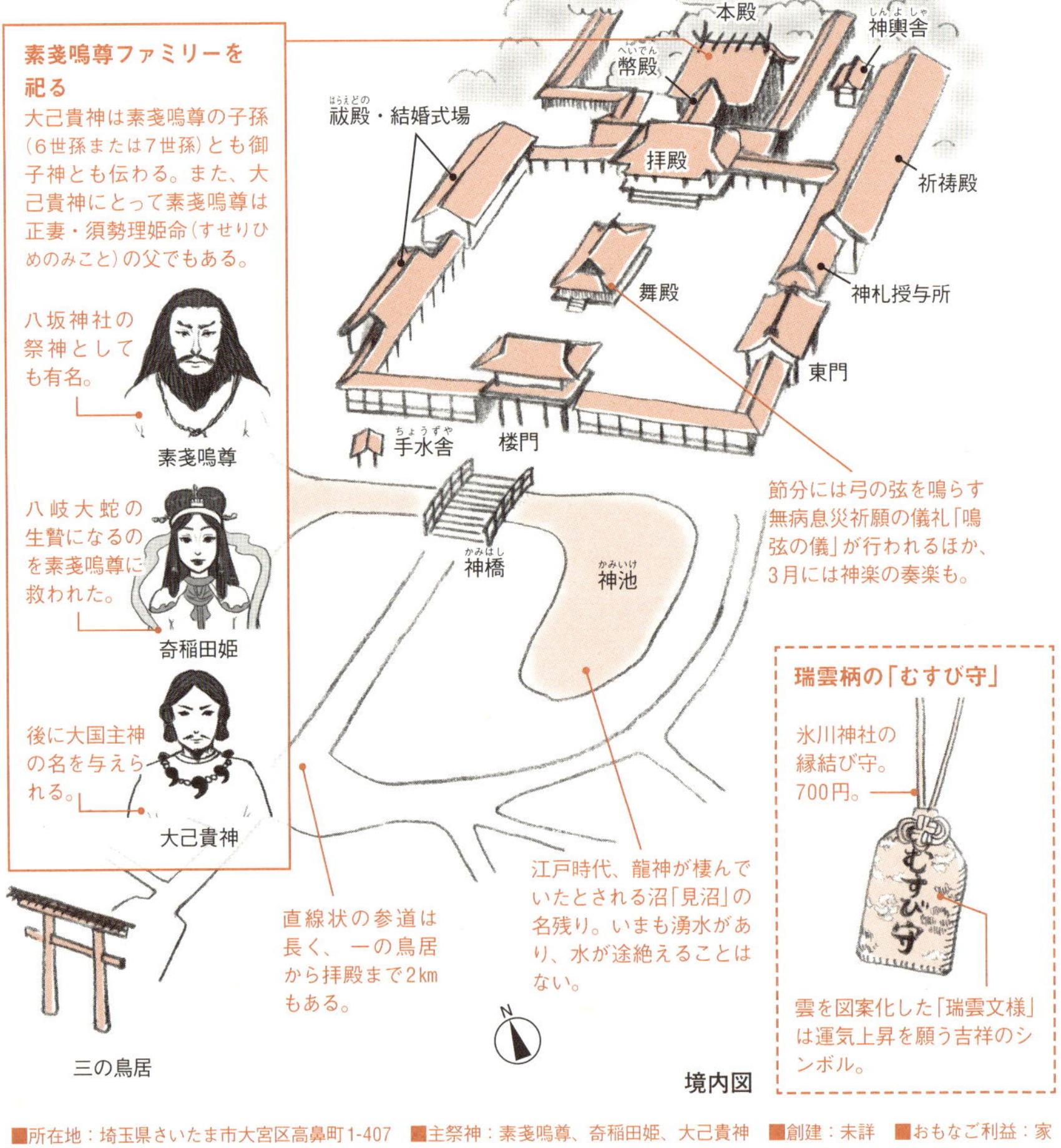
素戔嗚尊ファミリーを祀る
大己貴神は素戔嗚尊の子孫（6世孫または7世孫）とも御子神とも伝わる。また、大己貴神にとって素戔嗚尊は正妻・須勢理姫命（すせりひめのみこと）の父でもある。
八坂神社の祭神としても有名。
素戔嗚尊
八岐大蛇の生贄になるのを素戔嗚尊に救われた。
奇稲田姫
後に大国主神の名を与えられる。
大己貴神
本殿
幣殿《へいでん》
神輿舎《しんよしゃ》
祓殿《はらえどの》・結婚式場
拝殿
祈祷殿
舞殿
神札授与所
東門
手水舎《ちょうずや》
楼門
節分には弓の弦を鳴らす無病息災祈願の儀礼「鳴弦の儀」が行われるほか、3月には神楽の奏楽も。
神橋《かみはし》
神池《かみいけ》
瑞雲柄の「むすび守」
氷川神社の縁結び守。700円。
むすび守
雲を図案化した「瑞雲文様」は運気上昇を願う吉祥のシンボル。
江戸時代、龍神が棲んでいたとされる沼「見沼」の名残り。いまも湧水があり、水が途絶えることはない。
直線状の参道は長く、一の鳥居から拝殿まで2kmもある。
三の鳥居
N
境内図

■所在地：埼玉県さいたま市大宮区高鼻町1-407　■主祭神：素戔嗚尊、奇稲田姫、大己貴神　■創建：未詳　■おもなご利益：家庭円満・良縁成就

＊左頁の神社情報は149頁の「掲載神社データリスト」を参照してください。

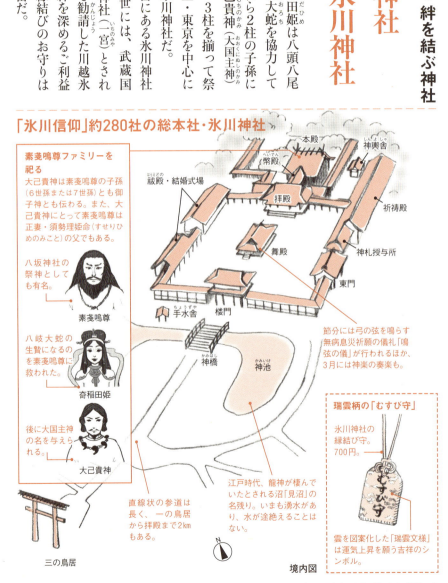

## 2 地名「大宮」も氷川神社から

氷川信仰の神社は280社以上にもおよぶ。その総本社・氷川神社は隣接する大宮公園を含む広大な社地を有した。鎮座地の「大宮」も「大いなる宮」を称えたものだ。

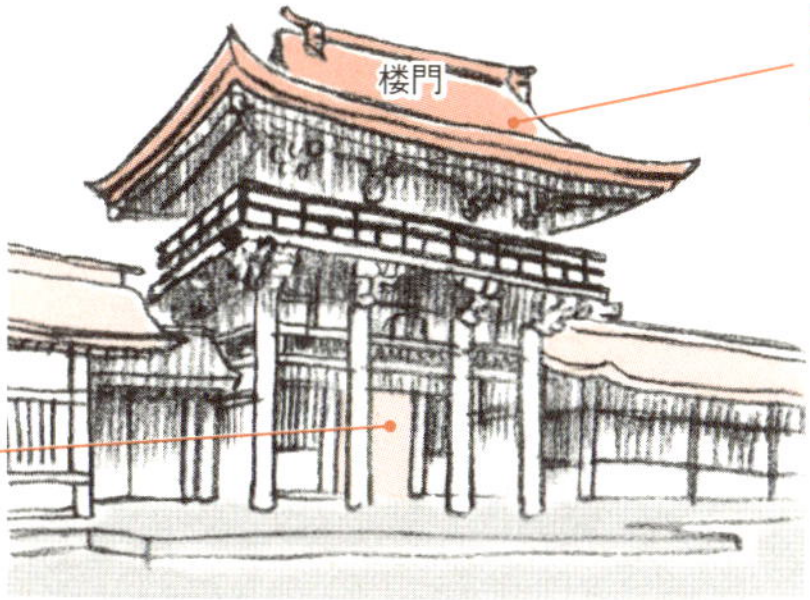


ご朱印帳にも描かれている銅板葺の楼門は1940（昭和15）年造営。

楼門前の参道には「神池」とそれに架かる朱塗りの「神橋」があり、夏越（なごし）の大祓（おおはらえ）など重要な神事が行われる。

## 親・子・孫3世代を祀る川越氷川神社

氷川神社の祭神3柱に加え、奇稲田姫の両親である脚摩乳《あしなずち》・手摩乳《てなずち》も含め5柱が主祭神。3世代の神徳を頼み、家庭円満の神として親しまれるようになった。

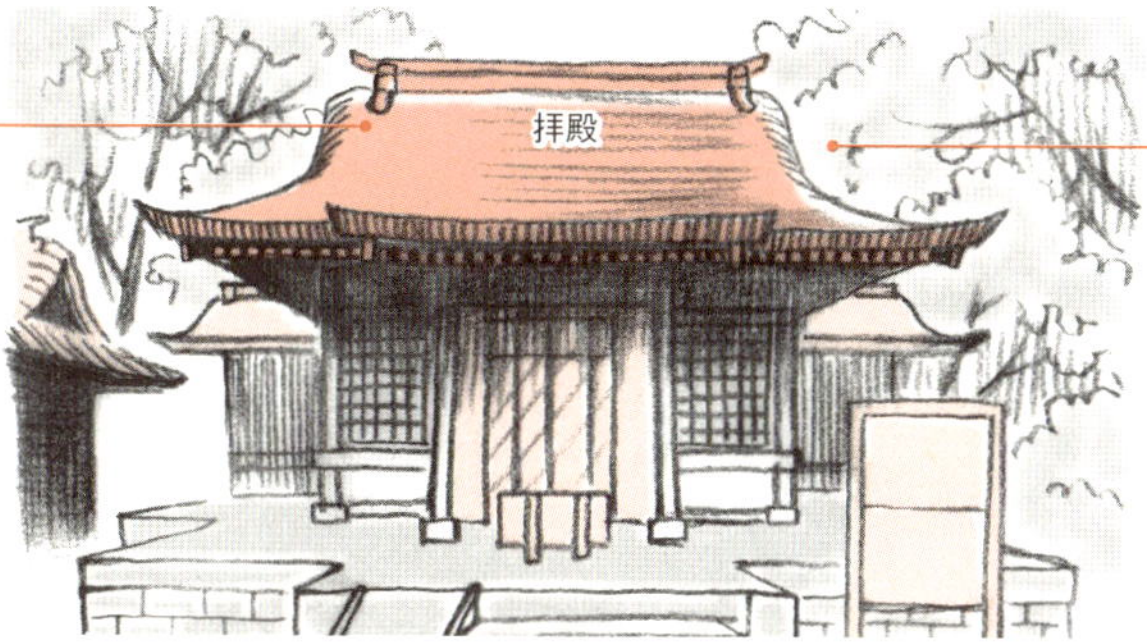


拝殿は入母屋造・銅板葺。川越藩の総鎮守とされ、松平家など歴代藩主の崇敬を集めた。

奥に控える本殿には、江戸期の名工・嶋村源蔵が7年の歳月をかけて完成させた江戸彫りが全面に施されている。

### 行列もできる限定授与品「えんむすび玉」

毎朝8時から1日20体限定の頒布（初穂料なし）される石。30人以上の行列が出来る日もある。

「境内の玉砂利を持ち帰り大切にすると良縁に恵まれる」という伝承から生まれた。

### 毎月デザインが変わるお守り「まもり結び」

神職による手づくりで、毎月50体※限定で授与。季節変化をテーマに、月ごとの年中行事を「結び」にしている。

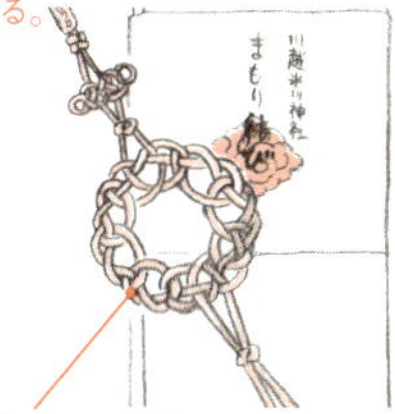


翌年、そのお守りがあらわす月を迎えるまでに神社に持って行くと、改めてお祓いを受けられる。

### 使うほどに距離が縮まる「赤縁筆《あかえんぴつ》」

運命の相手とつながっているという「赤い糸」をモチーフにした、良縁を願う赤鉛筆。

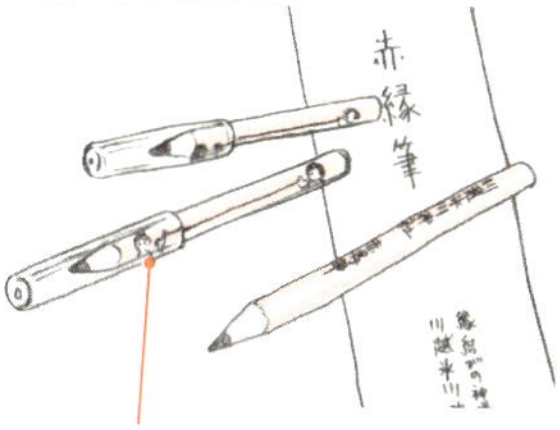


鉛筆の端には女性、キャップには男性が描かれ、鉛筆を削るたびに2人の距離が縮まっていく。

※：お守り、お札は「1体、2体」と数える。

# ご縁の糸をくくる調和の女神

石川

## 白山比咩神社《しらやまひめじんじゃ》

白山比咩神社は、全国約3千社といわれる白山《はくさん》神社の総本社。霊峰・白山《はくさん》を神体山と仰ぎ、加賀国一宮《いちのみや》として古来、崇敬を集めてきた。白山の主峰・御前峰《ごぜんがみね》の頂上には奥宮が鎮まり、多くの登拝者で賑わう。祭神の白山比咩大神《しらやまひめのおおかみ》は、その名の通り白山に降臨した女神。『日本書紀』で伊弉諾尊《いざなぎのみこと》と伊弉冉尊《いざなみのみこと》の言い争いを仲裁したとされる女神・菊理媛神《くくりひめ》と同神格と伝わる。神名の「くくり」は縁の糸を「括る」に由来する説もあり、復縁を願う人には最高の後ろ盾といえよう。

### 霊峰・白山の麓にある加賀国一宮

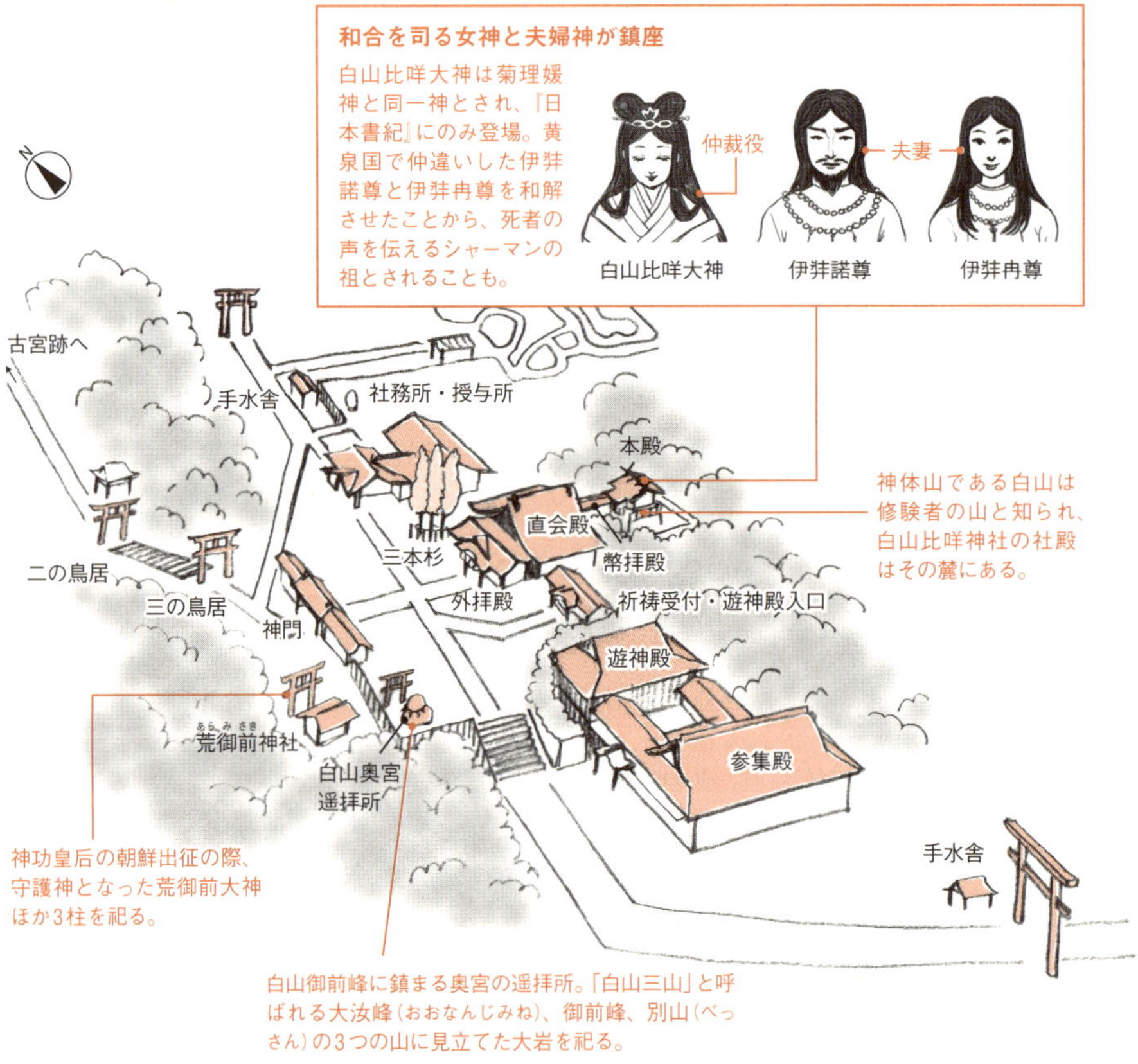
和合を司る女神と夫婦神が鎮座
白山比咩大神は菊理媛神と同一神とされ、『日本書紀』にのみ登場。黄泉国で仲違いした伊弉諾尊と伊弉冉尊を和解させたことから、死者の声を伝えるシャーマンの祖とされることも。
仲裁役
夫妻
白山比咩大神
伊弉諾尊
伊弉冉尊
古宮跡へ
手水舎
社務所・授与所
本殿
神体山である白山は修験者の山と知られ、白山比咩神社の社殿はその麓にある。
直会殿
三本杉
幣拝殿
二の鳥居
三の鳥居
外拝殿
祈祷受付・遊神殿入口
神門
遊神殿
荒御前《あらみさき》神社
白山奥宮
遥拝所
参集殿
手水舎
神功皇后の朝鮮出征の際、守護神となった荒御前大神ほか3柱を祀る。
白山御前峰に鎮まる奥宮の遥拝所。「白山三山」と呼ばれる大汝峰（おおなんじみね）、御前峰、別山（べっさん）の3つの山に見立てた大岩を祀る。

境内図

■所在地：石川県白山市三宮町二105-1　■主祭神：白山比咩大神、伊弉諾尊、伊弉冉尊　■創建：紀元前91（崇徳天皇7）年　■おもなご利益：恋愛成就・良縁成就・復縁成就

## 2 暮らしに寄り添う神の側面ももつ「しらやまさん」

白山比咩神社は白山比咩大神のほか、伊弉諾尊・伊弉冉尊を祭神として祀る。地元では「しらやまさん」として親しまれ、水や農業を司る神としての一面ももつ。

本殿は三間社流造・銅板葺。1982（昭和57）年の大造営で改修されている。

本殿の前方には幣拝殿・直会殿・外拝殿と続く。これらの建物が直線上に並ぶ配置になっている。

**お手蒔きの神木「三本杉」**

1983（昭和58）年、「第30回全国植樹祭」において昭和天皇が蒔いた種から育った。

外拝殿脇で参拝者を迎える。

**「水戸《みと》明神」になった古宮跡**

1480（文明12）年まで、白山に発する手取川の川岸に白山比咩神社が鎮座していた。

古宮跡は、現在の白山比咩神社から北西300mほど、古宮公園の敷地内にある。

古宮跡には、近隣一帯の田畑を潤す七ケ用水の水門を守る「水戸明神」の祠が立つ。

## 「神の御座所」と敬われた北陸随一の名峰・白山

石川、岐阜両県にまたがる白山は、御前峰を中心とする連峰の総称（白山という山はない）。古くは禁足地だったが、717（養老元）年に泰澄《たいちょう》※1が登拝、翌年奥宮を建立した。

御前峰山頂（標高2,702m）直下に鎮座する。

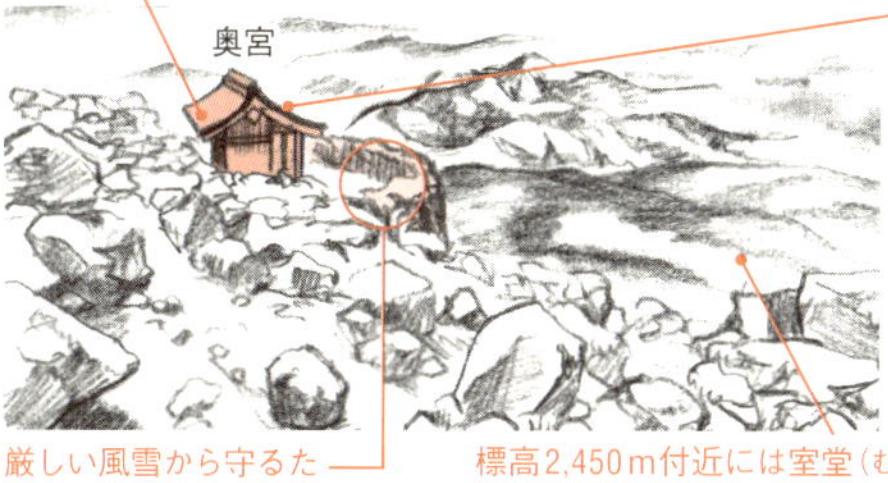


厳しい風雪から守るため、奥宮の前面には石垣が組まれている。

標高2,450m付近には室堂（むろどう）※2とよばれる、同社の祈祷殿や一般登山者のための宿泊施設がある。

**造営約20年の真新しい社殿**

奥社の創建は古いが現在の社殿は1998（平成10）年に造営されたもの。

※1：奈良時代の修験道の僧。 ※2：宿泊所を意味する「室」と宗教施設である「堂」を併せた場所。白山だけでなく、山岳信仰が根付く山に建立されてきた。

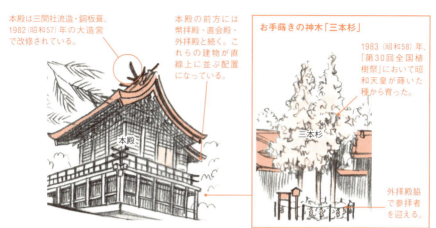

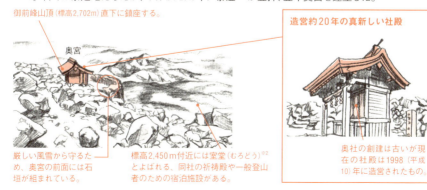

# 天皇・皇太后に祈る永遠の縁

東京

## 明治神宮《めいじじんぐう》

国家安泰と皇室の繁栄を願い創祀された明治神宮。明治天皇と昭憲皇太后が揃って祭神となっていることから、近年は縁結びのご利益でも人気を呼んでいる。

正月三が日の初詣者数は日本一、年間参拝者数も1千万人を超す。外国人参拝客も多く、世界にもその名が知られている。70万㎡もの境内（内苑《ないえん》）に一歩足を踏み入れれば、都心部とは思えないほどの清浄な空気と静けさが漂う。百年前、「永遠の森」を目指して植林された豊かな鎮守の森も魅力の1つだ。

### 広大な森に包まれた都心の大神宮

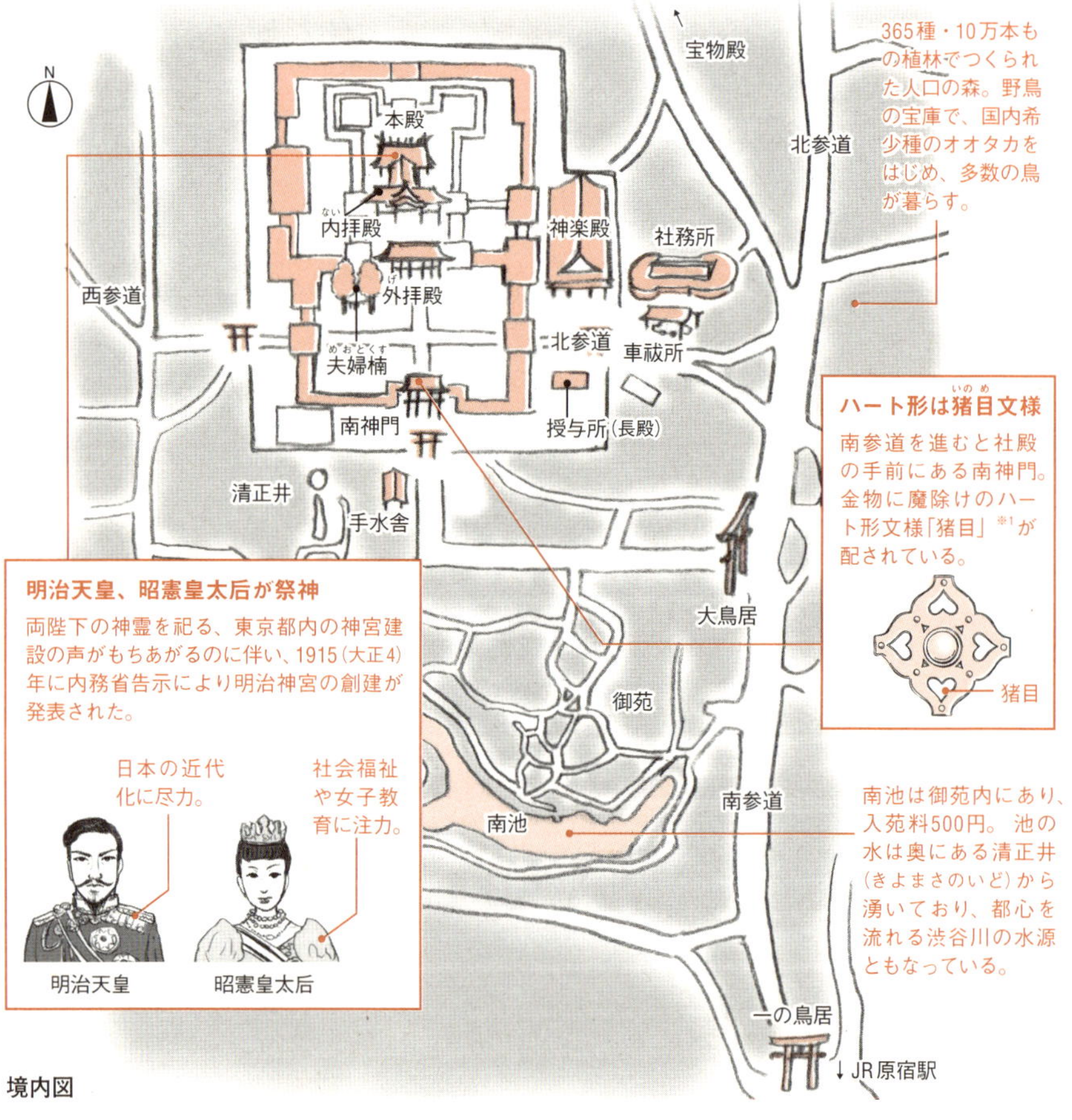
N
宝物殿
北参道
本殿
内《ない》拝殿
神楽殿
社務所
西参道
外《げ》拝殿
北参道
車祓所
夫婦楠《めおとくす》
南神門
授与所（長殿）
清正井
手水舎
大鳥居
御苑
南参道
南池
一の鳥居
↓JR原宿駅
猪目
365種・10万本もの植林でつくられた人口の森。野鳥の宝庫で、国内希少種のオオタカをはじめ、多数の鳥が暮らす。
ハート形は猪目《いのめ》文様
南参道を進むと社殿の手前にある南神門。金物に魔除けのハート形文様「猪目」※1が配されている。
明治天皇、昭憲皇太后が祭神
両陛下の神霊を祀る、東京都内の神宮建設の声がもちあがるのに伴い、1915（大正4）年に内務省告示により明治神宮の創建が発表された。
日本の近代化に尽力。
社会福祉や女子教育に注力。
明治天皇
昭憲皇太后
南池は御苑内にあり、入苑料500円。池の水は奥にある清正井（きよまさのいど）から湧いており、都心を流れる渋谷川の水源ともなっている。

境内図

■所在地：東京都渋谷区代々木神園町1-1　■主祭神：明治天皇、昭憲皇太后　■創建：1920（大正9）年　■おもなご利益：皇室の繁栄・国家安泰・夫婦和合

## 「永遠の森」計画をいまに伝える夫婦楠

明治神宮創建5年前の1915（大正4）年に、鎮守の森が自然に近い森林となるよう「永遠の森」計画がスタート。神木の「夫婦楠」もその際に植えられたものだ。

こんもりと丸みを帯びたシルエットは夫婦円満を象徴するかのよう。

2本の楠の間には注連縄が張られ、神木であることを示す。

**お守りも「2つで1組」**

夫婦円満の「相和（そうわ）守」。教育勅語の12徳の1つ「夫婦相和し」にちなんで命名された。

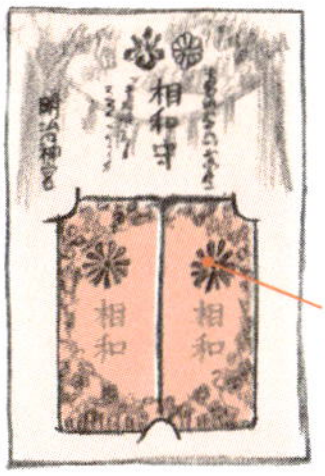


お守りには境内に生える楠のアロマ（芳香）を染みこませている。

## 境内に居並ぶ名建築の数々

明治神宮境内の建築物は由緒がしっかりしている。東京大空襲や天災などの被害を受け再建されたものも多いが、一見の価値がある。

### 内苑中央に鎮座する内拝殿

向拝などにあしらわれているハート形は「猪目」と呼ばれる古式文様。

現在の内拝殿は1958（昭和33）年に再建されたもの[※2]。

門帳に入った神紋は、皇室の象徴・菊[※3]。国家の象徴とされる桐も神紋だが副次的で、境内では南神門でのみ見られる。

### 国内最大級の鳥居

高さ12m・幅17.1m。檜造の明神鳥居としては国内最大[※4]。

柱の径は1.2m

### 宝物殿は正倉院がモデル

1921（大正10）年竣工で、奈良・正倉院の校倉（あぜくら）造を模した「校倉風大床造」を採用。

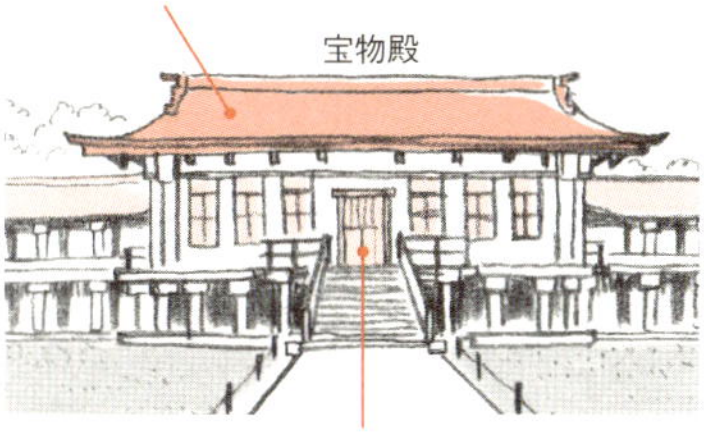


明治天皇・昭憲皇太后が愛用していた品々や、調度品などが展示されている。

※1：魔除け・火除けを意味する。 ※2：創建時の外拝殿、内拝殿、本殿は空襲により焼失。現在の拝殿は内務省神社局（廃止）の技師・角南隆による。 ※3：菊を好み、初めて使用した皇族は後鳥羽上皇だとされる。 ※4：初代の鳥居は落雷により破損。現在のものは2代目。

## 悪縁や欲望とサヨナラ

京都

# 安《やす》井《い》金《こん》比《ぴ》羅《ら》宮《ぐう》

世の中には結びたい縁があれば、切りたいと願う縁もある。安井金比羅宮は、悪縁を切ってくれる「縁切り」のご利益で名高い。

祭神は崇徳《すとく》天皇。父・鳥羽上皇に疎まれて譲位を迫られ、上皇の死後は弟である後白河天皇と皇位継承を争い（保元の乱）、敗れた悲劇の人である。

その後、四国・讃岐《さぬき》へ流され、金《こ》刀《と》比《ひ》羅《ら》宮《ぐう》で一切の欲を断ち切って過ごしたという。この逸話から、崇徳天皇に悪縁や欲望を断ち切ってもらう信仰が生まれたというわけだ。

## 悪縁切りは「安井のこんぴらさん」へ

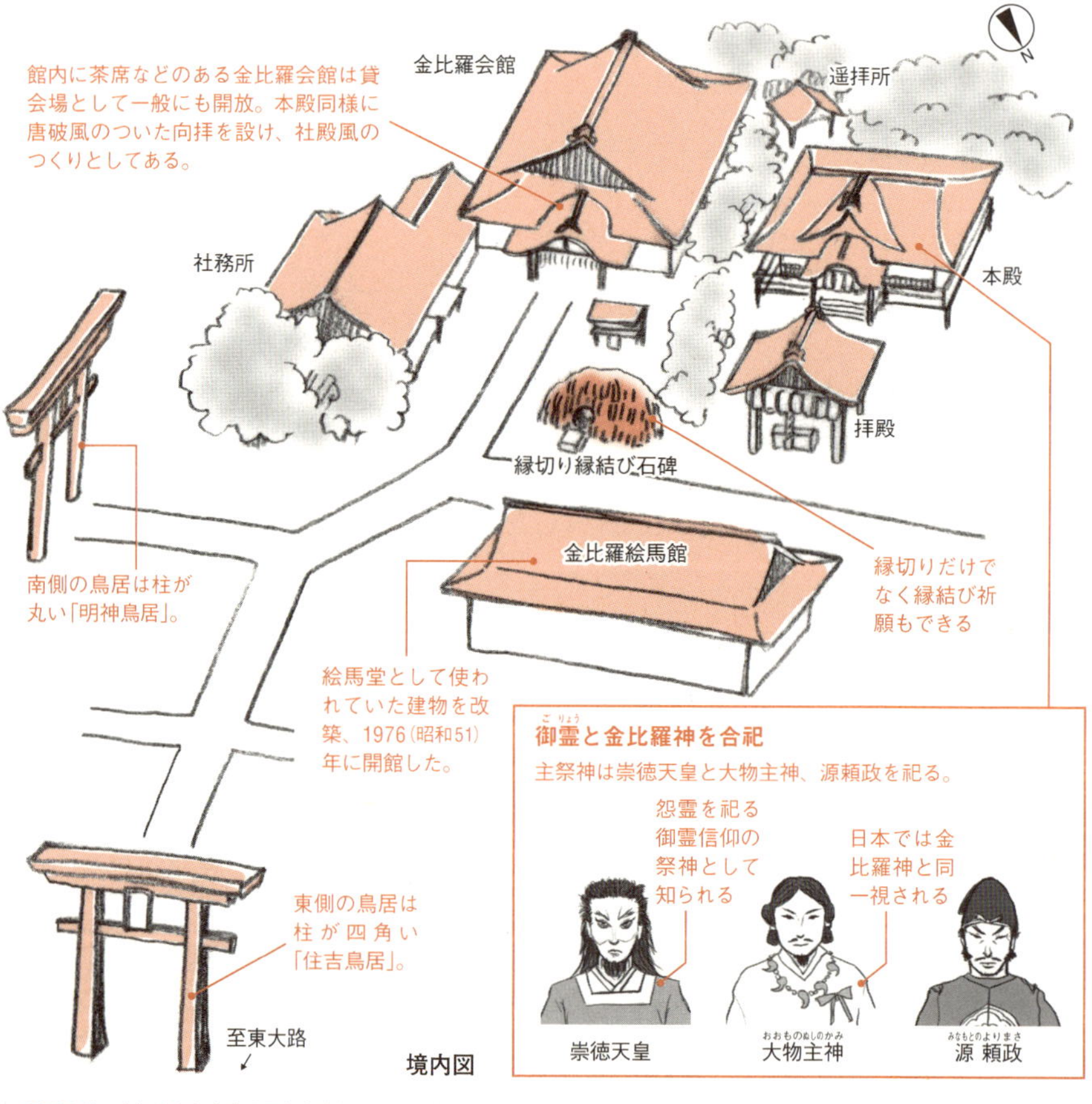
金比羅会館
館内に茶席などのある金比羅会館は貸会場として一般にも開放。本殿同様に唐破風のついた向拝を設け、社殿風のつくりとしてある。
遥拝所
社務所
本殿
拝殿
縁切り縁結び石碑
金比羅絵馬館
縁切りだけでなく縁結び祈願もできる
南側の鳥居は柱が丸い「明神鳥居」。
絵馬堂として使われていた建物を改築、1976（昭和51）年に開館した。
東側の鳥居は柱が四角い「住吉鳥居」。
至東大路
御霊《ごりょう》と金比羅神を合祀
主祭神は崇徳天皇と大物主神、源頼政を祀る。
怨霊を祀る御霊信仰の祭神として知られる
日本では金比羅神と同一視される
崇徳天皇
大物主神《おおものぬしのかみ》
源 頼政《みなもとのよりまさ》

境内図

■所在地：京都府京都市東山区東大路松原上ル下弁天町70　■主祭神：崇徳天皇、大物主神、源頼政　■創建：1695（元禄8）年
■おもなご利益：悪縁切り・良縁成就

## 悪縁切りの神は江戸期に創祀

「悪縁切り」の崇徳天皇を祭神としたのは1695（元禄8）年。天皇は生前、前身と伝わる藤寺《ふじでら》に寵妃を住まわせるなど※、同宮との縁が深かった。併せて金比羅神社の総本社である讃岐金刀比羅宮から大物主神を勧請した。

角柱が特徴の住吉鳥居は石造で1912（大正元）年に建立。京都市内を南北に走る東大路に面している。

表参道にあり、縁切り聖地の入り口に立つ。

### 50年ぶりに新しくなった本殿

縁結びの神社は数あれど、悪縁切りの神社は全国でも希少。

本殿は2013（平成25）年、改修工事が行われた。

社紋は総本宮の金刀比羅宮（香川県）に倣い「○に金」。

## 穴をくぐって行う縁切り・縁結び

まず形代《かたしろ》を持ち石碑の穴を表から裏へくぐり、悪縁を切る。次に裏から表へとくぐり、良縁を結ぶ。最後に形代を石碑に貼れば祈願は完了。

「縁切り縁結び石碑」は高さ1.5m、幅3mの絵馬の形をした巨石。

石碑の表面には、形代がすき間なく貼られている。

形代をもってくぐる。

### 祈願を込める形代

祓いに用いる神具「幣（へい）」が描かれている。

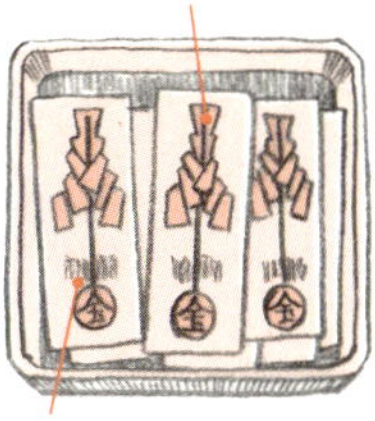

背景には「協（＝あわせる）」「断（＝たつ）」の2文字。

※：天智天皇の御世（668〜671年）、藤原鎌足が一族繁栄を願い、創建した藤寺が前身と伝わる。

# 芦ノ湖の龍神が恋を応援

神奈川

## 九《く》頭《ず》龍《りゅう》神社（箱根神社末社）

箱根駅伝往路のゴール、復路のスタート地点としてもおなじみの芦ノ湖には、かつて9つの頭を持つ龍が棲《す》み、人々を苦しめていたという。箱根神社を創建した萬巻《まんがん》上人がこの龍を改心させ、龍神として祀ったのが九頭龍神社の起源だ。

龍神は水を司る神とされ、「昇り龍」の姿から金運や仕事運をアップさせる神徳がある。力強く天翔《か》ける龍神に恋愛の願いを託せば霊験あらたかと、近年は若い女性を中心に縁結びのパワースポットとしても崇敬を集める。

### 箱根山麓の湖畔に広がる境内

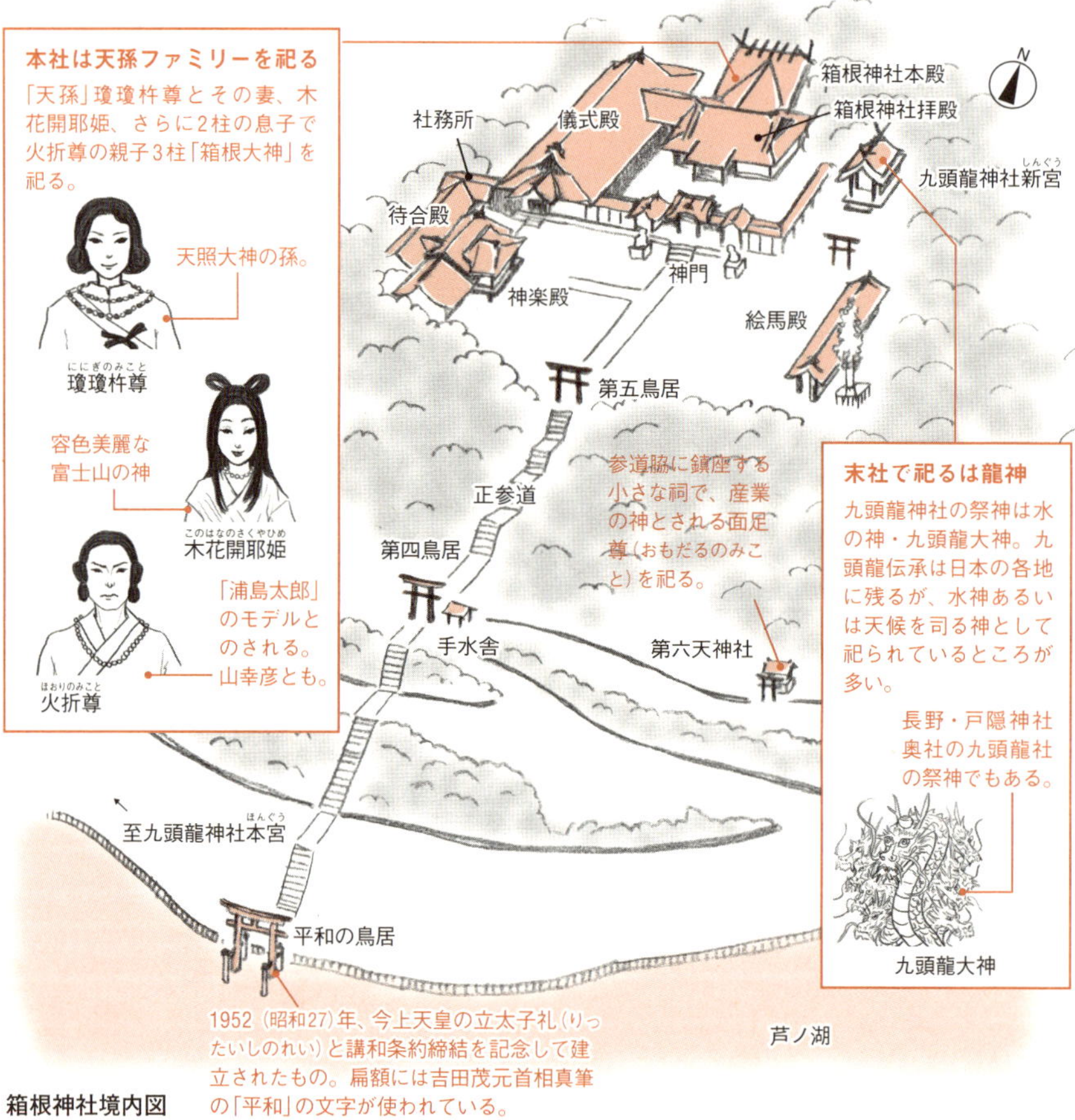
本社は天孫ファミリーを祀る
「天孫」瓊瓊杵尊とその妻、木花開耶姫、さらに2柱の息子で火折尊の親子3柱「箱根大神」を祀る。
天照大神の孫。
瓊瓊杵尊《ににぎのみこと》
容色美麗な富士山の神
木花開耶姫《このはなのさくやひめ》
「浦島太郎」のモデルとのされる。山幸彦とも。
火折尊《ほおりのみこと》
箱根神社本殿
箱根神社拝殿
社務所
儀式殿
九頭龍神社新宮《しんぐう》
待合殿
神門
神楽殿
絵馬殿
第五鳥居
正参道
参道脇に鎮座する小さな祠で、産業の神とされる面足尊（おもだるのみこと）を祀る。
第四鳥居
手水舎
第六天神社
至九頭龍神社本宮《ほんぐう》
平和の鳥居
1952（昭和27）年、今上天皇の立太子礼（りったいしのれい）と講和条約締結を記念して建立されたもの。扁額には吉田茂元首相真筆の「平和」の文字が使われている。
芦ノ湖
末社で祀るは龍神
九頭龍神社の祭神は水の神・九頭龍大神。九頭龍伝承は日本の各地に残るが、水神あるいは天候を司る神として祀られているところが多い。
長野・戸隠神社奥社の九頭龍社の祭神でもある。
九頭龍大神

箱根神社境内図

■所在地：神奈川県足柄下郡箱根町元箱根80-1　■主祭神：九頭龍大神　■創建：未詳　■おもなご利益：開運厄除・良縁成就

## かつては武運長久で知られた箱根山の名社・箱根神社

箱根神社は、源頼朝が深く尊崇したほか、北条氏や徳川氏など、武運長久を祈願する武士らの崇敬を集めた。

「正参道」は90段あまりの階段が続く。このほか、本殿へ到る参道は3つある。

樹齢1,200年と伝わる「矢立ての杉」、同1,000年とされる「安産杉」をはじめ、境内には杉の古木が佇む。

## 末社・九頭龍神社はどこにある？

箱根神社境内には、2000（平成12）年に九頭龍神社本宮から分霊された新宮が鎮まる。九頭龍神社の本宮は箱根神社の西方にあり、モーターボートや徒歩で参拝が可能[※1]。

### 箱根神社境内に建つ九頭龍神社新宮

**新宮社殿前の「龍神水」**

持ち帰り用のペットボトルは初穂料100円。飲用時は要煮沸。

境内の井戸水が9つの龍頭から流れ出る。恋に効く龍神水として知られる。

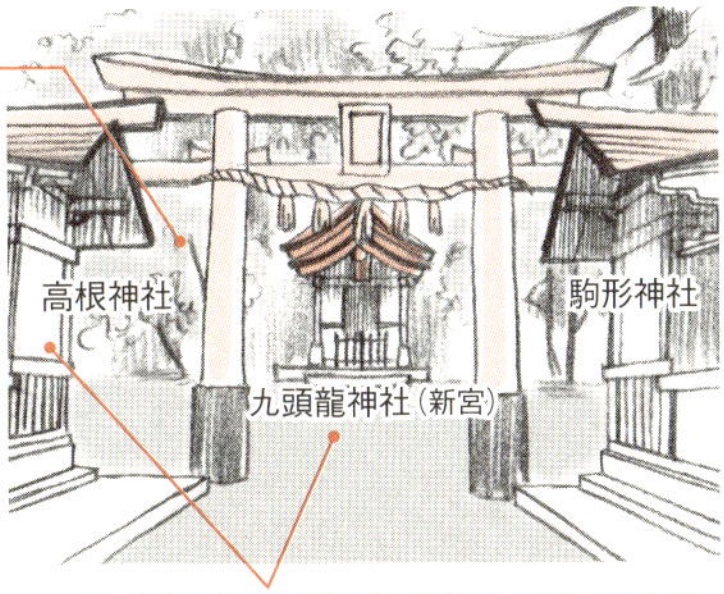


2016（平成28）年現在、新宮新社殿の造営に伴い、高根神社・駒形神社・九頭龍神社の神霊は箱根神社本殿に遷されている。

**お守りになった携帯用絵馬**

裏面に願い事を書き持ち歩く絵馬をかたどった九頭龍神社のお守りは箱根神社の授与所で授与される。

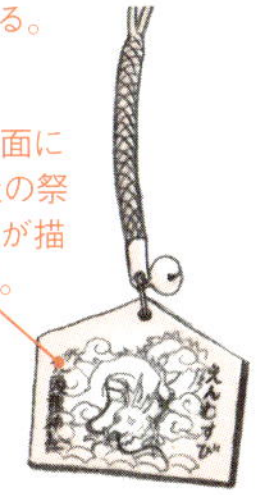

お守りの全面に九頭龍神社の祭神である龍が描かれている。

### 本宮へ参拝しよう

九頭龍神社本宮は芦ノ湖に浮かぶ「平和の鳥居」から5kmほど西へ進んだ地に鎮まる。

遊覧船を利用すれば特別祈祷の申し込みもスムーズだ[※2]。

祭神の1柱、木花開耶姫は「木花（桜）」のように美しい女神。富士山頂にも祀られている。

湖上からは平和の鳥居がよく見える。

※1：毎月13日の月次祭には700人乗りの大型船が出航する。 ※2：元箱根港から出航する船の往復チケットは1,000円。

## column | 天皇家代々の神々の儀礼 —— 宮中祭祀

　天皇家の祖とされる天照大神《あまてらすおおみかみ》は、その孫・天孫《てんそん》こと瓊瓊杵尊《ににぎのみこと》が大地へ降る「天孫降臨」にあたり、この鏡を私だと思い、宮中に飾るようにと八咫鏡《やたのかがみ》を手渡した。この鏡こそ、三種の神器《じんぎ》の1つとされるもの。この故事は「宝鏡奉斎《ほうきょうほうさい》の神勅《しんちょく》」と呼ばれ、宮中で天皇が行う「宮中祭祀」のルーツだと伝えられている。

　宮中祭祀は一時中断されたこともあるが、現在も続けられており、皇居内の吹上御苑《ふきあげぎょえん》東南に坐する「賢所《かしどころ》」、「皇霊殿《こうれいでん》」、「神殿《しんでん》」（通称「宮中三殿」）で行われている。宮中祭祀には天皇が自ら祭典を行い、祝詞《のりと》を奏上する大祭、祭祀を管理する掌典《しょうてん》職のトップ・掌典長が祭典を行い、天皇は拝礼のみ行う小祭、その他の儀礼の3つある。

　大祭のなかでも重要な儀礼として、元日、天皇陛下が伊勢神宮や神武天皇山陵（奈良）を遥拝し、国家の安寧や五穀豊穣を祈願する「四方拝《しほうはい》」がある。

### 祭祀を行う社殿「宮中三殿」

宮中三殿は1889（明治22）年に完成。敷地の広さは7,260㎡にもおよぶ。3つの社殿はいずれも銅板葺で健在は総檜、入母屋造。皇室の祭祀はこの宮中三殿のほか、かつては各地の山稜で行われることもあった。（山陵の祭祀は「山陵祭祀」と呼ばれた）

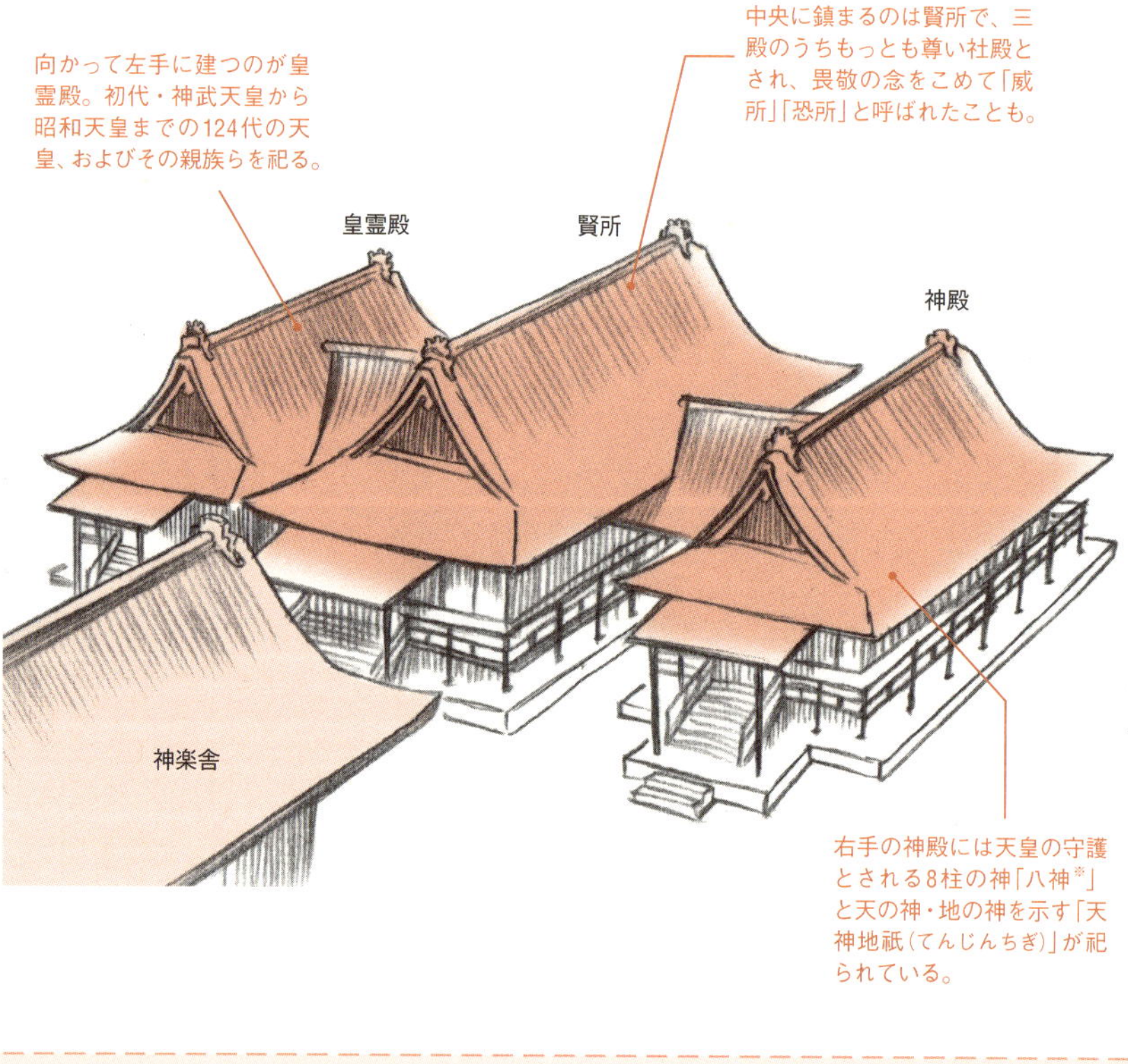
向かって左手に建つのが皇霊殿。初代・神武天皇から昭和天皇までの124代の天皇、およびその親族らを祀る。
中央に鎮まるのは賢所で、三殿のうちもっとも尊い社殿とされ、畏敬の念をこめて「威所」「恐所」と呼ばれたことも。
皇霊殿
賢所
神殿
神楽舎
右手の神殿には天皇の守護とされる8柱の神「八神※」と天の神・地の神を示す「天神地祇（てんじんちぎ）」が祀られている。

※：平安時代の神道資料『古語拾遺』には高皇産霊（たかみむすび）、神皇産霊（かみむすび）、魂留産霊（たまつむすび）、生産霊（いくむすび）、足産霊（たるむすび）、大宮売神（おおみやのめのかみ）、事代主神（ことしろぬしのかみ）、御膳神（みけつのかみ）の八神と伝える。

3章

# 食を見守る神社

はるか昔から農業、漁業が行われてきた日本では、各地にその収穫に感謝し、神を祀った神社がある。そして、社殿に鎮まる神へも日々「神饌」なる食物が調理され、供えられている。

五穀豊穣から商売繁盛まで

京都

# 伏見《ふしみ》稲荷《いなり》大社

**朱**色の鳥居と狐でおなじみの「おいなりさん」。日本で最も数が多いといわれている稲荷神社の総本社が伏見稲荷大社だ。711（和銅4）年、稲荷山《いなりやま》に降臨した稲荷大神《いなりのおおかみ》を祀ったのが起源とされ、「稲成《いねな》り」の名前の通り、穀物の神として尊崇された。空海《くうかい》が稲荷大神を京都・東寺《とうじ》の鎮守とするや、真言宗の広まりと共に各地に勧請《かんじょう》され、やがて倉稲魂命《うかのみたまのみこと》と同一神と考えられるようになっていった。倉稲魂命は伊弉諾尊《いざなぎのみこと》と伊弉冉尊《いざなみのみこと》が空腹を感じて生み出した神として『日本書紀』に登場する。

## 赤い鳥居と神使の狐が広く知られる伏見稲荷

### 伏見稲荷といえば千本鳥居

境内に1万基以上あるという朱塗りの鳥居は参拝者から奉納されたものだ。
朱色は魔除けのほか、生命力や豊穣の象徴とされる。

### 稲荷大神と神使「狐」

狐が稲荷大神の使いとなった理由は諸説ある[※1]。

稲荷大神をなす5柱の中心となる神が倉稲魂命（宇迦之御魂大神［うかのみたまのおおかみ］）。
倉稲魂命《うかのみたまのみこと》

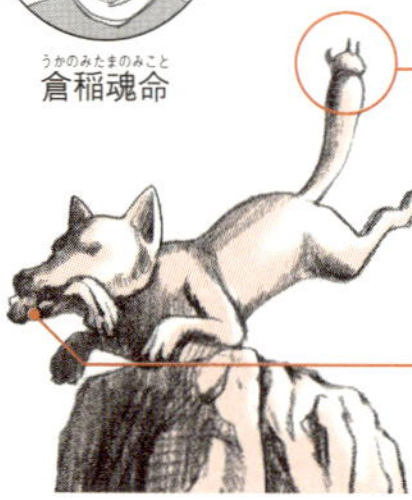
尾の先にはどんな願いも叶える如意宝珠。
一の鳥居手前には稲穂をくわえた狐像が立つ[※2]。

### 本殿は5柱が集う

本殿
応仁の乱で焼失した本殿を1499（明応8）年に再興。五間社流造（ごけんしゃながれづくり）、檜皮葺（ひわだぶき）。
前方には内拝殿が建つ。いずれの社殿も「稲荷塗り」とも呼ばれる朱塗りの仕上げ。
五社相殿（あいどの）[※3]の本殿は5柱の神々を横並びに祀る構造になっている。「稲荷大神」は5柱の神の総称。

■所在地：京都府京都市伏見区深草藪之内町68　■主祭神：稲荷大神　■創建：和銅年間と伝わる　■おもなご利益：五穀豊穣・商売繁盛・心願成就

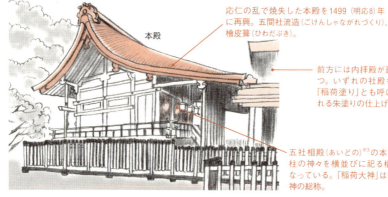

## 祈願ツアー「お山めぐり」は奥社奉拝所から

「お山」と呼ばれる高さ233ｍの稲荷山には数多くの神祠《しんし》や神蹟《しんせき》があり、それらを巡拝し祈願することを「お山めぐり」と呼ぶ。その登り口が奥社奉拝所《おくしゃほうはいじょ》だ。

奥には稲荷大神の依り代となる霊石が祀られている。

奥社奉拝所は千本鳥居を抜けた先に鎮まる。背後にそびえる稲荷山を遥拝するために創建された。

### 「びゃっこさん」の絵馬

目に見えないとされる神使の狐は白狐と考えられ、「びゃっこさん」と崇められている。

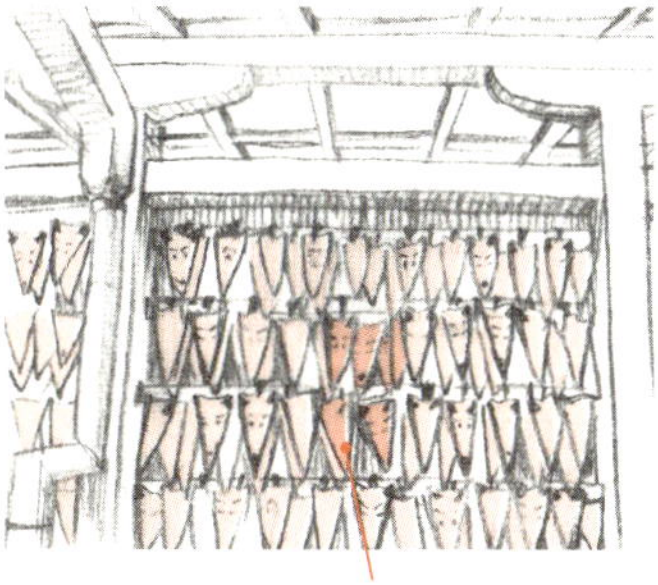

白狐の顔形絵馬に願い事と目鼻を書き入れて奉納する。

## 願かけで鳥居を奉納する

稲荷大神に心願が「通る」よう、あるいは「通った」お礼の意味を込め、鳥居を奉納する風習は江戸時代に生まれ、伏見稲荷大社から全国に広まった。

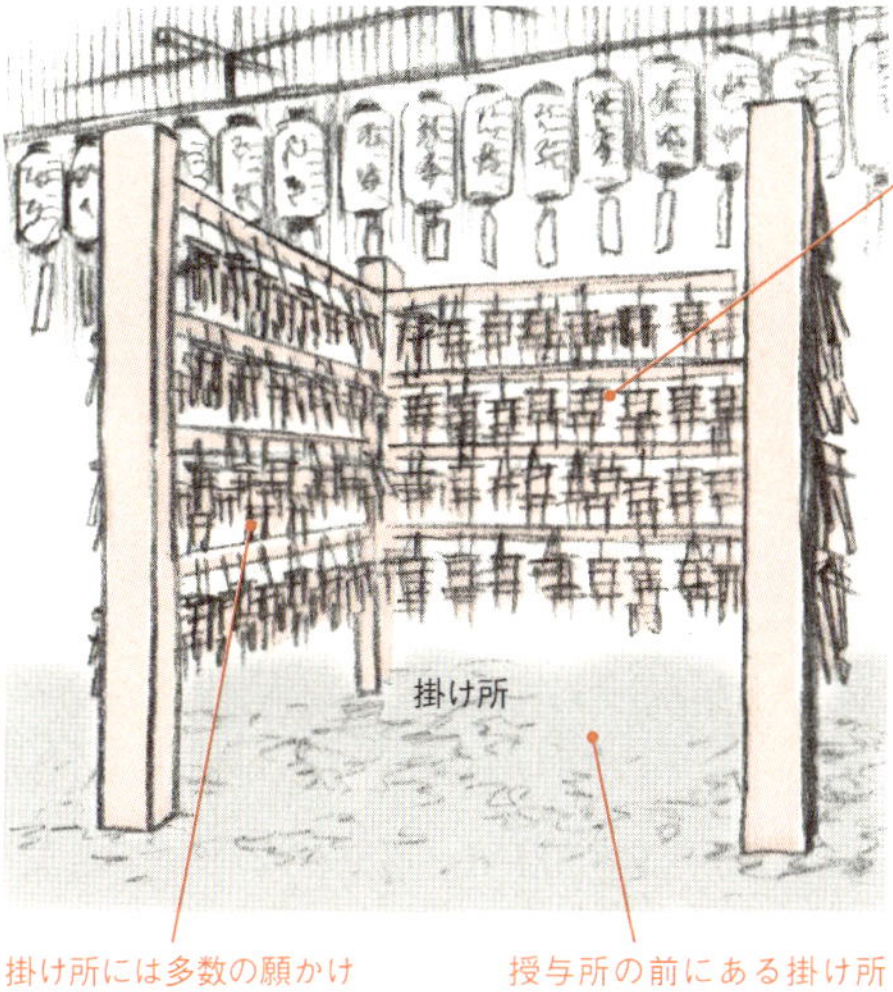


掛け所には多数の願かけ鳥居が掛けられているが、納めずに持ち帰り、家に祀るという人も多い。

授与所の前にある掛け所に鳥居を掛ける参拝者が多い。

### お手軽に奉納できるミニ鳥居

「願かけ鳥居」といわれ、初穂料は800円。大きな鳥居（20万円程度から奉納可能）と比べると気軽に奉納できる。祭神「稲荷大神」の扁額が掲げられている。

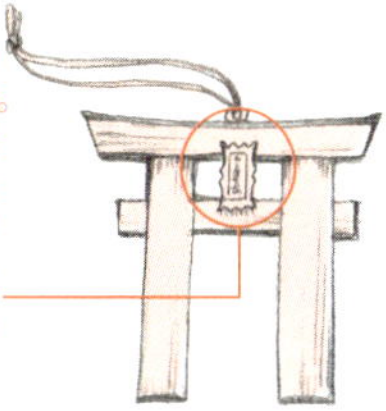

### 石の重さで祈願を占う「おもかる石」

願かけをして石を持ち上げ、思ったよりも軽ければ願いが叶い、重ければ叶わないとされる。

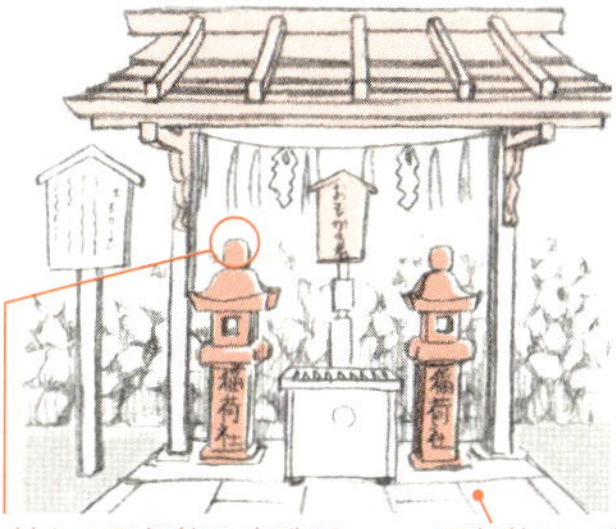

一対ある石灯籠の宝珠石を持ち上げて祈願する。

石灯籠は、奥社奉拝所の右手奥。

※1：尾が稲穂に似ている、稲作の益獣とされたなど。 ※2：境内にはほかに珠や鍵、巻物などを加えた狐の像が鎮座する。 ※3：相殿とは2柱以上の神を1つの社殿に祀ること。伏見稲荷大社では本殿に宇迦之御魂大神（下社）、佐田彦大神（中社）、大宮能売（おおみやのめ）大神（上社）、田中大神（下社摂社）、四大神（中社摂社）を祀っている。

# 毎日欠かさず神に食事を

三重

## 伊勢神宮

**最** 高神・天照大神《あまてらすおおみかみ》の食事を司る神(御《み》饌《け》都《つ》神《がみ》)がいる。伊勢神宮※1の外宮《げくう》に鎮まる豊受大神《とようけのおおかみ》だ。内宮《ないくう》に天照大神が鎮座して5百年後、雄略《ゆうりゃく》天皇の夢に天照大神が現れ、「食事が安らかに摂れないので、等由気大神《とようけのおおみかみ》(豊受大神)を迎えてほしい」と神託したことから外宮が創祀された。以来、外宮では神々に食事(神饌《しんせん》)を捧げる「日別朝夕大御饌祭《ひごとあさゆうおおみけさい》」が1日も絶えることなく斎行されている。神の食事を司ることから、五穀の豊かな実りをもたらす神、食産業ほか諸産業の神として信仰されている。

### 外宮では日々、神饌が供される

**神々に食事を備える社「御饌殿」**

天照大神をはじめ、伊勢神宮に鎮まる神々に食事を供えるための社殿がある。

古代の穀倉の建築様式を留める板校倉(いたあぜくら)造。社殿は一般には公開されておらず、御垣から一部が見えるだけ。

**祭神は豊受大神**

食物神。五穀の神、和久産巣日神(わくむすびのかみ)の娘。

朝御饌は午前8時(冬は9時)、夕御饌は午後4時(冬は3時)と決められており、時間が合えば御饌殿に向かう神職らに遭遇することも。

御垣の内側に正宮や御饌殿がある。

奉仕する神職は5人。前夜から斎館に参籠し、身を清める。神宮神職が祭事で着る装束は白色と定められている。

蒸し米、堅塩(かたしお)、上御井(かみのみい)神社の水、酒、魚、野菜、海草などの神饌を納めた辛櫃(からひつ)を御饌殿に運ぶ。

■所在地：三重県伊勢市豊川町279 ■主祭神：豊受大神 ■創建：478(雄略天皇22)年 ■おもなご利益：五穀豊穣・殖産興業

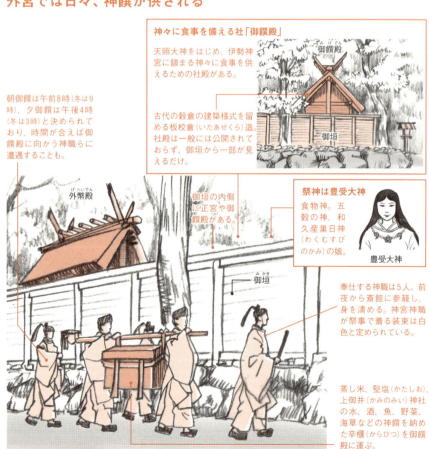

# 神への食事は外宮内で調理する

神饌は清浄な火「忌火《いみび》」を使って忌火屋殿《いみびやでん》で調理される。水も外宮の御井《みい》(井戸)から汲み上げる。

## 忌火屋殿で火をおこす

奥に建つのは神前に供える神酒を一時的に納めておく御酒殿。

切妻造・板葺。外宮の忌火屋殿は正宮の西方にある。

忌火屋殿
御酒殿《みさかどの》

神職しか立ち入ることができない神聖な場所。

### 原初的な火おこし

調理の度に、神職が専用の道具「火きり具」によって忌火をおこす原初的な火おこし。

火きり具には、檜と枇杷(びわ)が使われている。

## 天からの水が湧く御井

神々に供える水は、高天原の「天の忍穂井(あめのおしほい)」から種水を移したと伝わる御井から汲む。

俗界と神界を隔てるフェンスの奥に、御井を守る上御井神社がある。社殿はない。

外宮正宮の西方、森の奥に鎮座し、一般参拝客は立入厳禁とされている。

上御井神社

### 非常時のための下御井神社《しものみい》

上御井神社の水は枯れたことがないが、万一の際は下御井神社の御井が用いられる。

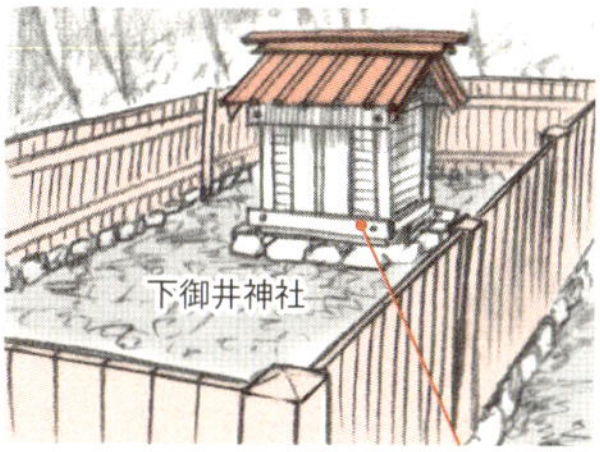
下御井神社

社殿はなく御井の周囲に覆屋があるだけ。

# 伊勢神宮の神饌は「自給自足」が基本

神饌に使われる素材のほとんどは自給自足。米は神宮神田《じんぐうしんでん》、野菜と果物は神宮御園《みその》で身を清めた神宮職員が栽培するほか、塩も御塩焼所《みしおやきしょ》で古式のままに製造される。

御塩焼所は伊勢湾に面する御塩殿(みしおどの)神社境内に鎮座する。

最も原始的な建築様式とされる天地根元宮造(てんちこんげんのみやづくり)。

御塩焼所

### 塩は神事にも使われる

荒塩を土器に入れ焼き固めた堅塩は小さく砕かれ、神饌として供えられるほかに、神事にも用いられる。

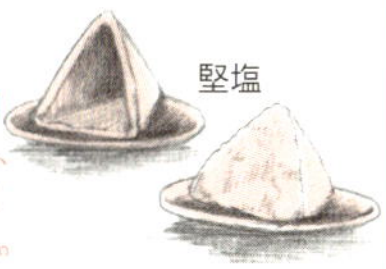
堅塩

### 真夏に釜で煮る、荒塩づくり

五十鈴川河口にある塩田・御塩浜でつくられたかん水を御塩殿神社境内の御塩汲入所に貯蔵したのち、御塩焼所で煮詰めて荒塩を製塩する。

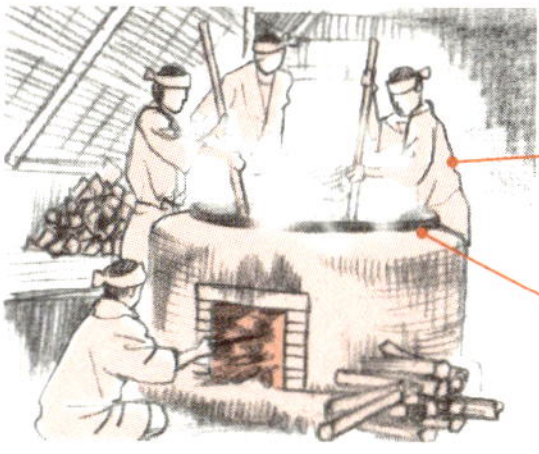

かん水を煮詰める焚き上げ作業は7月下旬から8月上旬頃に行われる※2。

釜の大きさは直径約2m、深さ15cmで鉄製。

※1:伊勢神宮の正式名称は神宮。皇大(こうたい)神宮(内宮)と豊受(とようけ)大神宮(外宮)からなる。 ※2:かん水を煮詰めていくようすは見学することができる。

# 神事に不可欠な塩をつくる

宮城

## 鹽竈《しおがま》神社

生命維持はもちろん、神事にも欠かせない塩。この塩のつくり方を神から授かったと伝える神社がある。陸奥国一宮《むつのくにいちのみや》であり、各地の塩竈《しおがま》（釜）神社の総本社・鹽竈神社だ。

祭神は塩土老翁《しおつちのおじ》、武甕槌神《たけみかづちのかみ》、経津《ふつ》主神《ぬしのかみ》の3柱。社伝によると武甕槌神と経津主神が陸奥国を平定した際に道案内をした塩土老翁がこの地に留まり、製塩法を教えたのだという。

創建年代は明らかにされていないが、ヤマト朝廷の領土拡大に伴い、国府政庁である多賀城と共に建立されたともいわれている。

### 3本殿2拝殿で3柱を祀る

左右宮拝殿

社殿は1695（元禄8）年、仙台藩4代藩主・伊達綱村の造営と伝わる。この拝殿の奥に本殿2棟（左宮・右宮）がある。

#### 左宮と右宮で武神2柱を祀る

左右宮は拝殿1棟の奥に本殿2棟が左右に並んで建つという特徴的な造り。経津主神を祀るのが右宮、武甕槌神を祀るのが左宮だ。

左右宮拝殿
右宮本殿
（経津主神）
左宮本殿
（武甕槌神）

20年毎に社殿を補修する式年遷宮が行われる。直近では2011（平成23）年に斎行。

#### 別宮に祀るのが主祭神

左右宮拝殿右手には、主祭神・塩土老翁を祀る別宮本殿と拝殿が建つ。別宮が松島湾を背にして建立されているのは、海難を背負うためとされる。

塩土老翁

海の神として全国で信仰される。

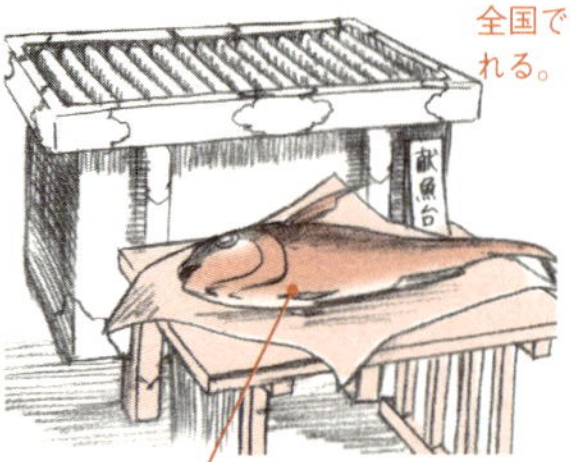
献魚台

別宮拝殿には、塩釜港の魚を献上する献魚台が設置されている。時にはマグロ1本が供えられることも。

■所在地：宮城県塩竈市一森山1-1　■主祭神：塩土老翁、武甕槌神、経津主神　■創建：未詳　■おもなご利益：大漁満足・航海安全・身体健康

## 塩釜の由来となった神竈が納まる御釜神社

鹽竈神社の鎮座する塩釜の地名は、同社の神器である「神竈《しんかま》」に由来するとされる。その神竈は境外末社である御釜神社に奉安されている。

### 神竈を守る社

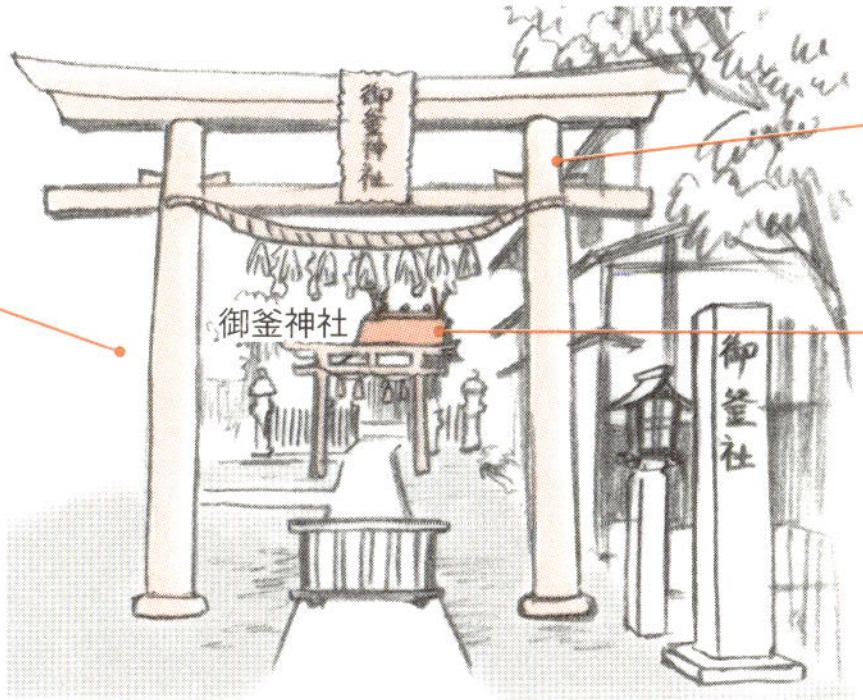
祭神は鹽竈神社と同様、塩土老爺。鹽竈神社から800m程の地に鎮座する。
社殿の左手に神竈奉置所がある。
御釜神社
境内には流造、金属板葺の社殿が建つ。

### 神竈は拝観可能

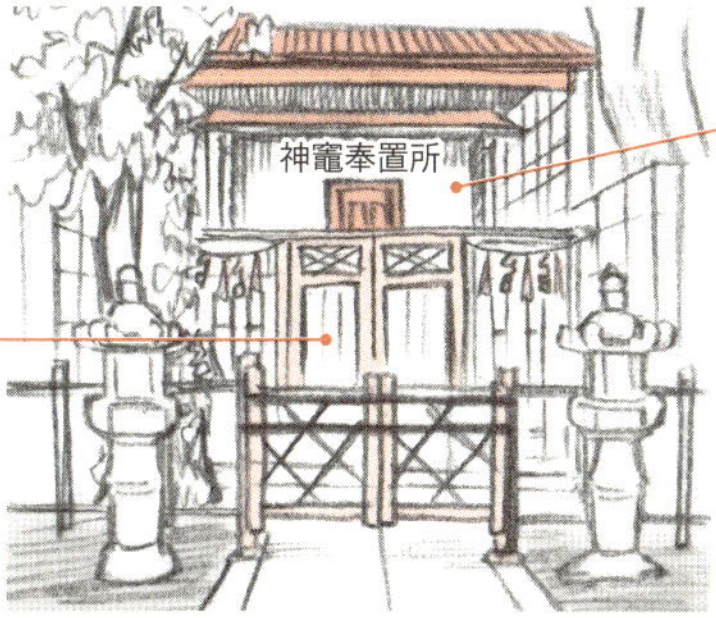
神竈奉置所
神竈は初穂料100円で拝観できる。

**四口《よんく》の神竈**

神竈には水がたたえられている。江戸時代頃より水が変色した場合、世間になんらかの吉凶が起こるとされてきた。

## 古の製塩法を示す特殊神事「藻塩焼《もしおやき》神事」

御釜神社では、塩土老爺が伝えたとされる海藻を用いた製塩法を儀式として再現する※1。

藻塩焼神事に用いる竈は境内にあり、普段は透塀に守られている。

**古式ゆかしい製塩の儀**

毎年7月6日に斎行し、できあがった塩は御釜神社、塩竈神社に供えられる。

元境外末社・鼻節（はなぶし）神社※2の沖合いから刈り取った海藻、ホンダワラを竹棚に広げ、竈に乗せた鉄釜に海水を注いで煮詰めていく。

※1：7月6日の藻塩焼神事に先立ち、神竈の水を入れ替える「水替神事」が行われる。水替神事によりたたえられた潮水は、溢れることも干上がることもないという。※2：仙台湾に面した垂水山に鎮座する。

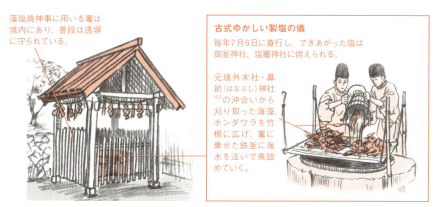

# 三輪山の麓は杜氏《とうじ》の聖地

奈良

## 大神《おおみわ》神社

拝殿の奥に佇む鳥居を通して神体山・三輪山《みわやま》を拝む。大神神社は日本最古級の神社であり、原初の神祀りの姿を今に伝えている。

祭神の大物主神《おおものぬしのかみ》は大国主神《おおくにぬしのかみ》の別神格で、共に国造りに奔走した少彦名命《すくなびこなのみこと》が合わせて祀られている。また、崇神《すじん》天皇の御世、杜氏の祖神・高橋活日命《たかはしいくひのみこと》※1が大物主神の力を借りて酒を醸造し、奉納したという伝承が残り、酒造の神としても崇められている。秋には全国の酒蔵や杜氏が集う酒まつりを斎行、杉の葉でつくられた「志《し》るしの杉玉」が授与される。

### 原始の信仰を伝える特徴的な三ツ鳥居

三ツ鳥居の特徴的な形は、三輪山に鎮座する3つの磐座を模しているともいわれる。1877（明治10）年の再建で素材は檜。明神鳥居を基本に左右に袖鳥居、柱間には鳥居をつなぐ長押と扉が設けられている。

申請を出すことで三輪山に登拝できる。山のすべてに神が宿るとされ、草1本、石1つ持ち出すことができないほか、写真撮影も禁止。登り口は摂社・狭井（さい）神社境内にある。

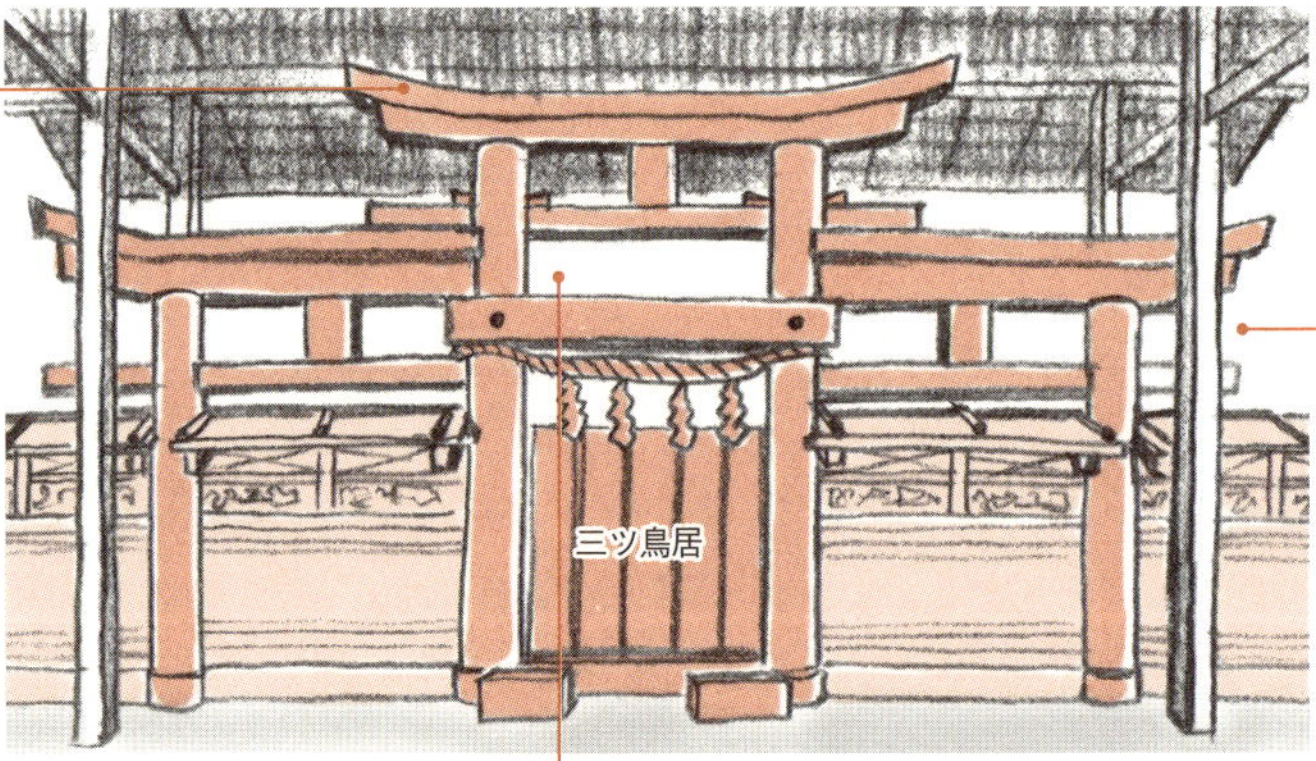


**三輪山が信仰の対象**

鳥居の先にあるのは神体山だけ。本殿はない。原初的な神祀りの姿だ。祭神は大物主神。大国主神に三輪山に自分を祀るよう神託したと伝わる。

神霊を象徴するのが神体山・三輪山。

大物主神

**「神の山」に鎮座する磐座**

三輪山頂上に鎮座する高宮神社の東側にある。注連縄が張られ、近づくことはできない。

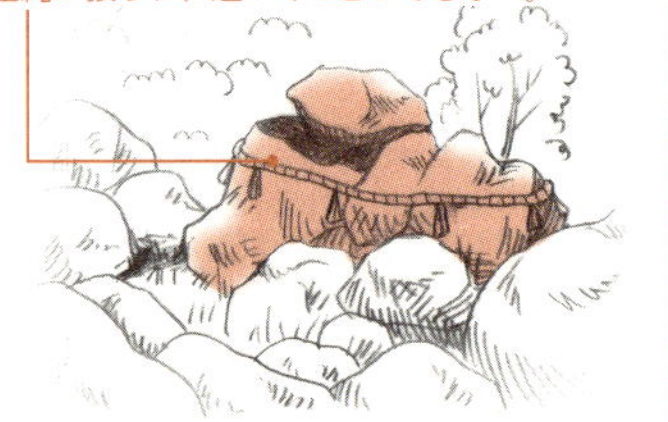

■所在地：奈良県桜井市三輪1422　■主祭神：大物主神　■創建：未詳　■おもなご利益：厄除開運・商売繁盛・醸造守護

# 酒の安全と酒業発展を祈る「酒まつり」

毎年11月14日に斎行される酒まつり（醸造安全祈願祭）は新酒の醸造安全を祈る祭典で、全国の酒造家・杜氏・酒造関係者が参列する。一般参拝者にも全国の醸造元から奉納された樽酒が振る舞われ、境内のあちこちで「乾杯」の声が響く。

## 仕込みの季節に行われる神事

1664（寛文4）年、徳川家綱が造営。九間社切妻造・檜皮葺。正面に唐破風の向拝がつけられている。

拝殿に吊るされる大杉玉※2の直径は1.5m。毎年酒まつりの前日に替えられる。

### 杜氏の神が詠んだ和歌を舞う

酒まつりで奉納される「うま酒みわの舞」。高橋活日命が詠んだ和歌※3でつくられた神楽が流れる。

4人の巫女の手には大物主神の神威を宿す杉の葉が。

### 締めは杜氏の神を祀る摂社・活日《いくひ》神社で

祭神は杜氏の祖神・高橋活日命。酒まつりの際には「後の祭り」として最後に参拝、玉串を捧げる習わし。

本社である大神神社拝殿の北方に鎮座。春日造・檜皮葺の社殿は玉垣に囲まれている。

## 一般参拝者の楽しみは振舞い酒

大神神社の神紋「三本杉」の焼印が押された枡で試飲。1人1杯までとされている。

樽酒の振舞いは4〜5銘柄ほどが用意されている。

### 名だたる銘酒が一堂に集う

境内の廻廊では、全国の酒蔵から奉納された銘酒が披露される。

1週間にわたり「全国銘酒展」と題して展示。全国100銘柄以上が集まる。

※1：高橋活日命が住んでいたと伝わる高橋邑は、現在の奈良市八条町にあたる。 ※2：大物主神の神威を授かるため、大神神社の神木である杉を掲げたのが杉玉の起源。 ※3 此の神酒は　我が神酒ならず　倭成す　大物主の　醸みし神酒　幾久　幾久（この神酒は私の神酒ではない。倭の国を成した三輪の大物主大神がおつくりになった神酒である。幾世までも永遠に栄えあれ）

# 名水で名酒を 酒造第一祖神

京都

## 松《まつの》尾《お》大《たい》社《しゃ》

**京**都・嵐山のほど近く、松尾山《まつおやま》の山裾に鎮座する松尾大社もまた、酒造の神である。祭神の大山咋神《おおやまくいのかみ》は近江の日枝山《ひえのやま》（比叡山）と松尾山に座す神として『古事記』に登場する山の神。７０１（大宝元）年の創祀[※1]以前から、松尾山頂上近くの磐座《いわくら》で祀られていたと考えられている。6世紀頃からは渡来氏族である秦氏《はたうじ》が氏神として信奉。平安時代以降は朝廷の守護神としても崇敬を集めた。秦氏が大陸から酒造技術を伝えた功績から、「日本第一の酒造神」として仰がれている。

### 山の神が酒を醸した伝説が残る泉「亀の井」

霊泉・亀の井。同社の神使は亀で、亀の井にも亀があしらわれている。

亀の井の水は延命長寿の効果があるとされ「よみがえりの水」とも。

**酒を生んだ山の神**

社伝によると大山咋神がこの水で酒を醸したという。神泉を酒の元水に混ぜると腐敗しないといわれる[※2]。

日吉大社（131頁）の祭神でもある。

大山咋神

**境内にある霊亀《れいき》の滝**

「亀の井」の裏手にあるのは名水のシンボル・霊亀の滝。松尾山の大杉谷を源流とする。

滝の中腹には天狗の顔の形をした「天狗岩」が。滝を守護すると伝わる。

水の神・罔象女（みつはのめ）を祀る滝御前神社は水の流れを司る。

■所在地：京都府京都市西京区嵐山宮町3　■主祭神：大山咋神、中津島姫神（市杵嶋姫）　■創建：701（大宝元）年　■おもなご利益：醸造守護・節酒・延命長寿

## 猛霊鎮まる松尾山の社

上賀茂・下鴨神社（賀茂社）と共に皇城鎮護の神とされ、「賀茂の厳神《げんしん》・松尾の猛霊《もうれい》」と並び称された。

入母屋造・檜皮葺の拝殿。祭事では奏楽や舞踏を奉納する舞台ともなる。現在の社殿は江戸時代初期の造営と伝わる。

拝殿の奥には廻廊で囲まれた本殿がある。山の神・大山咋神のほか、航海を守護する女神・市杵嶋姫（いちきしまひめ）が祭神。秦氏が海を渡ってきた渡来氏族であることから勧請された。

### 松尾山中に鎮まる巨大な磐座

社殿背後にそびえる松尾山は標高223m。入山には境内の登拝受付所で許可を得る（登拝初穂料は1,000円）。かつては神職以外の入山が禁止されていた。

7つある谷のうちの1つ、大杉谷頂上近くの斜面にある巨大な岩石は松尾神社創祀にかかわる磐座とされている。

## 酒を楽しむ一般参拝者にも嬉しいご利益が

酒造関係者はもちろん、一般参拝者に向けた酒造の神の神徳も伝えられている。

### 酒の厄除けには「服酒守」

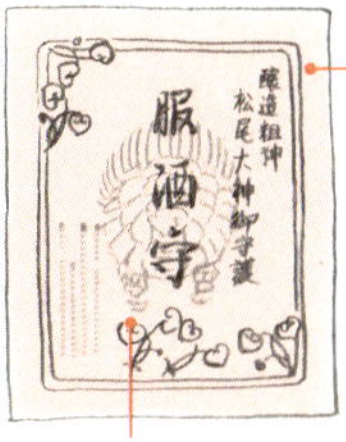


大山咋神が山城丹波国を拓くため、保津川を上る際、亀の背に乗って進んだという伝承から亀が神使とされている。

飲み過ぎや酒席でのトラブルを除ける。

### 福を占う射的「酒樽占い」

樽の中央を射抜けば「大吉」、樽の中に入れば「当たり」、入らない場合は「あまり福」。それぞれに授与品がある。

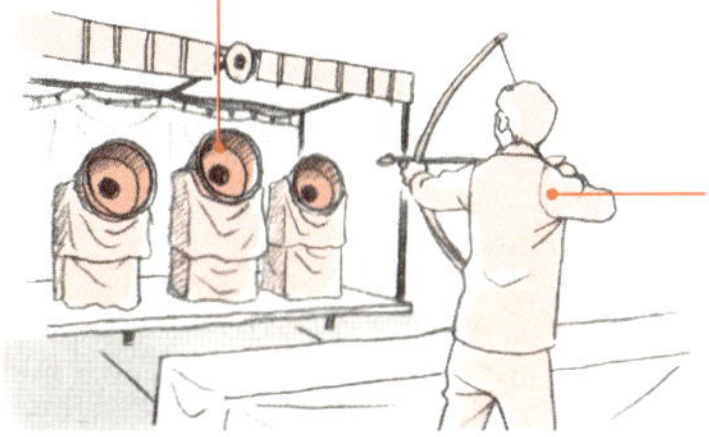

3mほど離れた酒樽に2本矢を放ち、その行方で運勢を占う。初穂料300円。

### 蔵本も詣でる　鋳造神事

毎年11月に上卯祭（じょううさい、醸造祈願祭）、4月に中酉祭（ちゅうゆうさい、醸造感謝祭）を斎行。酒造りは卯の日にはじめ酉の日に終える習わしがある。

境内にある神輿庫（しんよこ）の前には全国の蔵元から奉納された「こもかぶり」※3の酒樽が整然と並ぶ。

※1：勅命を受けた秦忌寸都理（はだのいみきとり）が社殿を造営、磐座の神霊を移したのが創祀とされる。 ※2：この神泉は、全国の醸造家たちが持ち帰るほか、味噌や醤油といった醸造業者からの信仰も篤い。 ※3：こもを巻いた酒樽。通常４斗樽（72ℓ）が使われる。

## column ｜ 人智を越えた「不思議」が集まる —— 日本三奇

神を祀る神社の世界には、人の想像を超えた不思議が見られることがある。江戸後期、医者ながら紀行文などを記す文筆家としても名を馳せた橘南谿《たちばななんけい》という人物が「日本三奇」と名づけた物がある。

1つめは兵庫の生石《おうしこ》神社の巨石だ。国造りの際、大己貴神《おおなむちのかみ》と少彦名命《すくなひこなのみこと》が同地で石の宝殿を建造しようとしたが、土着の神に反乱を受けたという。この土着神との戦いのうちに夜が明けてしまい、石の宝殿は未完成（横倒しの状態）のまま現在に至るとされる。その巨石は池にあり水に浮いたように見えるが、実際は石の中央部が地面とつながっており、浮いているわけではない。

2つめは天照大神《あまてらすおおみかみ》の孫・瓊瓊杵尊《ににぎのみこと》が平和の願いを込め、突き立てたとされる天之逆《あめのさか》鉾《ほこ》である。瓊瓊杵尊が地上に降りた場所と伝わる宮崎の高千穂峰山頂にあるのだ、神話の世界に登場する鉾がなぜいまも残るのか、その由来など詳細は明らかになっていない。

3つめは67頁に登場する宮城の御釜神社にある。同社境内「四口《よんく》の神竈《しんかま》」と呼ばれる鉄製の竈の水は決してあふれず、干上がりもしないとされる。また、世の中に異変が起きた際には、水の色が変わるといわれる。

### 浮いたように見える？ 生石神社の巨石

全長およそ7mにもおよぶ巨石が生石神社のご神体。
なぜこのような形とされたかは、明らかになっていない。

正確な大きさは高さ5.7m、
横6.4m、奥行き7.2mで
重さは450t以上とされる。

祭神は「国造り」で
活躍した大己貴神、
少彦名命の2柱。

巨石は周囲が削られているので
水に浮かんでいるように見える。

### いつからある？ 天之逆鉾

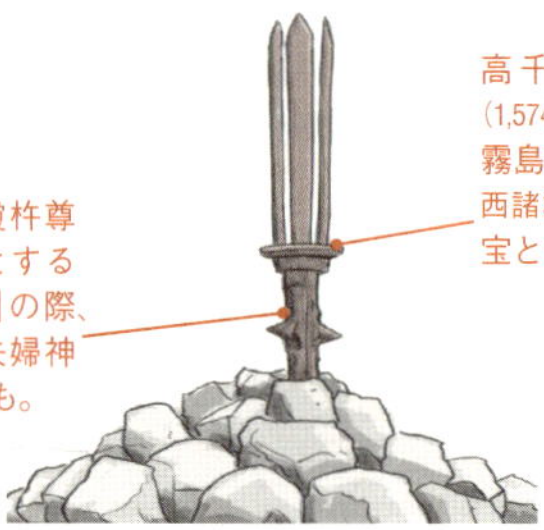

高千穂峰の山頂
（1,574m）付近に立ち、
霧島東神社（宮崎県
西諸郡高原町）の社
宝とされている。

天孫降臨の際、瓊瓊杵尊
が持っていた鉾だとする
説のほか、「国生み」の際、
伊弉諾、伊弉冉の夫婦神
が使った鉾という説も。

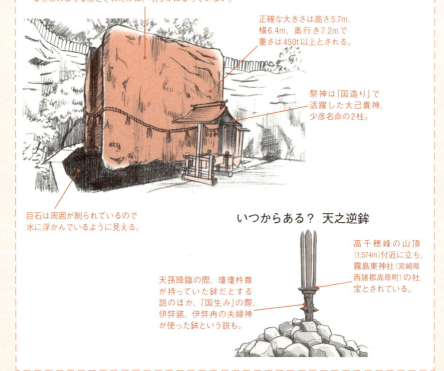

4章

# 病気を治し健康を司る神社

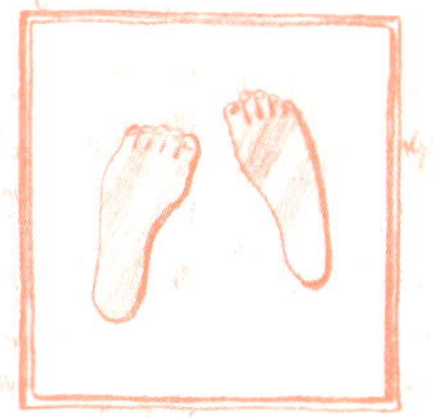

医療がまだ未発達だった時代、病は多くの人が命を落とす大きな災いだった。そして人々は神を頼り、社を建てて祀った。古来伝わる信仰は、いまだ各地に息づいている。

# 新たなご利益ガン封じ

東京
## 武蔵御嶽神社《むさしみたけじんじゃ》

埼玉
## 行田八幡神社《ぎょうだはちまんじんじゃ》

古来、人は病の治癒を神に祈ってきた。現代医学をもってしても難しい疾病の代表といえばガン。その平癒祈願は時代のニーズに応えた新たな神徳だ。

関東の霊山として知られる御岳山《みたけさん》の頂に鎮座する武蔵御嶽神社は、医薬の神でもある大己貴神《おおなむちのかみ》（大国主神《おおくにぬしのかみ》）と少彦名命《すくなびこなのみこと》が祀られ※1、ガン封じを祈る参拝者が集う。

また「封じの宮」の異名があるのは、埼玉にある行田八幡神社だ。同社ではガンやボケなどを封じる特別祈祷が受けられる。

### 山岳信仰で名を馳せる武蔵御嶽神社でガン封じ

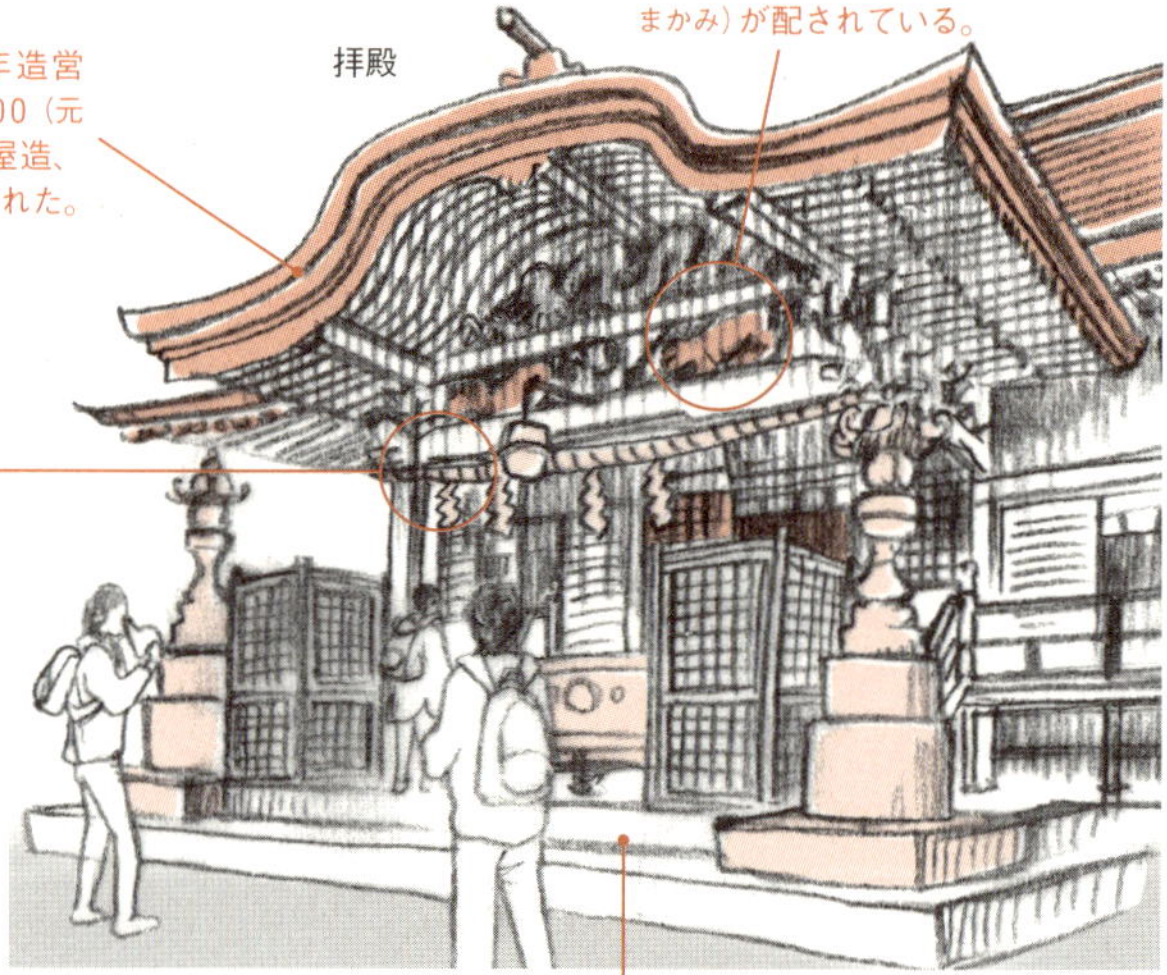


拝殿前部の欄間には神使の狼（真神、まかみ）が配されている。

1606（慶長11）年造営の拝殿は、1700（元禄13）年に入母屋造、銅板葺に改築された。

ない始め、中央、ない終わりの太さがほぼ同じの注連縄。中央を太くする大根締め、ない始めが太いごぼう締めとともに、多くの神社で見られる一般的な注連縄の1つ。

#### 祭神を助けた狼

真神を祭神とする「犬神信仰」は関東各地に見られる。武蔵御嶽神社の祭神を助けたとされる白狼、大口真神（おおくちまかみ）を祀るのは境内社・大口真神社。

大口真神の神符。「大口」は狼の別名「真神」にかかる枕詞で、神名は「大きな口をしている狼」を表す。

#### 医薬の神が難病を封じる

医薬の神が2柱集う武蔵御嶽神社。天然石のお守りは「がん封じ」のほか、「病気平癒」などがある。

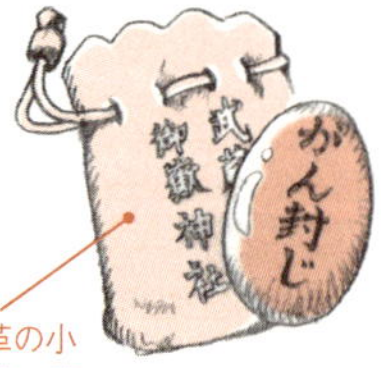


携帯用に革の小袋がついている。

大己貴神

少彦名命

■所在地：東京都青梅市御岳山176　■主祭神：櫛麻智命、大己貴神、少彦名命ほか　■創建：紀元前91年　■おもなご利益：病気平癒・厄除開運

＊左頁の神社情報は151頁の「掲載神社データリスト」を参照してください。

4

# 難病治癒のご利益がある行田八幡神社

源頼義、義家が奥州討伐のために行田の地に滞在、戦勝を祈願して八幡神を勧請した。秘法として疳《かん》の虫《むし》封じの祈祷を伝承、これが難病やガン封じのご利益の元となった。

## 封じの秘法が伝わる古社

境内の社殿はかつて行田を襲った何度かの大火で焼失、再建を余儀なくされた。現在の拝殿は1989（平成元）年、皇紀2650年を記念して造営された。

拝殿

### 巴紋《ともえもん》の病気平癒お守り

同梱されている祈願符には人体図が描かれ、疾患のある部位を線で囲む。

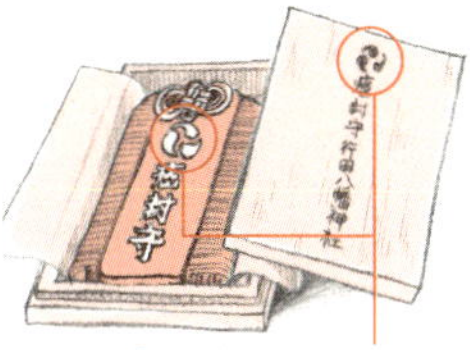

社紋の「巴紋」は、八幡社の総本社である宇佐神宮に由来する。

予約制となるが、社殿内ではガン封じのほか、難病やボケ、悪癖、疳の虫などを封じる特別祈祷も受け付けている。

拝殿の脇では健康にまつわる願いを書き入れる「お願い文」の奉納ができる。

## 境内には病の平癒をもたらす「魔除けの果実」も

「なで桃」は拝殿に向かって左側に鎮座。決して大きくはないが金色に輝き、存在感を示している。古来、魔除けや不老長寿の力をもつと信じられてきた。桃をかたどったオブジェ。

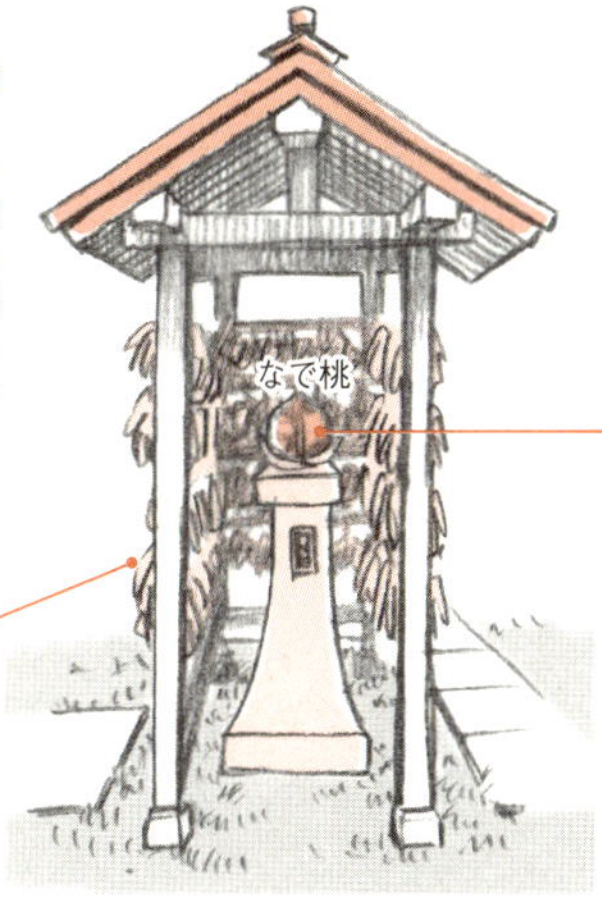


「なで桃」をモチーフとした「願かけ桃絵馬」が、多数奉納されている。

### 『古事記』にも登場する魔除けアイテム

黄金に輝く果実の霊験にあやかろうと、多くの人が桃をなでにやってくる。

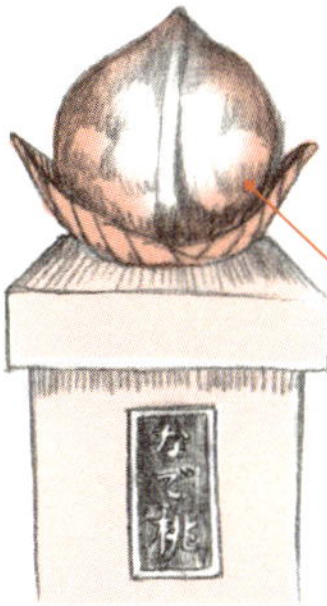

桃は黄泉国の化け物たちを退けるアイテムとして『古事記』に登場した※2。

※1：主祭神は櫛麻知命（くしまちのみこと）。 ※2：『古事記』のなかに、伊弉諾尊が黄泉国から逃げ帰る際、追いかけて来た軍勢に桃を投げつけて撃退する場面がある。

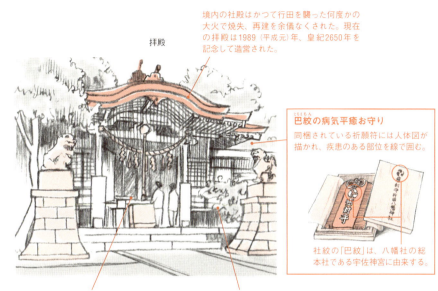

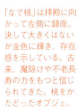

# 胃腸の不調には「おはらさん」

和歌山
## 杉尾《すぎお》神社
佐賀
## 仁比山《にいやま》神社

「お腹痛けりゃ杉尾のお宮、腹の黒いのは治りゃせぬ」の俗謡もある杉尾神社。「おはらさん」と親しまれ、遠方からも参拝客が訪れる。ご利益の起こりとして、社地近くに流れ着いた大蛇の胴体を祀ったという逸話や、腹痛に襲われた娘が同社に水を供えるやいなや快癒したという民話などが伝わる。

一方、佐賀の仁比山《にいやま》神社では、慈覚大師により湧出したという「金剛水」※1が胃腸の不調回復を招くとされている。初宮詣での際に子どもの口につけ健康を願う風習もある。

### 「おはらさん」杉尾神社はお腹に効く

拝殿
周囲は深い木々に覆われている。本殿のさらに上には摂社の祇園神社がある。
山の神・大山祇神と、八幡神こと誉田別尊（ほんだわけのみこと、応神天皇）を祭神として祀る。
杉尾神社は高倉山の中腹に鎮座する。鳥居をくぐり拝殿までは階段の参道が続く。

**腹痛平癒に効く「しゃもじ」**

かつて腹痛は「しゃく」、「しゃくもち（持ち）」と呼ばれ、語呂合わせでしゃもじを供える風習が生まれたという。

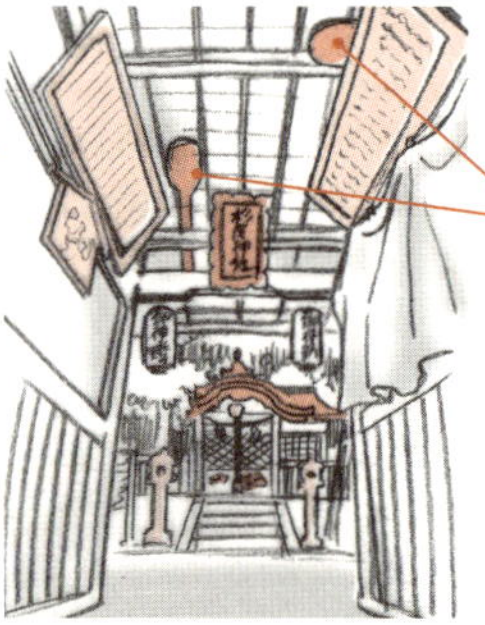
しゃもじは拝殿手前にある神門上部、参拝客を見守るように奉納されている。

**お腹の神様の由来**

紀ノ川河口に流れ着いた神の化身の大蛇を頭、腹、足に分けて埋め、祀ったという伝承があり、このうち腹を祀ったのが杉尾神社とされる。これが腹痛快癒のご利益を生んだとも。

■所在地：和歌山県海南市阪井1858　■主祭神：大山祇神、誉田別命　■創建：未詳　■おもなご利益：腹痛平癒・病気平癒

＊左頁の神社情報は151頁の「掲載神社データリスト」を参照してください。

# 胃腸に効く泉が湧く仁比山神社

天台宗の僧・慈覚大師（円仁）にゆかりのある仁比山神社。社名の「仁比山」は仁明天皇の「仁」と、滋賀・比叡山の「比」からつけられたものだ。

## 九州の「山王さん」

祭神は山王権現ともいわれる山の神・大山咋神（おおやまくいのかみ）。『古事記』に「日枝山（比叡山）に坐す、また葛野の松尾[※2]に坐す」として登場する。

奈良期に松尾（まつのお）大社（70頁）を勧請し創祀され、平安期に日吉大社（131頁）の分霊を合祀した。

地元・佐賀では山の神を示す「山王さん」の名でも親しまれている。

## 神猿に願いをかけて水かけて

大山咋神のお使いである猿の像に水をかけ、願いを唱えれば叶うという。

本殿裏の岩場に湧出点がある金剛水。「山王さんの水」という呼び名も。

**金剛水を神札とともに**

容器を持参すれば、「お水取り」として金剛水を持ち帰ることも。

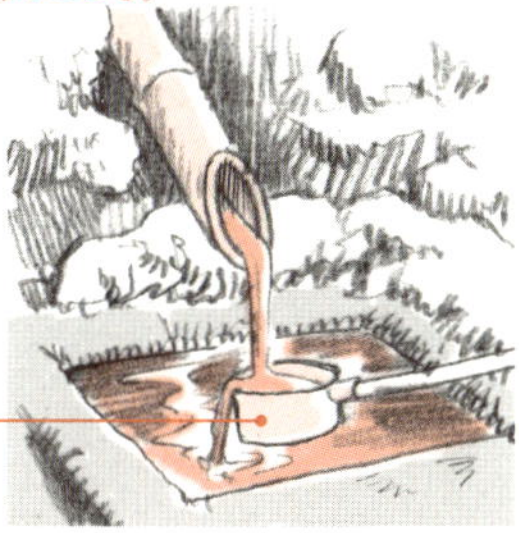

神符と金剛水を同時に飲むと、胃腸が回復に向かうとされる。

## 「神仏習合」を伝える仁王門

**吽形《うんぎょう》の金剛力士王像（左）**

動きの少ない直立した姿勢が特徴。像高は305.2cm。

参道入口の仁王門は、かつてこの地に座していた神宮寺[※3]・仁比山護国寺の山門。左右の金剛力士王像は鎌倉時代の作とされるが、姿勢や装飾などから平安時代作との説も。

仁王門は江戸時代造営で、三間一戸の八脚門。

**阿形《あぎょう》金剛力士王像（右）**

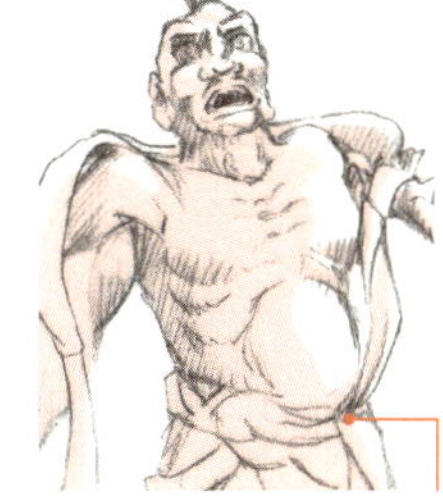

楠の一木（いちぼく）造で彫眼・彩色が施されている。像高は311.2cmで、県内最大。

※1：「金剛」は「堅固」「最上」の意。仏教用語が神水にあるのは、神仏習合の影響か。 ※2：「葛野の松尾」は京都の松尾山を示す。
※3：神仏習合思想に基づき神社境内に建立された寺や仏堂。

# 患部にズバリ！目と耳の神

## 福井 篠座《しのくら》神社
## 広島 耳明《みみご》神社 ほか

健康祈願を掲げる神社は少なくないが、特定の部位に神徳をもつ神社があるのをご存知だろうか。まずは目の健康を司る篠座神社。鎮座1300年という同社は、境内に「篠座目薬」と呼ばれる霊泉が湧く。「目御守」が頒布され、全国唯一の目の祈願祭も行われている。

耳のご利益といえば「みみごさん」と慕われる広島の耳明神社。こちらは人間の耳に構造が似るサザエを奉納する。また埼玉の武蔵第六天《むさしだいろくてん》神社では、耳病や頭痛に霊験あらたかという「神錐《きり》」が授与される。

### 目薬の泉がある篠座神社

拝殿
創建が717（養老元）年とされる古社。拝殿は小規模ながら、向拝には細やかな彫刻が施されている。
拝殿後方には覆屋（おおいや）で囲われた本殿が鎮座。瑞垣（みずがき）はない。

**祭神が湧かせた霊泉**

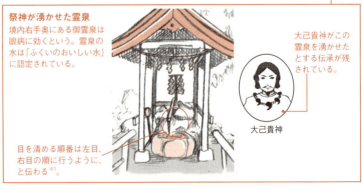

境内右手奥にある御霊泉は眼病に効くという。霊泉の水は「ふくいのおいしい水」に認定されている。

目を清める順番は左目、右目の順に行うように、と伝わる※1。

大己貴神がこの霊泉を湧かせたとする伝承が残されている。
大己貴神

■所在地：福井県大野市篠座42-5　■主祭神：大己貴神　■創建：717（養老元）年　■おもなご利益：眼病平癒・厄除開運

＊左頁の神社情報は151頁の「掲載神社データリスト」を参照してください。

## 老婆の願いを叶えた耳の神様　耳明神社

神社の伝承では、孫の耳が聞こえなくなった老婆が同社に快癒を祈願したところ、徐々に回復したという。時代は未詳だが、これが耳の神様として信仰されるきっかけとされている。

1995（平成7）年再建の社殿は、広島県内では唯一の春日造。祭神は春日大社などで祀られる天児屋命（あめのこやねのみこと）

鈴を鳴らして賽銭を入れ、「みみごさん」と3度唱える。さらに社殿の柱を握り拳で3度優しく叩いた後、二礼二拍手一礼で参拝する。

願い事を「耳結び紐」に書き入れ、耳形に結びつけ奉納する※2。

拝殿前の祠にもサザエの殻が奉納されている。

**サザエを奉納するわけは**
人の耳と構造が良く似ていることから、サザエが奉納されるようになったという。

米と酒を入れたサザエの殻を奉納し、耳への加護を願う。

## 錐で耳病平癒・武蔵第六天神社

主祭神は神世七代※3の6代目、面足尊《おもたるのみこと》と綾惶根尊《あやかしこねのみこと》。大天狗と烏天狗が神社の使いと伝わる。天狗は境内の神木に宿るという。

社紋は「天狗のうちわ」をモチーフとする。

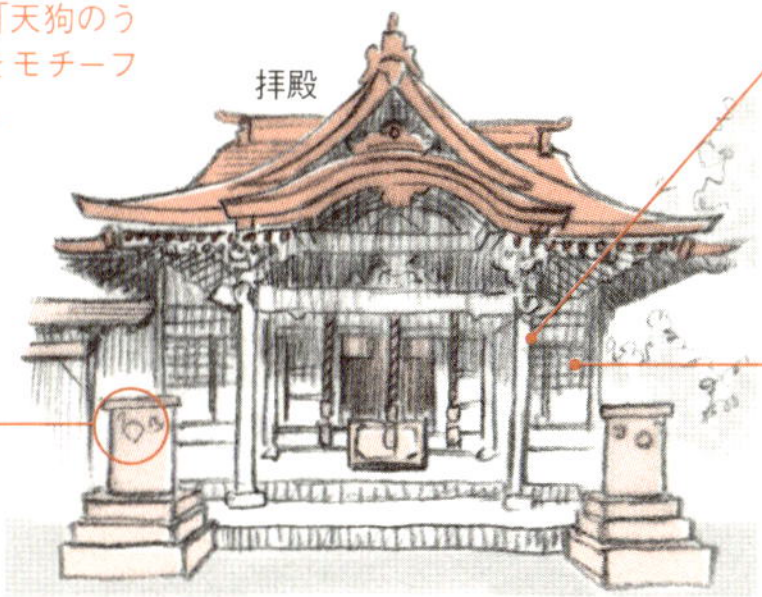


拝殿は2012（平成24）年に改修。まだ新しく素木が匂い立つようだ。

「第六天神社」と名のつく社は関東地方に残る。

**錐で突いて快癒を祈願**
耳の病や頭痛に効くという神錐。

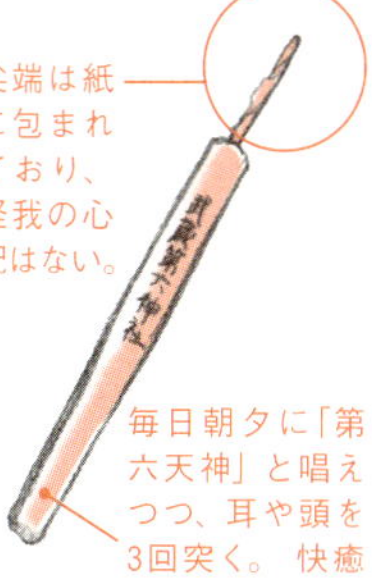

尖端は紙に包まれており、怪我の心配はない。

毎日朝夕に「第六天神」と唱えつつ、耳や頭を3回突く。快癒ののちは錐を2本にして神社に奉納。

※1：『古事記』で伊弉諾尊（いざなぎのみこと）もみそぎの際、左目、右目の順で目を清めた。 ※2：右耳の願いは向かって左の耳形に、左耳の願いは右の耳形に結ぶ。 ※3：『古事記』で世界がつくられてから出現した最初の7世代の神々をさす。

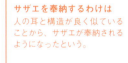

## 足と腰の治癒神

埼玉

# 民部稲荷《みんぶいなり》神社（川越八幡宮摂社）

愛知

# 足王社《あしおうしゃ》（白山宮《はくさんぐう》境内社）

川越八幡宮の摂社・民部稲荷神社には狐が人間に化け、相撲を取ったという伝承がある。その際、仲良くなった人間に打ち身の手当て法を教えて去って行ったそうだ。こうしたことから、同社に絵馬を奉納すると捻挫《ねんざ》や打撲に霊験があるとされる。

一方、白山宮の境内社・足王社の祭神は脚摩乳《あしなづち》だ。この神は素戔嗚尊《すさのおのみこと》と結ばれた奇稲田姫《くしなだひめ》の父神。祭神と社名から足腰を強くする神とされてきたが、15年程前からはサッカーの神としても参拝者が増えている。

## 足腰の神を祀る民部稲荷神社

**力士の守護神から足腰の神へ**

人間に化けた狐が相撲を取ったという伝承から相撲の神とされていたが、転じて足腰を司る神、スポーツの神として尊崇されるようになった。

稲荷神の使いは狐。

**未来を開く末広がりの足形**

境内入口の鳥居下には強い足腰を象徴する足形がある。

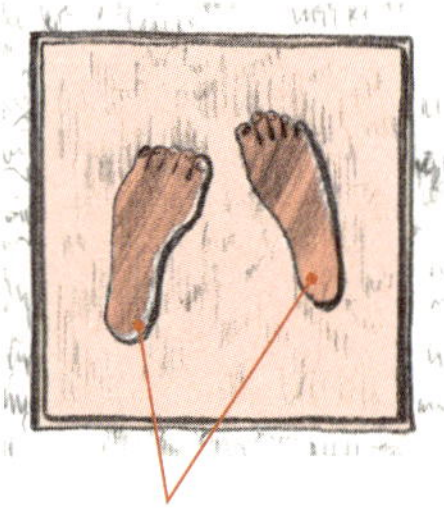

八幡宮の「八」をモチーフに、末広がりの形をしている。

箱根駅伝常連校もしばしば祈願に訪れるという。

**お守りも足形**

足形を配したお守りは赤と青の2種で、郵送での授与も可。

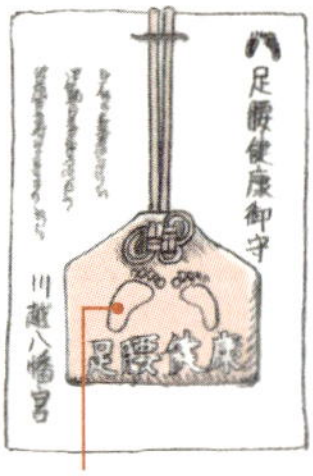


お守りの足形は、鳥居下のオブジェよりさらに下方が開いた末広がりになっている。

■所在地：埼玉県川越市南通町19-1 ■主祭神：倉稲魂神 ■創建：未詳 ■おもなご利益：足腰健康・勝運向上

＊左頁の神社情報は151頁の「掲載神社データリスト」を参照してください。

# 足の悪い人にもやさしい白山宮と足王社

白山宮は白山《しらやま》比《ひ》咩《め》神社(52頁)を勧請して創建。1996(平成8)年に「平成の大造営」を行い、拝殿内をバリアフリー化した。毎年5月中旬には、境内社・足王社で参詣者の足腰の健康を祈願する「足王社春祭り」が行われる。

## 境内は約1万坪 白山宮

主祭神は菊理媛命(くくりひめのみこと)。白山信仰は石川県をはじめとし、岐阜・新潟・愛知各県に多く分布する。

創祀の時期はわかっていないが、境内には石室を擁する白山古墳があり、かなりの古社と考えられる。現在の拝殿は1996(平成8)年造営と新しい。

拝殿の左手奥に鎮座するのは日本武尊(やまとたけるのみこと)の兄を祀る末社の猿投社。1840(天保11)年、同じ愛知県内の猿投神社を勧請して創建した。

社殿の壁面は、神社建築には珍しい白壁。

## かつては道祖神として旅人の歩みを見守った足王社

**祭神は足の神**

祭神は脚摩乳で、古来、足の神とされてきた。近年は「サッカーの神」としても人気を集める。

脚摩乳

戦中、白山宮近くの飯田街道裏街道に祀られていた小祠を遷座、その際に「足王社」の名がついた。

現在の祠(ほこら)は2001(平成13)年に造営。

**石をなでて痛みを取る**

社殿の脇にある「痛みとり石」は2001(平成13)年の遷座の際、旧社殿の下から出土したものだという。

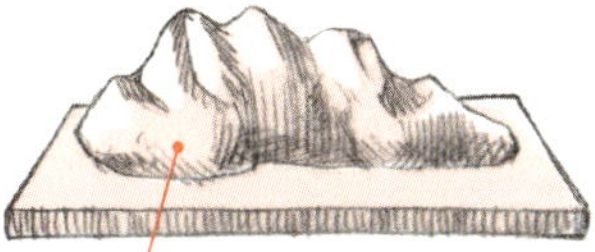

石をなでた手を患部にあてると痛みが消えるほか、丈夫にしたい場所にも効果があるとされる。

**わらじの絵馬に足腰の願かけを**

境内では絵馬のほか、小さなわらじ「願掛けわらじ」も授与している。いずれも初穂料は500円。

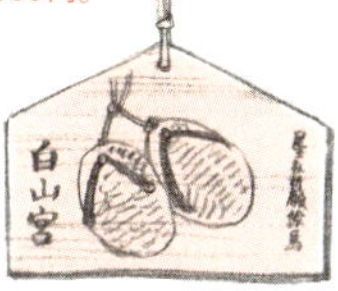

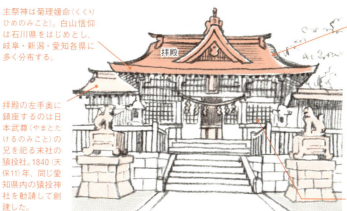

# 由緒は恐い、頭と学業の神

三重　岐阜

## 御首神社《みくびじんじゃ》 頭之宮四方神社《こうべのみやよもうじんじゃ》 ほか

9

39(天慶2)年、京都にさらされた平将門《たいらのまさかど》の首が関東に戻るべく飛んだ。御首神社は射掛けられたその首が落ちた地に建つ。また1191(建久2)年、川上から流れ着いた髑髏《されこうべ》で遊んでいた子どもを諌めた老人が神がかる。この髑髏は唐《から》橋中将光盛卿《はしちゅうじょうみつもり》※1で、同地に祀れば一帯を守護するという。これを受けて社殿を造営したのが頭之宮四方神社だ。

一見恐ろしげな伝承をもつこれらの神社で頭の病気平癒のほか、学業の神としても信仰されている。

### 故郷へ飛んだ将門の首が眠る御首神社

向拝の軒に唐破風をつけた社殿をもつ。

**絵馬の「首」は射落とされた平将門の首**

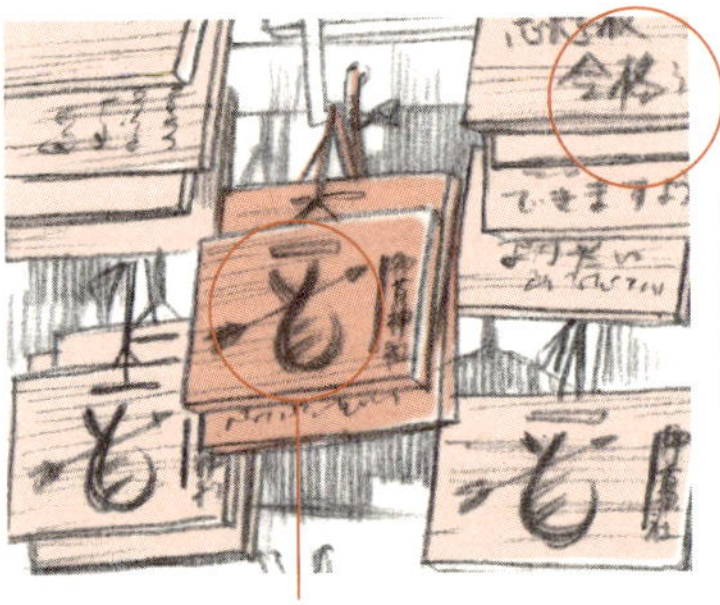

首から上の病気平癒や進学成就を祈願した絵馬が多い。

矢で射られた「首」の字は、創建の由来を示している。

**将門の霊を祀る**

落ちた首を祀り、創建されたのが御首神社だ。平将門を祭神とする神社には、ほかに神田神社(28頁)、国王神社(茨城)などがある。

将門の首を祀った首塚も各地に残る。

平将門

■所在地：岐阜県大垣市荒尾町1283-1　■主祭神：平将門　■創建：未詳　■おもなご利益：首上病気平癒・学業成就

＊左頁の神社情報は151頁の「掲載神社データリスト」を参照してください。

## 頭の祈願ならこちら、頭之宮四方神社へ

全国で唯一、頭のご利益に特化した頭之宮四方神社。境内北東、唐子川《からこがわ》の岸辺に鎮座する頭之石《こうべのいし》は人の顔が浮かんでいるように見えることから「おかしらさん」とも呼ばれる。

拝殿後方には神水「知恵の水」が湧く。飲めば体の内から罪・穢れ・厄を祓い活力が湧くという。

「頭」に関連して学業成就の神徳もあるとされ、近年は遠方からの参拝客も増えている。

**なでて効く！　頭之石**

光盛卿の髑髏が流れ着いた唐子川で見つかった。

石を人の頭に見立て、不調を感じる部位をなでると回復につながるとされる。

**特徴あるデザインの「頭之守」**

脳疾患除けやひらめきを受けるご利益があるとされる。

お守りは全5色。郵送での授与も行っている。

## 蘇我入鹿の首を祀った神社もある

『日本書紀』では専横をきわめた人物として描かれた蘇我入鹿。乙巳《いっし》の変によって討たれた入鹿の首を祀ったのが蘇我氏ゆかりの地・奈良県橿原市にある入鹿神社だ。

社殿の造営は江戸初期とされる。1986（昭和61）年、老朽化に伴い解体修理が行われた。

一間社春日造・檜皮（ひわだ）葺。中央蛙股（かえるまた）肘木（ひじき）の中に彫刻が施され、丹精に彩色されている。

西向きの社殿。廃寺となった普賢寺の鎮守社であったとされる。

**全国唯一、入鹿が祭神**

入鹿の首を祀ることから、首から上の病気平癒にご利益があるとされる。

社殿の修理完了を記念してご神体として祀られている入鹿像のレプリカが作成された※2。

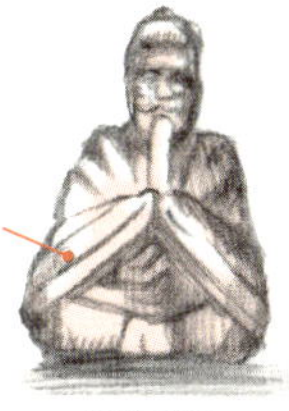

蘇我入鹿

※1：現在の頭之宮四方神社周辺に城を構えていた武将で、桓武天皇の末裔とされる。 ※2：レプリカは社地近隣の住民に配布された。

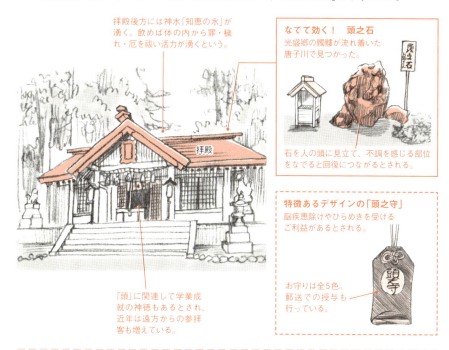

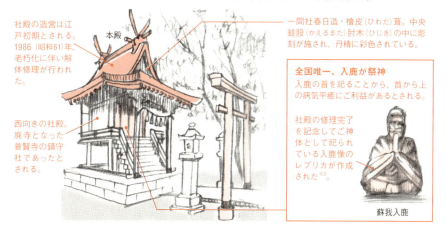

# 究極のご利益は延命長寿

## 福岡 高良大社《こうらたいしゃ》
## 滋賀 多賀大社《たがたいしゃ》

高良大社の祭神・高良玉垂命《こうらたまたれのみこと》は謎に満ちた神。かつては、300歳以上生きたとされる日本初の大臣・武内宿祢《たけうちのすくね》と同神格であった。そこから同社の延命長寿の神徳が生まれたと考えられている。

一方、神徳の由来がはっきりしているのは多賀大社だ。同社は様々な神と生命を生み出した伊弉諾尊《いざなぎのみこと》と伊弉冉尊《いざなみのみこと》を祀り、「命の親神様」と称えられてきた。延命長寿のご利益もこれを端緒とする。12世紀の僧・重源《ちょうげん》が同社で長寿を願ったことでも知られている。

## 延命長寿・高良大社は筑後国一宮《いちのみや》

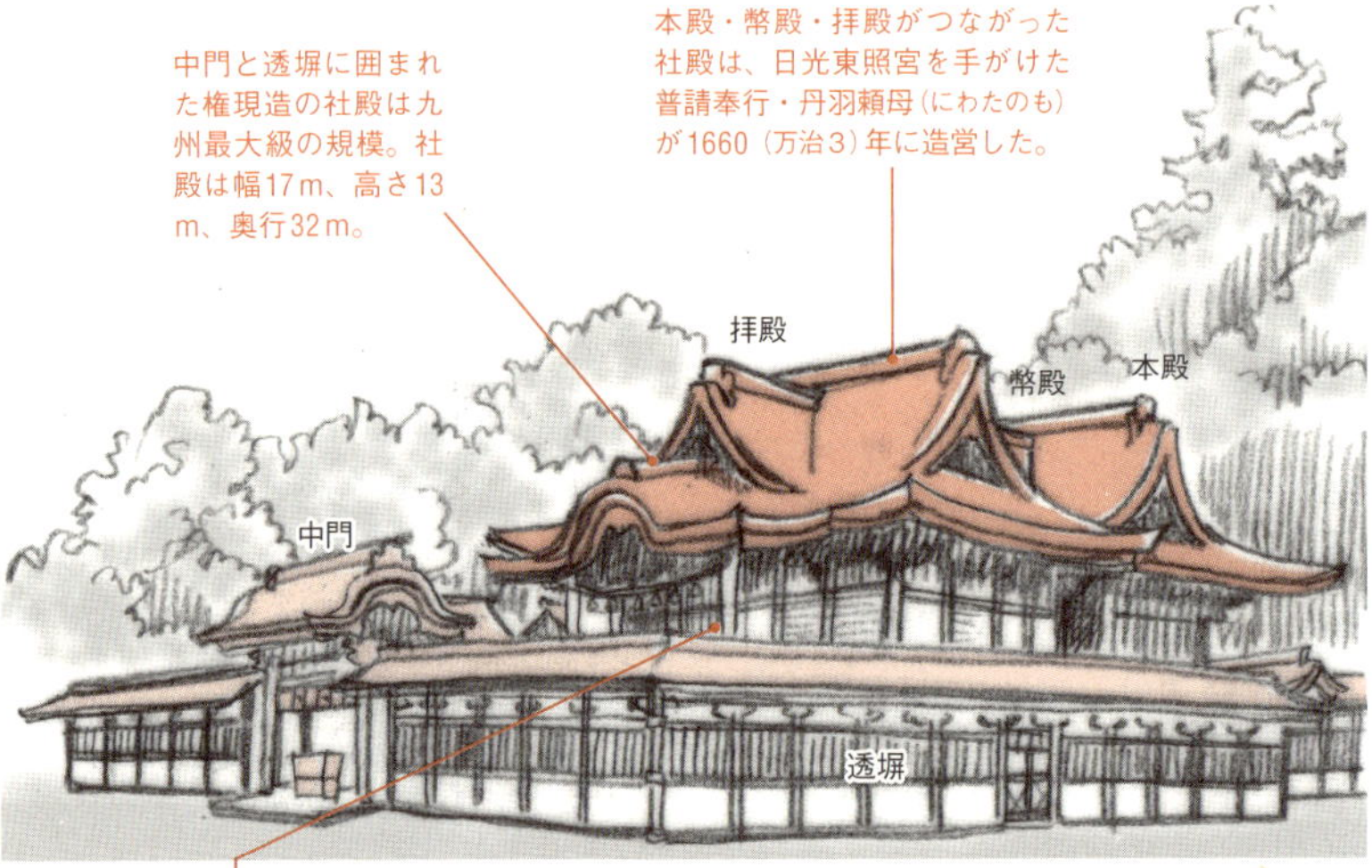
中門と透塀に囲まれた権現造の社殿は九州最大級の規模。社殿は幅17m、高さ13m、奥行32m。
本殿・幣殿・拝殿がつながった社殿は、日光東照宮を手がけた普請奉行・丹羽頼母（にわたのも）が1660（万治3）年に造営した。
拝殿
幣殿
本殿
中門
透塀

### 主神と同一神か伝説の長命者

主祭神・高良王垂命と同一神とする説がある武内宿禰。

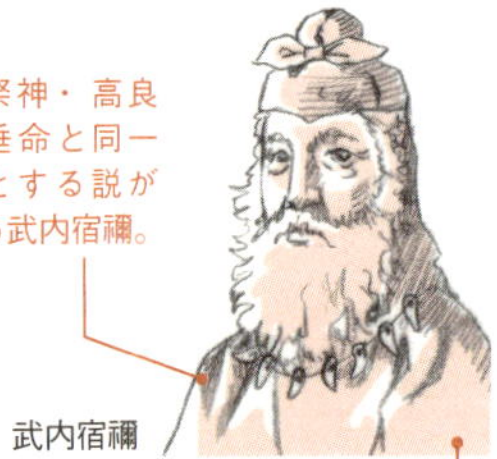
武内宿禰

5代の天皇に仕えた※1とされる。

### 厄を落とす「へこかき祭り（川渡祭）」

毎年6月1日・2日に斎行。高良山に登り清めの神事を受ける。

参加者は数え年で7歳の男女児、厄年か還暦の男女で厄払い、長寿を祈願する。

■所在地：福岡県久留米市御井町1　■主祭神：高良玉垂命、八幡大神、住吉大神　■創建：未詳　■おもなご利益：延命長寿・厄除開運

＊左頁の神社情報は151頁の「掲載神社データリスト」を参照してください。

## 神話にもその名を残すお多賀さま

三貴子※2をもうけた後、伊弉諾尊が鎮まったと『古事記』で語られる「淡海の多賀」は多賀大社をさす。すべての命を生み出した夫婦神に延命長寿の霊験が結び付き、広く慕われた。

### 「大造営」で生まれかわった古社の拝殿

拝殿は重層入母屋造で、幣殿や本殿と廻廊でつながっている。

現在の拝殿は1932（昭和7）年の造営。2007（平成19）年には屋根の葺き替えなど「平成の大造営」が完了した。

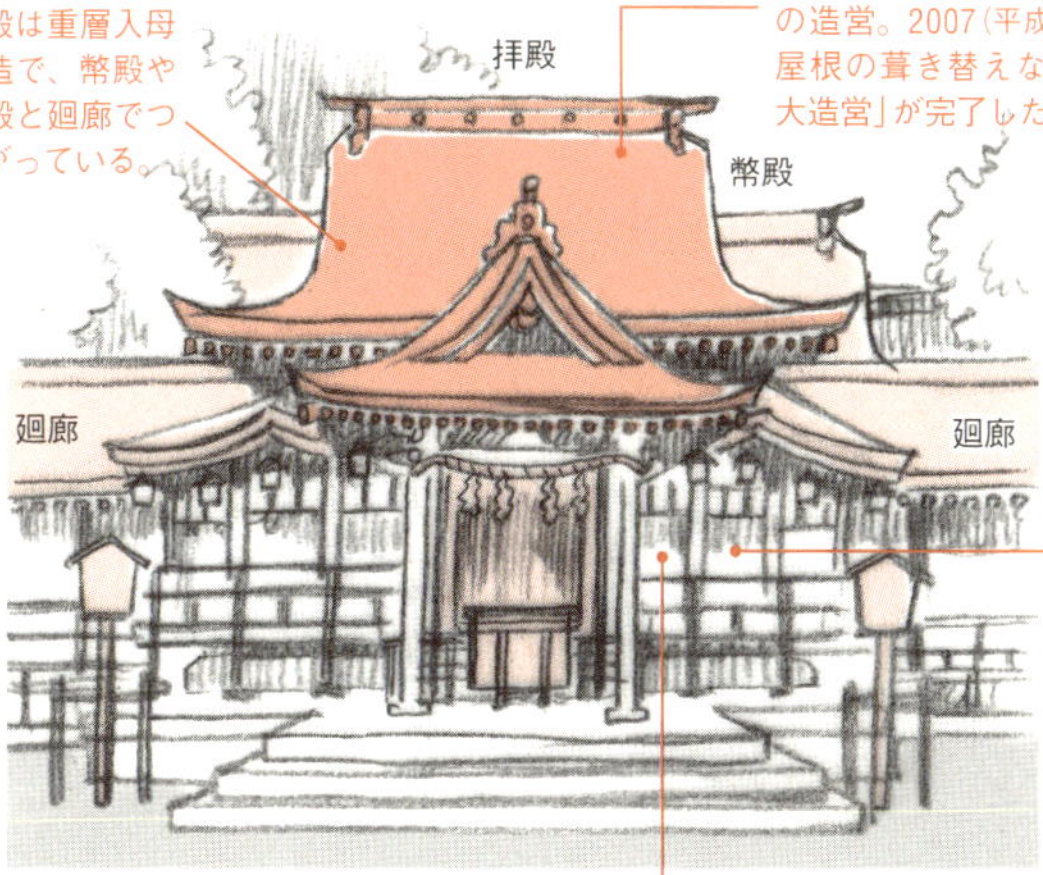


**天照大神の親神を祀る**

「お伊勢お多賀の子でござる」という俗謡があるように多賀大社の祭神は伊勢神宮・天照大神（あまてらすおおみかみ）の親神。伊勢神宮と多賀大社、両社に詣でることを「親子参り」と呼ぶ。

**しゃくしで長く健康に**

病に倒れた元正天皇の平癒を祈願し、強飯（こわいい）にシデの木のしゃくしを添えて献上したところ見事に平癒したという。拝殿内の柱にも大きなしゃくしがくくりつけられている。

授与品の「お多賀しゃくし」には長寿をあらわす「壽」の崩し字が。

かつてはスプーンのような形状だったとされるが、今は平らに。

**細く長い麺に長寿の願いを託す**

「寿命そば」は境内のそば舎でいただける。

### 重源の最期を看取った寿命石

寿命石は拝殿に向かって右手にあり、瑞垣に囲われている。

多賀大社のご利益によって寿命を延ばし、無事に東大寺を再建した重源がお礼詣でに訪れた際、この石に座り眠るように亡くなったとされる。

**白い石に願いを込めて**

授与所で頒布される「祈願の白石」を寿命石に置くとご利益がある。

延命以外にもさまざまな神徳があるとされ、石に書かれた願いは「縁結び」なども多い。

※1：景行、成務、仲哀、応神、仁徳の5代。 ※2：みそぎで生まれた神のうち、特に貴い3柱の神を意味し、天照大神、素戔嗚尊（すさのおのみこと）、月読命（つくよみのみこと）の3柱をさす。

## 吹き出物よ、さらば

愛知　神奈川

# 戸田八幡神社《とだはちまん》
# 西宮社《にしみやしゃ》ほか（露橋神明社《つゆはししんめいしゃ》末社）

かつて皮膚病といえばいぼやおできなどを指した。そしてこれらの皮膚病を患う人が参拝した、治癒にご利益のある神社は「いぼの神様」や「おできの神様」として慕われた。いぼ取り信仰は様々な形で伝わり、厚木市の戸田八幡神社では境内の石、名古屋市の西宮社ではしゃもじに願かけする。また、おできは関西では「でんぼ」と呼ぶ。これを治すという「でんぼの神さん」は大阪・石切劔箭《いしきりつるぎや》神社の愛称だ。同社は万病の神ともされ、祈願のお百度参りが盛んだ。

## いぼ取り石が残る戸田八幡神社

### 彫刻が施された社殿

戸田八幡神社社殿には鳳凰や龍などの彫刻が施されている。拝殿奥の本殿は覆屋（おおいや）に囲まれ見ることはできない。

拝殿手前は公園となっており、地域の子どもたちを見守る鎮守として慕われている。

### いぼ取り石の伝承が残る

高さは1mほどの「いぼ取り石」。拝殿に向かって右手にあり、そばには道祖神、地主神、庚申塔が並ぶ。

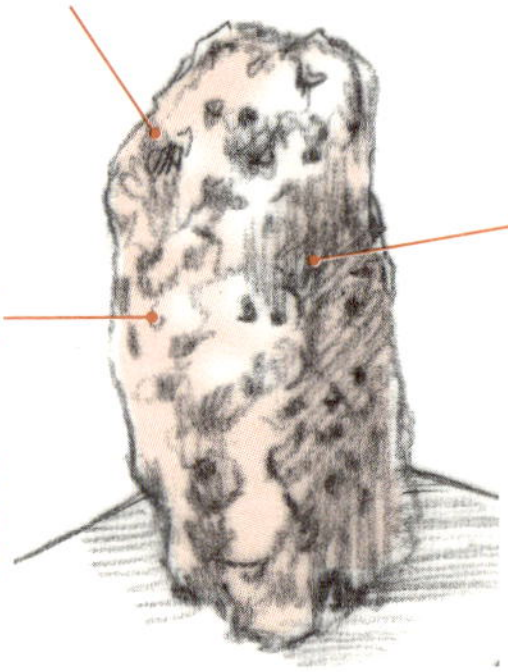

いぼ取り石のご利益は厚木地方の伝承として残る※1。伝承には「いぼ取り石」の穴にある小石を持ち帰り、いぼをこすると治癒する、とある。無事にいぼが取れたら、いただいた石とともに新たな石を穴へ納める。

**いぼ取り石の表面は**

表面には無数の穴が開いている。

■所在地：神奈川県厚木市戸田1055　■主祭神：応神天皇　■創建：未詳■おもなご利益：皮膚病平癒

＊左頁の神社情報は151頁の「掲載神社データリスト」を参照してください。

## いぼの神「恵比寿三郎」を祀る西宮社

「いぼの神様」こと西宮社は、露橋神明社境内にある末社の1つ。海から出現したという祭神「恵比寿三郎」の詳細は不明だが、神名からすると恵比寿と同一神か。

神明系（伊勢神宮の系統）の露橋神明社にならい、鰹木を配した神明造。

社殿は青い柵でつくられた瑞垣に囲われ、中に入ることはできない。賽銭は社殿手前の箱の中へ。

### 霊験を示す無数のしゃもじ

祈願はしゃもじに。奉納する掛け所は社殿の参道手前、左手にある。

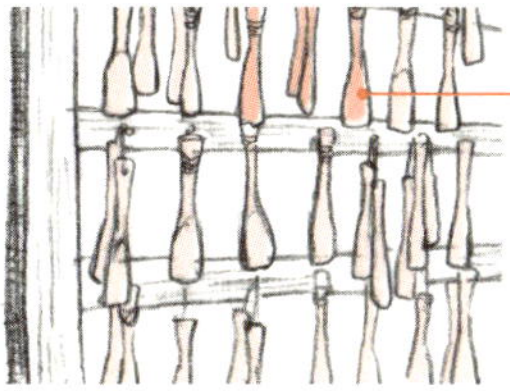

いぼ取り祈願のほか、いぼが取れたというお礼参りのしゃもじも。

## でんぼの神さん　石切劔箭神社

関西でおできを「でんぼ」と呼ぶのは、「出る」の連用形「で」に「坊」を添えたとするのが一般的だが、石切劔箭神社に伝わる秘法（伝法）からくるとする説もある。

樹高約15m、幹周りは約5mという神木の大楠。樹齢470年とされる。

古来より「いしきりさん」は腫れ物治療のご利益で人気がある。拝殿は1932（昭和7）年の造営。

祭神は物部氏の祖である饒速日命（にぎはやひのみこと）。

「お百度参り」とは2つの百度石を往復しながら祈願することで、必ずしも100周する必要はない。

### 篤い信仰で丸くなった百度石

1959（昭和34）年奉納。腫れ物への神徳から、ガン平癒祈願に訪れる人も。

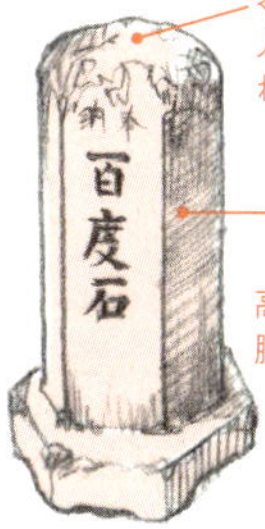


かつて八角柱だった上部は、お百度を踏む人々になでられ丸くなった。

高さは大人の腰ほどある。

### お百度参りはいつでもできる

お百度参りは平安時代に始まったとされる民間信仰[※2]。

お百度参りの手順

①志（こころざし）を奉納し、お百度紐をいただく。
②鈴を鳴らし、本殿前で2礼2拍手1礼。
③お百度紐の束ねられている方を下にして握る。
④本殿に近いお百度石から始め、1周するごとにお百度紐を折る。
⑤100周したら再び拝殿前で2礼2拍手1礼。
⑥お百度紐を奉納する。

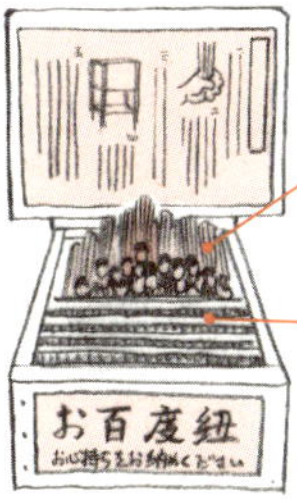


お百度紐は24時間授与されている。

授与所に置かれた箱。手前の部分に志（価格は決まっていない）を入れる。

※1：いぼに悩む村人が小石を持ち帰りいぼをこすると快癒。お礼詣で同じような石を探し、もとの石と一緒に戻すようお告げがあったという。※2：北条政子が始めたとする説もあり、強い意志と信念によって神仏に祈願が届くとされる。

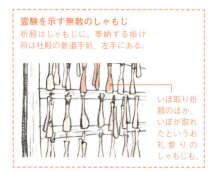

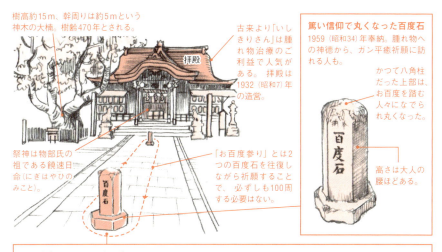

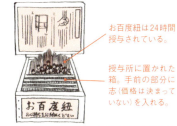

# 「美」をもたらす神

栃木　本城《ほんじょう》厳島《いつくしま》神社

神奈川　江島《えのしま》神社　ほか

女性が美を願うのは世の常。そしてその願いを聞き届けてくれるのは、やはり美しい女神たちだ。

本城厳島神社、江島神社中津宮《なかつみや》とも、祭神は宗像三女神《むなかたさんにょしん》※1の1神、市杵嶋姫命《いちきしまひめのみこと》。その美しさは八百万《やおよろず》の神の中でもトップクラス。インドの河の女神・サラズヴァティーを起源とする弁財天と習合した※2「弁天様」としても信仰されている。一方、熱田神宮《あつたじんぐう》（愛知）の境内社・清水社《しみずしゃ》に坐《ま》すのは水を司る女神・罔象女神《みずはのめのかみ》。穢れを祓う水の力が美肌をもたらす、と大人気だ。

## 美人弁天として崇敬を集める本城厳島神社

本城厳島神社は、かつて泉が湧いていたという社地に1793（寛政5）年、厳島神社（広島）を勧請して創祀された。

美人弁天が収められた弁天堂の手前には、なでることで美が授かるという「なで弁天」が鎮座する。

美人三姉妹で知られる宗像三女神。とりわけ美人とされる市杵嶋姫命が主祭神。

**参拝者全員がもらえる「美人証明」**

参拝者にはもれなく「美人」を証明するお守りが授与される。

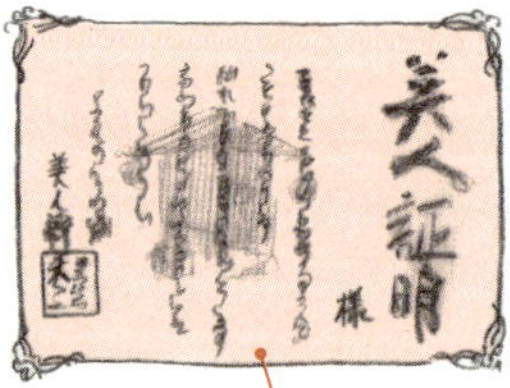


サイズはハガキ、カードサイズの2種。いずれも裏には弁天の絵が描かれている。

**8本の手をもつ美の女神**

金色に輝く美人弁天像は社殿右手の弁天堂に祀られ、毎月第1、3日曜日に公開される。

像は「八臂（はっぴ）弁天」で、8本の手に弓、（せん）、剣、宝来、輪宝、鉾、鉢棒、長杵（ながきね）をもつ。

美人弁天像

■所在地：栃木県足利市本城2-1860　■主祭神：市杵嶋姫命　■創建：1793（寛政5）年　■おもなご利益：健康長寿・開運良縁

＊左頁の神社情報は151頁の「掲載神社データリスト」を参照してください。

## 海を望む美人三姉妹の社・江島神社

相模湾に浮かぶ江ノ島に鎮座するのが江島神社。奥津宮《おくつみや》に田心姫《たぎりひめ》、中津宮に市杵嶋姫命、辺津宮《へつみや》に湍津姫《たぎつひめ》を祀る。なかでも中津宮は美をもたらす授与品で女性の人気を集めている。

権現造の社殿は1689（元禄2）年に造営されたもの。

祭神の市杵嶋姫命は弁財天と習合。境内の奉安殿では「八臂弁財天」「妙音弁財天」という2種の弁天像を祀る。

**美の祈願は羽衣に託す**

拝殿手前には中津宮を象徴する羽衣形の絵馬掛け台が立つ。

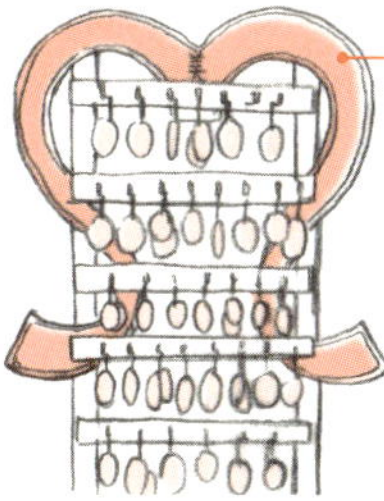

「羽衣形」は姉神らを祀る社にはなく、中津宮独自のもの。

**5種の「よくばり美人守」**

お守りは祈願（ご利益）ごとに用意されている。初穂料は各300円。

美肌守

滑らかで潤いのある美肌

美髪守

艶やかで豊かな美しい髪

美笑守

幸せにさせる魅力的な笑顔

美形守

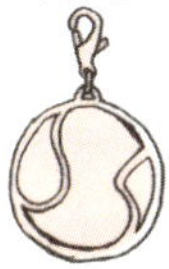

健康でスタイルの良い身体

美白守

透明感と輝きのある白い肌

## 熱田神宮境内にある美肌の聖地・清水社

東海屈指の大社・熱田神宮の境内に坐する清水社には、美肌をもたらすという清水が湧く。

部材に檜を採用した現在の社殿は1995（平成7）年の創建。熱田大神を祀る本宮の東に鎮座。

祭神・罔象女神は水と雨を司る。記紀では伊弉冉尊（いざなみのみこと）が火の神を生んで火傷を負い、失禁した尿から誕生したとする。

**社殿奥に湧く美肌の泉**

湧水で肌を洗えば美しく輝き、目を洗えば眼病が平癒するという。

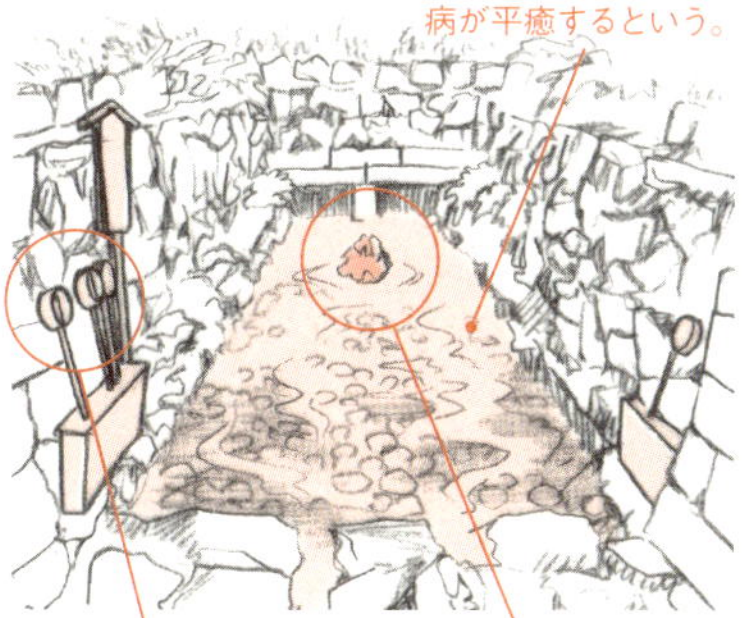

拝所の脇に掛けられたひしゃくで水を汲み、湧水点付近の石塔に3度かけてから祈願すると叶うという。

いつの頃からか、石塔は世界三大美人の1人「楊貴妃」の墓の一部であるとも伝わる。

※1：田心姫、市杵嶋姫命、湍津姫の3姉妹。 ※2：サラスヴァティーはヒンズー教では水と豊穣の神とされる。

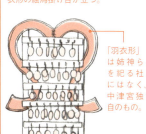

## 身近にある疾病　咳止めの神

京都　東京

# おせき社
# 石井神社ほか

**咳** 止め祈願の神社には、「関」「堰」「石」の字のつく社名が多い。これは漢字の音が同じだったから。伏見稲荷大社の社域に鎮まるおせき社も、関所があった地に建つことに由来する。これが転じて咳の神になったというわけだ。咳止め祈願にしゃもじを奉納する亀戸の石井神社にも「石」がつく。咳の神にしゃもじを納める風習は、各地で見られる。一方、神奈川の真田神社は痰が詰まって討ち死にしたという武将・真田与一と縁が深く、与一を偲ぶ風習が例大祭に残る。

### 霊山の頂へ続く古道に立つお塚・おせき社

拝所
伏見稲荷大社のお塚信仰※で生まれた「おせき社」。喉の神であるおせき大神を祀る。
拝所の奥には熱心な崇敬者により奉納された鳥居が並ぶ。
おせき社は伏見稲荷大社の背後に広がる稲荷山にある。

**神様へおたより**

遠方に住む崇敬者はおせき大神へ平癒祈願や病気回復のお礼をハガキに書いて送るという。

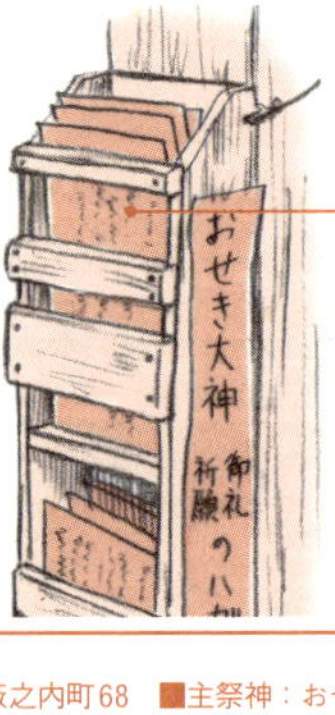
おせき大神
御礼
祈願の
ハガキの宛名に「伏見稲荷大社おせき社」と書くだけで届くという。

■所在地：京都府京都市伏見区深草藪之内町68　■主祭神：おせき大神　■創建：未詳　■おもなご利益：喉病平癒

＊左頁の神社情報は151頁の「掲載神社データリスト」を参照してください。

## 「石」が転じて「咳」の神に・石井神社

亀戸にある石井神社の前身は石神社といい、「石神」が「せきしん」・「咳神」となり咳封じの神になったとされる。

風の神・級長津彦命（しなつひこのみこと）、水の神・罔象女神（みつはのめのかみ）、井戸の神・津長井命（つながいのみこと）を祭神とする。社殿は空襲で焼失、1965（昭和40）年に再建されている。

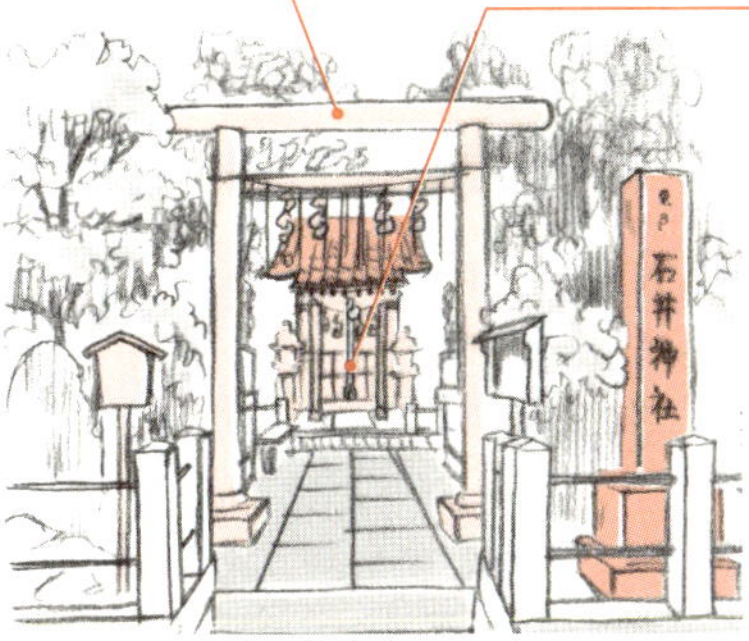


**おしゃもじ様の由来**

地元では「おしゃもじ様」の愛称で親しまれている。

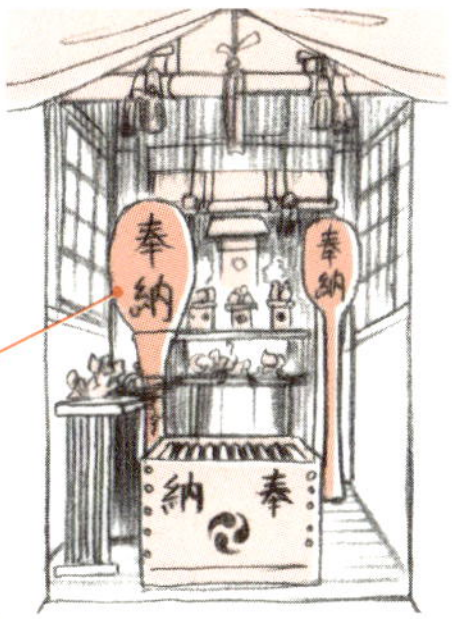


「石神（しゃくじん）」が「しゃくし（しゃもじ）」となり、しゃもじを奉納する習慣が生まれたとも伝わる。

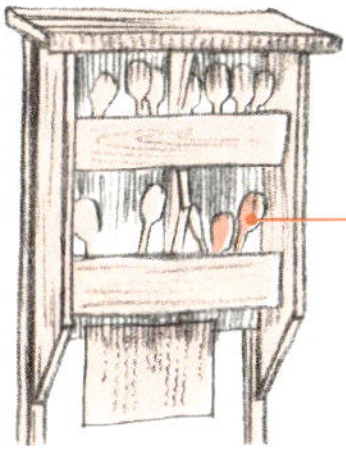

境内に奉納されたしゃもじを持ち帰り、快癒後に新しいしゃもじを添えて社殿に返す。

## 武将の伝説から生まれた咳止めのご利益・真田神社

咳・ぜんそくの神として崇敬されてきた平塚の真田神社。喘息を患っていた真田与一が日頃からホオズキを煎じて飲んでいたものの、痰が喉に詰まって声が出せずに討ち死にしたという伝説が残る。

付近には真田与一の居城だった真田城址も残る。

八坂神社を勧請し創建。祭神は素戔嗚尊（すさのおのみこと）で、「真田の天王さん」として親しまれている。

**例大祭で売られる咳止めのホオズキ**

7月9日の例大祭では与一をしのびホオズキの鉢植えが授与される。かつては農具市とホオズキ市が立ち、遠方からも参拝者が訪れたという。

例大祭当日には、拝殿の脇に「ホオズキ販売所」がつくられる。

ホオズキの根は鎮咳に効く生薬・酸漿根として親しまれていた。子宮収縮作用もあり、江戸時代には遊女の堕胎剤としても。

例大祭のある7月頃、開花する。

※：お塚信仰は個人がつけた稲荷神の別名を石に刻み、稲荷山に奉納する信仰。明治期以降盛んになり、その数は1万基を超える。

# かわいい子どもの守り神

岡山　京都

## 吉備津神社《きびつ》
## 三宅八幡宮《みやけはちまんぐう》ほか

医学が未発達だった時代、親は我が子が病気にかかることを非常に恐れ、その思いがさまざまな風習や縁起物を生んだ。

吉備津神社の「吉備津こまいぬ」は、夜泣きを封じ喉づまりを防ぐお守り。一方、子育ての神様・三宅八幡宮では、初宮参りで神使をモチーフにした「神鳩《しんばと》」を授与。無事に成長した暁にはこのお守りをお返しする。東京の鳥越《とりごえ》神社では「笊《ざる》かぶり犬張子《はりこ》」が子育て守り。愛嬌あるその姿に、子どもの笑顔と幸せが託されている。

### 子育て守護で知られる備中国一宮《いちのみや》・吉備津神社

本殿が北向きに建つ理由には、本殿の背後に立つ「吉備の中山」を拝むためなど、いくつかの説が伝わる。

平入りの拝殿・本殿が前後に連なり、1棟を形成する独特の様式は全国で唯一。吉備津造と呼ばれることもある。

主祭神は大吉備津彦命（おおきびつひこのみこと）。3人の家来と共に鬼神を討ち果たしたという伝説から、「桃太郎」のルーツとされている。

本殿からは末社などをつなぐ全長360mもの廻廊がつくられている。

境内奥には吉備津神社独自の神事「鳴釜（なるかま）神事」※1を行う御竈殿がある。

**楽しいおみくじは5種**

古今和歌集の和歌が書かれた「いにしえみくじ」など、ユニークなおみくじ、全5種※2。

本殿近くにあるおみくじ授与所には桃太郎の物語が順番に描かれている。

**かわいい吉備津こまいぬ**

火難・盗難除けの霊験がある神宝「こまいぬ」（重文）にちなんでつくられた土製の手びねり人形。立つ犬、座る犬、鳥。

高さ3cm程度

「犬」は夜泣きを封じ

「鳥」は喉づまりを防ぐ

■所在地：岡山県岡山市北区吉備津931　■主祭神：大吉備津彦命　■創建：未詳　■おもなご利益：開運招福・健康長寿

＊左頁の神社情報は151、153頁の「掲載神社データリスト」を参照してください。

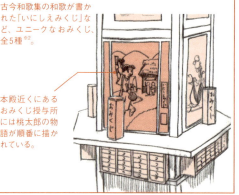

## 「虫から田を守る神」が「成長を見守る神」に・三宅八幡宮

社伝では小野妹子が宇佐神宮から勧請、とある。元々は田の虫（イナゴなどの害虫）防除の神だったが疳《かん》の虫に転じ、子どもの成長を見守る神徳が生まれたという。

祭神は八幡神として知られる応神天皇。

拝所

正面に拝所をもつ本殿は1887（明治20）年の再建。

**幕末に奉納された巨大絵馬**

1852（嘉永5）年に奉納された大絵馬は、境内の絵馬展示資料館で拝観できる。

子どもたちが遊ぶようすが描かれている。

**疳の虫に効く虫八幡**

夜泣きを起こす「疳の虫」を封じるご利益もあり、子をもつ人たちが参拝に集まる。

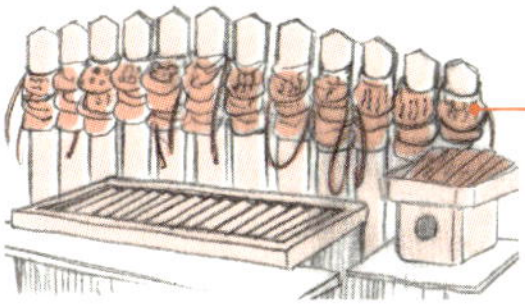

安産、子どもの健康祈願によだれかけを奉納する風習も。

**子の成長を見守るつがいの鳩**

八幡神の神使・鳩をモチーフにした「神鳩」は土人形。

神棚に祀ると強い子どもになると伝わる。胴体は鮮やかな水色、顔と頭はえんじ色に彩色されている。

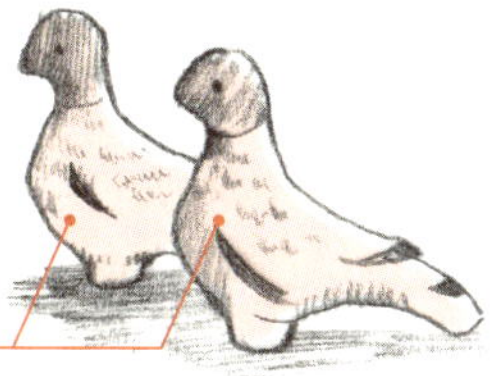

## 子が笑顔になる・鳥越神社

東国平定の際、社地に滞在した日本武尊《やまとたけるのみこと》を白鳥明神として奉祀したのが起源。後世、源頼義・義家父子が大川（隅田川）を渡る鳥を見て「鳥越」と命名した。

拝殿

主祭神・日本武尊は東国を平定しながら死して白鳥になったという伝説があり、祀る神社には「鳥」がつくことが多い。

1932（昭和7）年奉納の狛犬は長い手足と隆起した筋肉をもつ。

**初宮参りでいただく「笊かぶり犬」**

竹の笊をかぶる犬の張り子。「竹」の下に「犬」を組み合わせると「笑」という字に見えることから生まれた。

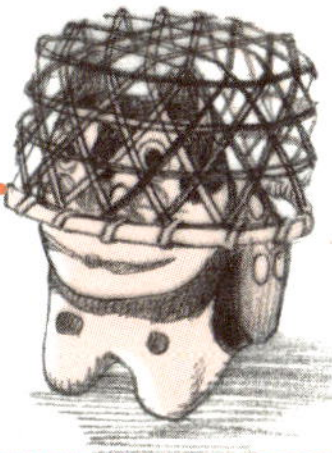

笊が風を通すことから、鼻づまり除け・風邪除けの願いも込められている。

※1：祈願成就の成否を湯が沸いた際の音で占う神事。※2：いにしえみくじのほか、こどもみくじ（すべてひらがな）、花みくじ（花言葉）、英語みくじ（英語）、よろこびみくじ（男女の営み）の5種。

# 出産を助ける神

福岡 東京 水天宮《すいてんぐう》

東京 子《こ》安《やす》神社

出産は命をかけた大仕事。その大仕事を加護してくれる神社の代表的存在といえば、日本各地、そしてハワイにも分社がある水天宮であろう。水天宮には高天原《たかまがはら》に最初に現れた神・天御中主尊《あめのみなかぬしのみこと》[※1]、および安徳《あんとく》天皇を祀る。壇ノ浦で入水、非業の死を遂げた幼き天皇は、時を経て安産の神となった。

一方、いかにもお産が軽くなりそうな子安神社は、淳仁天皇の后の安産を願って創祀された。いずれの神社も、水と安産信仰の深い関わりを示している。

## 筑後川のほとりに建つ水難除け・安産祈願の社・水天宮

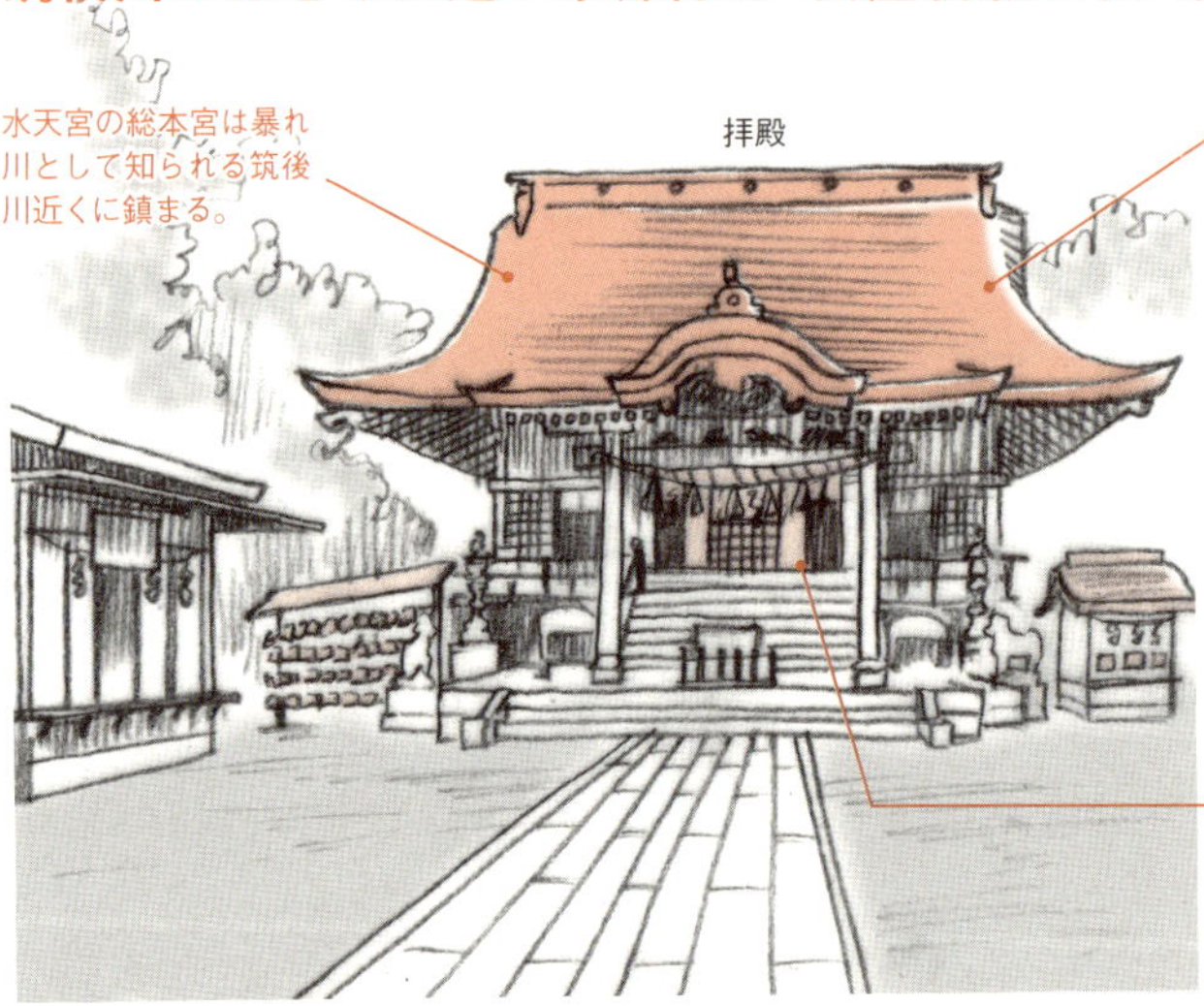
水天宮の総本宮は暴れ川として知られる筑後川近くに鎮まる。
拝殿
拝殿は1895（明治28）年、道後温泉本館を手がけた棟梁・坂本又八郎による建造と伝わる。

**水の神から安産の神へ**

安徳天皇とその母・建礼門院徳子（高倉平中宮）が入水したという最期から、水天宮は水の神、さらには水難除け・子どもの守護神となり、やがて安産の神となった[※2]。

3歳で即位し、8歳で亡くなる
安徳天皇

**安産祈祷のおもな授与品**

安産の特別祈願では腹帯や親子セットのお守りなどが授与される。

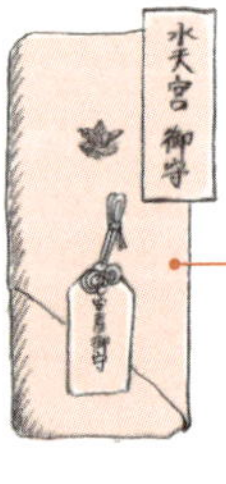
水天宮 御守

腹帯。妊娠5カ月目の戌の日には、子どもと母体を守る腹帯を妊婦の腹に締め、安産を願う「帯祝い」が行われる。

親子守り。母はピンクの親守り、子どもは白の子守りで守護していただく[※3]。

安産の特別祈祷で授与される護符には「神呪（しんじゅ）文字」が書かれている。

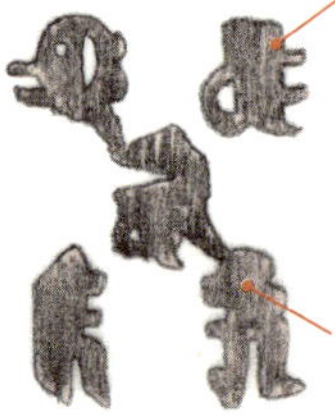

護符の文字を中央、左下、左上、右上、右下の順にちぎり、水と共に飲むと、子授けや安産にご利益があるとされる。

■所在地：福岡県久留米市瀬下町265-1　■主祭神：天御中主尊、安徳天皇、高倉平中宮、二位の尼　■創建：未詳　■おもなご利益：安産・水難除け・子育て

＊左頁の神社情報は153頁の「掲載神社データリスト」を参照してください。

## 戌の日は大行列・東京水天宮

東京の水天宮は元々、久留米藩主有馬家の上屋敷内に祀られていた。

2016（平成28）年、素木を基調とした入母屋造の新社殿が完成。

祭神は水天宮総本宮と同じ

拝殿手前に鎮座するのは寶生辨財天。毎月5日に開帳される。

**戌の日は安産祈祷へ**

安産とされる犬にあやかり、戌の日にあたる土、日、祝日には大混雑し、昇殿参拝は安産祈祷の妊婦のみ。

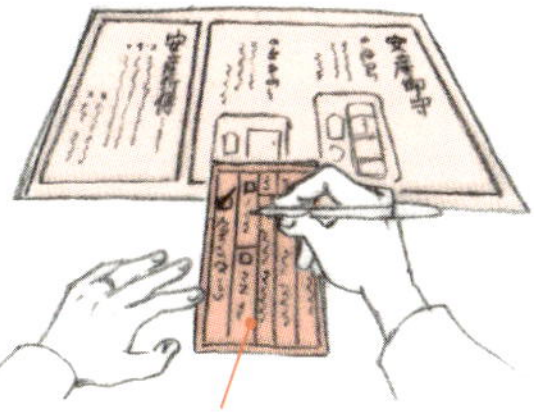

手水を行い、神札所へ。住所・氏名・電話番号・初穂料などを用紙に記入して安産祈祷を申し込む。

## 皇后の安産祈願で建った八王子の子安神社

主祭神は木花咲耶姫命《このはなさくやひめのみこと》。759（天平宝字3）年、第47代・淳仁天皇の皇后の安産を祈願して創建されたと伝わる。

### 謎の人物・橘右京少輔により創建

創建の立役者・橘右京少輔は、境内摂社の橘社に祀られている。いかなる人物であったのか、詳細は伝わっていない。

拝殿の両脇には、安産祈願・お礼のひしゃくが多数用意されている。

### 水が抜けるような安産を

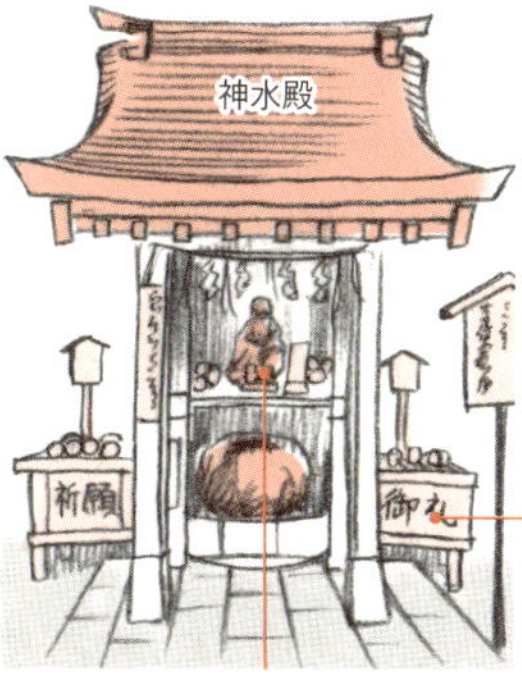


拝殿手前右には主祭神・木花咲耶姫命の像を安置した神水殿がある。

**祈願は底なし、お礼は底あり**

竹製のひしゃくは授与所にて頒布。安産特別祈祷で初穂料を1万円以上納めれば、授与品としてもいただける。

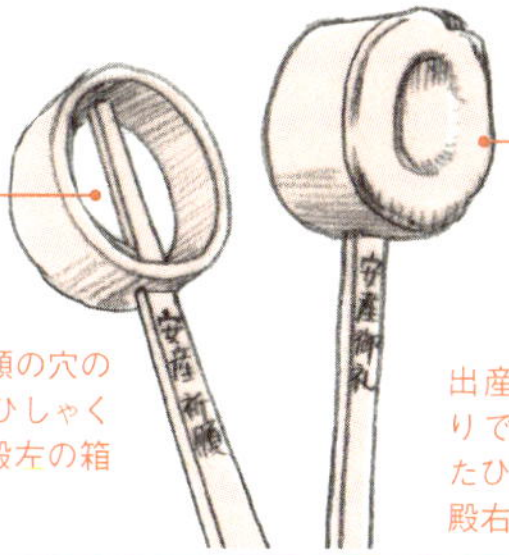

安産祈願の穴の開いたひしゃくは神水殿左の箱に奉納。

出産後のお礼参りでは底のついたひしゃくを神水殿右の箱に奉納。

※1：天御中主尊が現れた頃はまだ、日本列島はできておらず、世界は混沌としていた。※2：これらの神徳は、悲しき末路をたどった安徳天皇親子への鎮魂の意味もあるという。※3：戌の日に安産祈願を受けた参拝者にのみ授与される。

# 鬼がもたらす疫病を祓う

東京 大阪

# 少彦名《すくなひこな》神社 五條天《ごじょうてん》神社 ほか

古来、疱瘡《ほうそう》（天然痘）やコロリ（コレラ）などの疫病は、鬼や悪魔といった邪悪な存在がもたらすと信じられてきた。こうした忌むべき対象を祓う神事や縁起物は、今も全国で受け継がれている。

コレラ除けに神力を発揮したのは薬の神・少彦名命《すくなひこなのみこと》だ。少彦名神社の張り子の虎は、大阪（当時は大坂）に希望をもたらした。五條天神社の「うけらの神事」は無病息災を願う厄払いの儀礼。埼玉の萩日吉神社《はぎひよしじんじゃ》では神使・猿のお守りに針を刺し、病が去るよう祈る。

## 薬問屋で賑わった地に鎮座する・少彦名神社

### 祭神は「医薬の祖神」と伝わる少彦名命

**大国主神《おおくにぬしのかみ》の盟友**

少彦名命

祭神の少彦名命は大国主神と地上の国造りを行い、温泉療法や「百薬の長」ともなる酒をこの世にもたらしたとされ、「医薬の祖神」として仰がれている。

社地のある大阪・道修町に薬種屋が集中し始めたのは安土桃山時代。江戸時代に入ると124軒の薬種屋を株仲間※1とし、特権を与えた。

### 中国の薬神・神農《しんのう》さんにちなむ※2神農祭

授与所の巫女は鈴を振りつつ参拝者を浄める。鈴は霊力があるとされる。

神農祭では、節から5枚の葉がのびた「五葉笹」が張り子の虎とともに授与される。笹には古来、魔除けの力があると信じられてきた。

**虎がコレラの特効薬**

張り子の虎は江戸時代のコレラ特効薬に由来する。

虎の頭がい骨を原料とした薬が特効薬とされたため、張り子の虎がお守りとなった。

■所在地：大阪府大阪市中央区道修町2-1-8　■主祭神：少彦名命、神農炎帝　■創建：1780（安永9）年　■おもなご利益：病気平癒・薬業安全　＊左頁の神社情報は153頁の「掲載神社データリスト」を参照してください。

## 4 日本武尊《やまとたけるのみこと》が祀った東京の医薬祖神・五條天神社

上野・不忍池《しのばずのいけ》近くに鎮まる五條天神社の祭神も薬の神・少彦名命だ。日本武尊が東征の折、加護に感謝し、大国主神（大己貴神《おおなむちのかみ》）と併せて祀ったのが由緒とされる。

### 祭神は2柱の医薬の神

**由緒は白兎神話から**

大国主神　少彦名命

主祭神は少彦名命と大国主神。大国主神が医薬の神とされるのは、白兎神話から※3。

上野公園内にある。現在の社地に移ったのは1928（昭和3）年と伝わる。

### 薬草※4を焚いて無病息災「うけらの神事」

「うけらの神事」のハイライトは方相氏（ほうそうし）による病鬼払いの神事・追儺（ついな）式だ。

聖なる力をもつという桃の木でできた弓と葦の矢が武器。

黄金の4つ目、赤ら顔の方相氏が病鬼を討つ。

神事の間、社殿ではうけらという薬草を焚く。

神事の当日は、無病息災の「うけら餅」や「追儺の神札・神矢」が授与される。

## 例大祭限定のかわいいお守りが名物・萩日吉神社

埼玉・萩日吉神社では毎年1月第3日曜日の例大祭で、境内に自生するドロノキを材料とした猿のお守りを授与。体に変調が起きた際、猿の同じ部位を縫い針で刺して平癒を祈る。

平安初期に日吉大社（滋賀）を勧請、山王系神社となった。祭神・大山咋神（おおやまくいのかみ）の神使は猿。

かつては役目を終えた神猿を針とともに神木の根元に納める風習もあった。

**病が去る「神猿」**

左は赤い顔をした雌猿、右は烏帽子を被る雄猿。

神棚に祀り、体調に異変が起きたら猿の同じ部位を縫い針で刺して平癒を祈る。

※1：江戸時代，問屋仲間がつくった協同組合。※2：神農は薬草の見分け方や栽培法にすぐれ、医薬の基礎をつくったという伝説の人物。※3：ケガをした白兎に大国主神がガマの穂を使った手当て法を教えた。

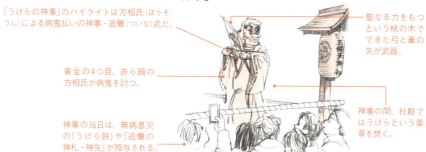

## column | 神職の家系の集落が地名に残る —— 社家町《しゃけまち》・社家《しゃけ》通り

神社で働く神職は、かつては世襲制が主だった。特に大規模な神社では、特定の家系（社家）から神に仕える神職が選ばれていたのである。1871（明治4）年に太政官の布告があり、神職の世襲制は廃止。近代になると、社家の家系でなくとも神職の養成機関を経て資格を取得し神職となるケースも増えた。

これら神職の家系が集まった区画は各地に「社家町」という地名で残る。その多くはかつての風情が失われているが、京都・上賀茂神社の社地周辺では、同社の神職たちが暮らす家がいまも集まる。その風情ある街並は国の重要伝統的建造物群保存地区に選定。社家の町という名目で選定を受けている集落は全国でもここだけだ。

また、出雲大社（40頁）の社地東側に延びる社家通りにも神職の屋敷の面影が残されている。築地《ついじ》塀が囲む大きな屋敷が社家を継ぐ家の特徴で、特に出雲教の総本院である「北島国造《こくそう》館」周辺では社家屋敷の様式の残る民家を見ることができる。

### 道の名に文化を残す「社家通り」

かつて出雲大社に仕える神職は、社地東側「社家通り」に並ぶ社家から奉職する習わしだった。いまでは県内以外にも、全国各地出身の神職がいるが、かつての文化を残す「社家」が道の名として残されている。

**路地に立つ標**

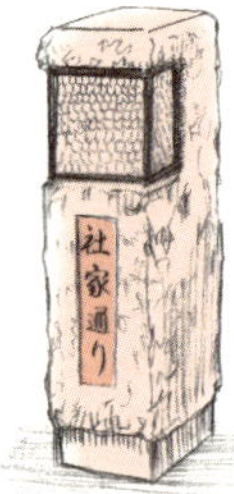


社地周辺の住民には「真名井の社家通り」とも呼ばれるが、路地に立つ標は「社家通り」とされている。

出雲大社東側の社家通りには、神事の際に使われる「神水」の湧く真名井の清水など、いくつかの見どころが点在している。

5章

# 日々の暮らしを守る神社

時代が変わり、人の暮らしが変わるとともに、新たな神徳が生まれた。広く名を知られた古社とは別に、ユニークな御利益をもつ神社へ出かけてみるのも面白い。

## 家族の一員　猫にもご利益を

宮城

# 猫神社

東京

# 蚕影《こかげ》神社

空前の猫ブーム、愛猫家の聖地となっているのが石巻沖に浮かぶ小さな島、田代島《たしろじま》だ。人より猫の多いこの島には猫神社が鎮まる。漁師が誤って殺めてしまった猫を慰めるために建立された小さな祠が社殿だが、ご利益は強大。かつては大漁、現在は観光客という富を島にもたらしている。

立川にある蚕影神社の別名は、ジャズピアニスト・山下洋輔がつけた「猫返し神社」。山下自身が体験した愛猫が帰って来るご利益が口コミで広がり、信奉されている。

### 猫好きの集まる島にある猫神社

漁師に命を奪われた猫は「猫神様」として祀られた。神名は美與利(みより)大明神。

**小石、置物で愛猫に幸あれ**

猫の顔が描かれた小石のほか、猫の置物を奉納して愛猫の幸を祈願する。

猫神様は船の守り神でもあり、社殿を囲む赤い瑞垣(みずがき)は船の舳先(へさき)を模している。

**「猫の楽園」田代島**

石巻と島を結ぶフェリーは1日3往復。乗船時間は40分ほど。石巻港から約15㎞南東に位置する島で面積は3.14㎢。

島の人口約80人に対し、猫の数は100匹以上といわれる。

■所在地：宮城県石巻市田代浜字仁斗田　■主祭神：美與利大明神　■創建：未詳　■おもなご利益：愛猫守護

＊左頁の神社情報は153頁の「掲載神社データリスト」を参照してください。

# 5 予期せず生まれた「猫返り」のご利益・蚕影神社

ジャズピアニスト・山下洋輔氏の愛猫が行方知れずとなった折、通りがかった蚕影神社に無事の帰宅を祈願したところ、猫が帰還。その顛末をエッセイで発表し、広く知られることに。

猫返しのご利益に感謝し、境内には山下氏が演奏、奉納した曲「越天楽」が流れる。

同社の祭神・金色姫命は地域の主産業だった養蚕の守り神で、蚕を食べるネズミの天敵、猫を守護するとされる。

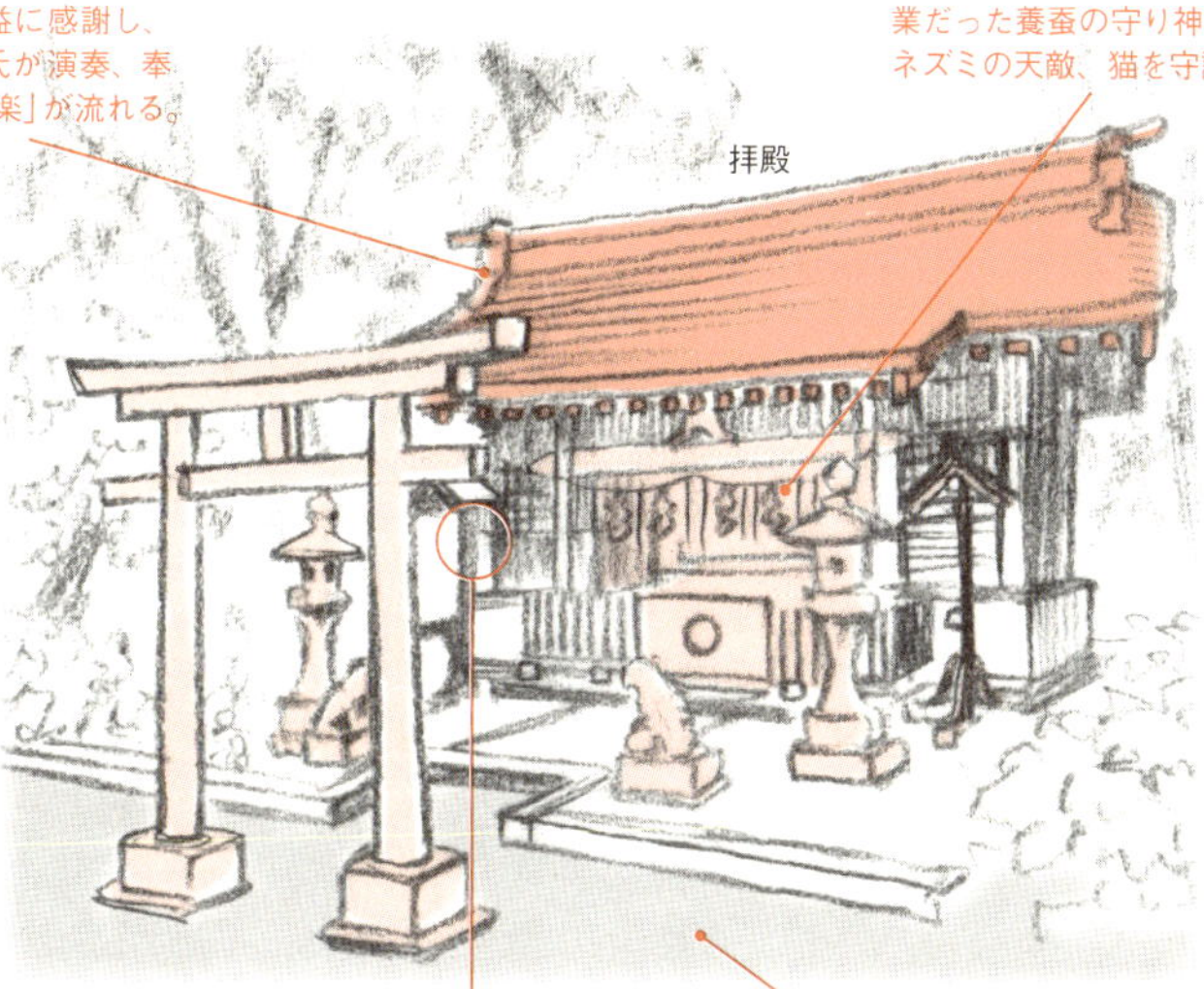


## 振り返る猫はエッセイから

振り返る猫の先には蚕影神社らしき鳥居が描かれている。

山下氏の著したエッセイの表紙に使われたイラストが絵馬に。

## 返って来た猫の像

正式名は「ただいま猫の石像」で、境内にある。山下氏の愛猫、ミオをモデルにしている。

像をなでることで、猫返しのほか、猫の健康を祈願する。

## 猫返し神社は水天宮境内にある

蚕影神社は立川水天宮として知られる阿豆佐味天（あずさみてん）神社の境内社である。

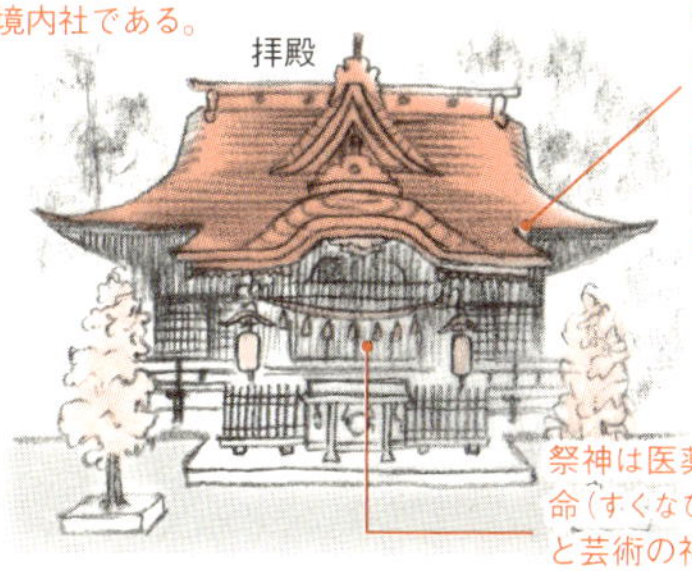


阿豆佐味天神社拝殿は1862（文久2）年造営、総檜造。奥にある本殿は1738（元文3）年造営とされる、立川市最古の木造建築物。

祭神は医薬の神・少彦名命（すくなひこなのみこと）と芸術の神・天児屋根命（あめのこやねのみこと）。

阿豆佐味天神社

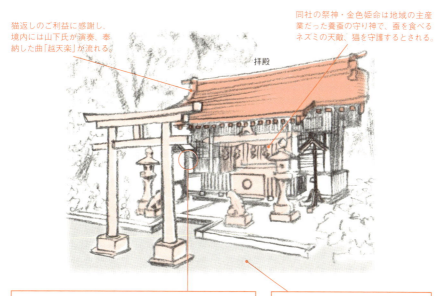

# 飼い主を支える忠犬を守る

滋賀

## 犬上《いぬがみ》神社（大瀧《おおたき》神社摂社）

東京

## 市谷《いちがや》亀岡《かめがおか》八幡宮《はちまんぐう》

滋賀県犬上郡多賀町に鎮座する犬上神社には、小石丸という犬が祀られている。首を斬られながらも飼い主、稲依別王《いなよりわけのみこ》を狙う大蛇に噛みつき、主君を守った忠犬だ。憐れんだ稲依別王が小石丸のために祠を建てたのが神社の起源とされている。一方、現代の忠犬が向かうのは市谷亀岡八幡宮。ペットと参詣できる神社の草分けで、愛犬の七五三や特別祈祷も斎行している。

祀られる犬、詣でる犬。どちらも飼い主を支える頼もしきパートナーであることに変わりはない。

### 「犬噛み」から来た？ 犬上氏、犬上郡、犬上神社

#### 祭神は犬とその飼い主

犬上神社の祭神は稲依別王とその飼い犬「小石丸」。稲依別王は日本武尊（やまとたけるのみこと）の御子で、犬上君・建部君の祖。

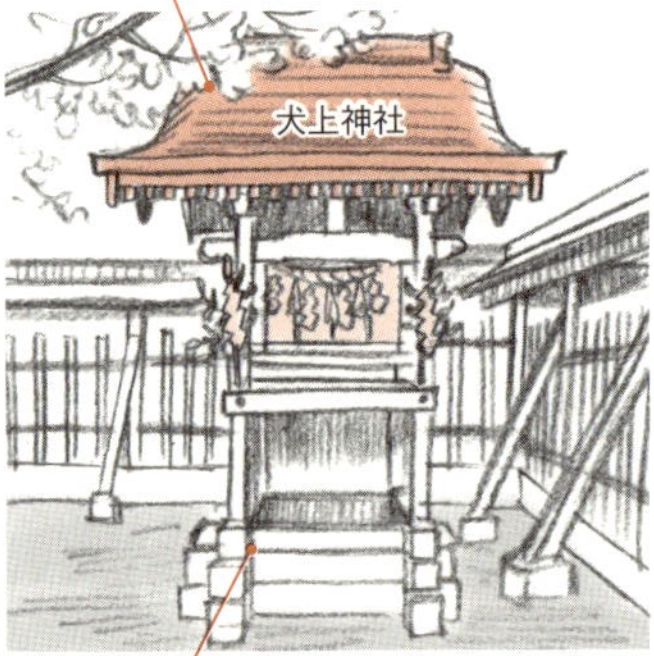


犬上神社は古来、多賀大社（85頁）の奥宮とも考えられてきた大瀧神社の境内に建つ末社である。

#### 忠犬を弔った「犬胴松」

大瀧神社と道を挟んで向かい側に小さなお堂がある。そこには小石丸の胴体と共に弔いに植えたと伝わる「犬胴松」が祀られている。ちなみに小石丸の頭は大蛇と共に川に落ちたという。

**枯れてもなお崇敬を集める犬胴松**

現在は犬上神社の神体として祀られている。

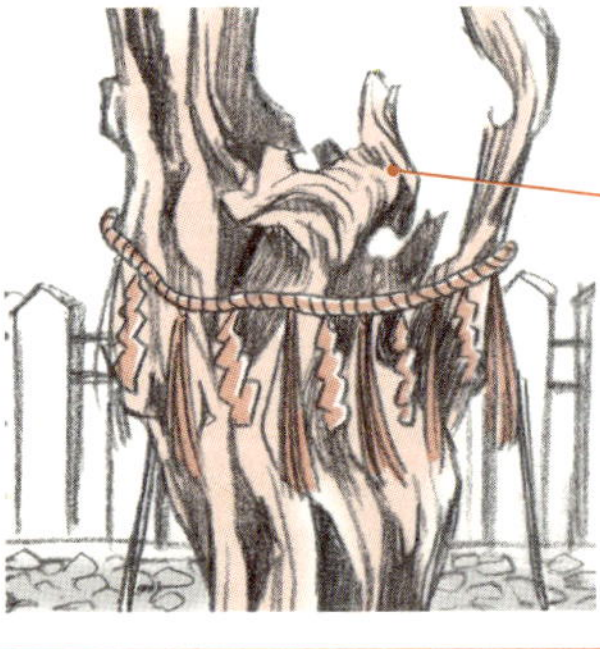

松は残念ながら既に枯れ、幹部分のみが残る。

■所在地：滋賀県犬上郡多賀町富之尾1585　■主祭神：稲依別王　■創建：未詳　■おもなご利益：愛犬守護

＊左頁の神社情報は153頁の「掲載神社データリスト」を参照してください。

## 5　ペット参詣の元祖・市谷亀岡八幡宮

需要に合わせ、ペットと共に参詣できる神社も出てきた。なかでも市谷亀岡八幡宮はペット参詣の元祖で、2008（平成20）年からはペットの七五三を斎行している。

入母屋造・唐破風付の拝殿。屋根は緑青をふいた銅板葺き、柱は魔除けをあらわす朱に塗られている。

祭神は八幡神と同一神とされる応神天皇（誉田別尊、ほんだわけのみこと）、その母・神功皇后（気長足姫尊、おきながたらしひめのみこと）、応神天皇の姫神・與登比売神（よとひめのかみ）の3柱を祀る。

**ペットにも無病息災**

犬、猫の参詣が多いが、なかには山羊、イグアナといった珍しいペットも。

年始、共に昇殿参拝し、1年の無病息災を願う特別祈祷を受けられる（要予約）。

## ペットに授与されるお守りには実用性も

市谷亀岡八幡宮では、愛犬にも付けられるお守りの授与を行っている。内部に迷子札が入ったものや、飼い主と愛犬の名が一緒に刻まれたものなど、犬、人ともに嬉しい授与品だ。

### 迷子札付きのお守り

百鈴（ももり）といわれるアルミ製・防水仕様の鈴形お守りには、迷子札を兼ねた神札が収納できる。

**迷い犬の情報は鈴の中の神札に**

縦1.5cm×横12cmの紙製。社紋と社名、神璽印が配され、愛犬の名前、連絡先、メッセージを記入。

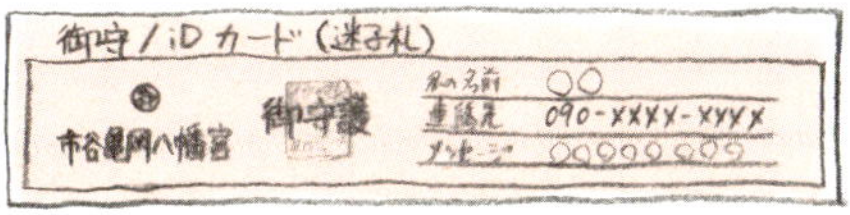


### ペットとペアの木札お守り

正式名称は「彫り札守り」。祈願内容は数種。サイズは百鈴と同じく大と小の2種類。

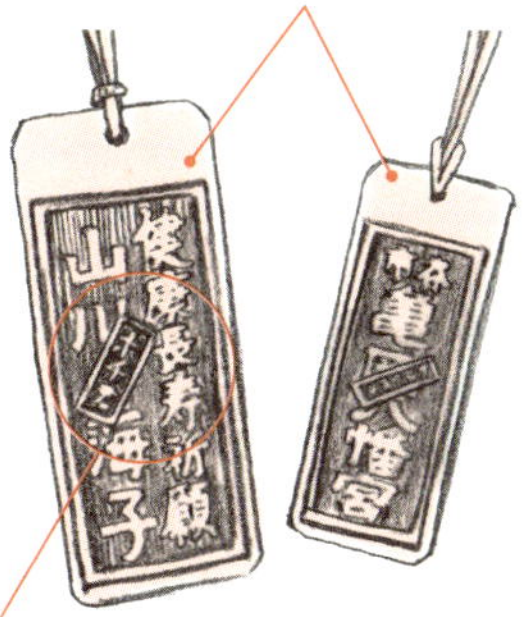

健康長寿・病気平癒といった祈願内容と愛犬・飼い主名が刻まれる。

# 芸達者祈願は芸能の女神へ

宮崎

## 天岩戸神社《あまのいわと》

京都

## 芸能神社《げいのう》（車折神社摂社《くるまざき》）ほか

日本で初めて「芸能」を行ったとされるのは天鈿女命《あまのうずめのみこと》。天岩戸に隠れた天照大神《あまてらすおおみかみ》を誘い出すため、八百万《やおよろず》の神の前で肌も露わに舞い踊り、大喝采を浴びた。以来、舞いや歌、演劇といった芸能を司る女神となった。その舞台とされる地には天岩戸神社が鎮まり、境内で天鈿女命の像が参拝客を出迎える。

社名そのままの芸能神社も天鈿女命を祀る。こちらは特に芸能のプロフェッショナルからの信仰が篤い。一方、佐瑠女《さるめ》神社は稽古事や手習いなど日常の芸能を守護する。

### 初めての「芸能」が行われた舞台と伝わる天岩戸神社

天岩戸神社は天岩戸の伝承のほか、天孫降臨の地とも伝わる高千穂の地に鎮まる。

本殿があるのは東本宮だけ。西本宮は本殿がなく、拝殿から窟を参拝する。

**日本の最高神**

天照大神

清流（岩戸川）をはさみ東本宮と西本宮がある。東本宮の祭神は天照大神。西本宮のご神体は、天照大神が隠れた天岩戸とされる窟だ。

**魔除けの鈴をもつ天鈿女命像**

東本宮参道横には、高千穂神楽に登場する天鈿女命の像が立つ。

神楽の舞では音で魔を祓う鈴をもつ。

参拝者が近づくと、天鈿女命の像がゆっくり回るしかけ。

■所在地：宮崎県西臼杵郡高千穂町大字岩戸1073-1　■主祭神：東本宮：天照皇大神、西本宮：大日孁尊　■創建：未詳　■おもなご利益：芸能上達

＊左頁の神社情報は153頁の「掲載神社データリスト」を参照してください。

## 5 時代劇関係者の要望で創建された「芸能･芸術の社」

芸能神社の鎮座地は時代劇の撮影所がある京都・嵐山。1957（昭和32）年、芸能関係者の要望によって創建された。以来、多くの芸能人・芸術家が参拝してきた。

**社殿を囲む奉納玉垣**

玉垣には有名俳優やモデル、ミュージシャンなど、奉納した芸能人の名前が記されている。

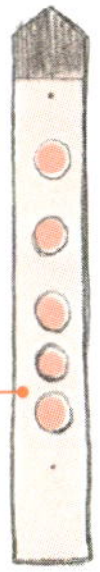

奉納玉垣は2千枚以上ある。

星のような形の屋根をのせた特徴的な社殿。

祭神は天鈿女命。かつては同じ境内にある地主神社に合祀されていたが、芸能神社の創建に伴い分祀された。

## 猿《さる》田《た》彦神《ひこのかみ》の妻としての天鈿女命「佐留女《さるめ》」を祀る佐瑠女神社

天孫降臨《てんそんこうりん》につき従った天鈿女命は道中で猿田彦神と出会い、ともに暮らした。天鈿女命を祀った佐瑠女神社は猿田彦神社の境内社として鎮まる。

本社・猿田彦神社の神職は、猿田彦神・天鈿女命の子孫と伝わる宇治土公氏が代々務める。

舞い踊る天鈿女命を象徴するかのように、神紋には「舞鶴」が使用されている。

社地は、猿田彦神と暮らした場所だと伝わる（所在地は伊勢市宇治浦田）。

**芸能上達に効くお守りとステッカー**

境内摂社ながら、佐瑠女神社では独自のお守りを授与。

お守りにつくステッカーは、稽古道具や楽器に貼る人が多い。

お守りにも佐瑠女神社の象徴である「舞鶴」の刺繍が施されている。色は淡いピンクと水色の2種。

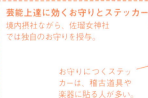

# 火山に畏敬を 温泉守護の神

栃木 島根

# 那須温泉《なすゆぜん》神社 玉作湯《たまつくりゆ》神社 ほか

温泉地では、湯神（温泉神）大国《おおくに》主神《ぬしのかみ》と少彦名命《すくなひこなのみこと》を祀る温泉神社※1、湯神社が見られる。この2柱が人間に温泉を授けたと神話などが伝えるからだ。

たとえば、少彦名命は大国主神の湯浴み（湯治）のために、別府から伊予まで湯をひき、道後温泉を開いたとされる。一方、別府温泉の地で温泉を守護するのは、火の神・軻遇突《かぐつ》智《ち》だ。別府温泉の背景をなす鶴見岳の火山活動や地獄めぐりに象徴される灼熱のイメージが、火の神と結びついたのだろう。

## 温泉の神に出会った狩人が創建した那須温泉神社

**温泉神を祀る**

大国主神、少彦名命に加え、誉田別命（ほんだわけのみこと、応神天皇）を主祭神として祀る。

大国主神

少彦名命

狩人・狩ノ三郎行広が白鹿を追っている最中に「温泉の神」に遭遇。温泉の場所と効能を教えられたことに感謝して創建したとされる。

鎌倉初期の武士・那須与一（なすのよいち）が屋島の合戦前に戦勝祈願を捧げた古社。松尾芭蕉も訪れたとされ、境内には「湯をむすぶ 誓いも同じ 石清水」なる句碑が建てられている。

**温泉の神と出会った場所近くにある殺生石**

狩ノ三郎行広が温泉の神と出会った地（現・那須温泉源泉採取所）のすぐそばに「殺生石」がある。妖狐が美貌の女官・玉藻前として鳥羽上皇に近づき惑わせたが、正体を暴かれ、征伐されて殺生石となったという伝説が残る。

殺生石付近から発生する硫化水素ガスでかつては実際に犠牲者が出たこともあるという。

周囲には硫黄の香りが漂う。この異様な雰囲気が「玉藻前」の伝説を生んだ。現在は湯気も湯もでていない。

■所在地：栃木県那須郡那須町大字湯本182 ■主祭神：大己貴神（大国主神）、少彦名命、誉田別命 ■創建：舒明天皇年間と伝わる。
■おもなご利益：商売繁盛・身体健全・必勝祈願
＊左頁の神社情報は153頁の「掲載神社データリスト」を参照してください。

## 島根・玉造《たまつくり》温泉を守護する玉作湯神社

少彦名命により発見されたと伝わる玉造温泉。温泉街の奥にある玉作湯神社は、社殿の様式に出雲地方の神社で見られる「大社造《たいしゃづくり》」が採用されている。

### 湯の守護神は国造り※2の際に

1857(安政4)年造営。軒には精巧な彫刻が施されている。

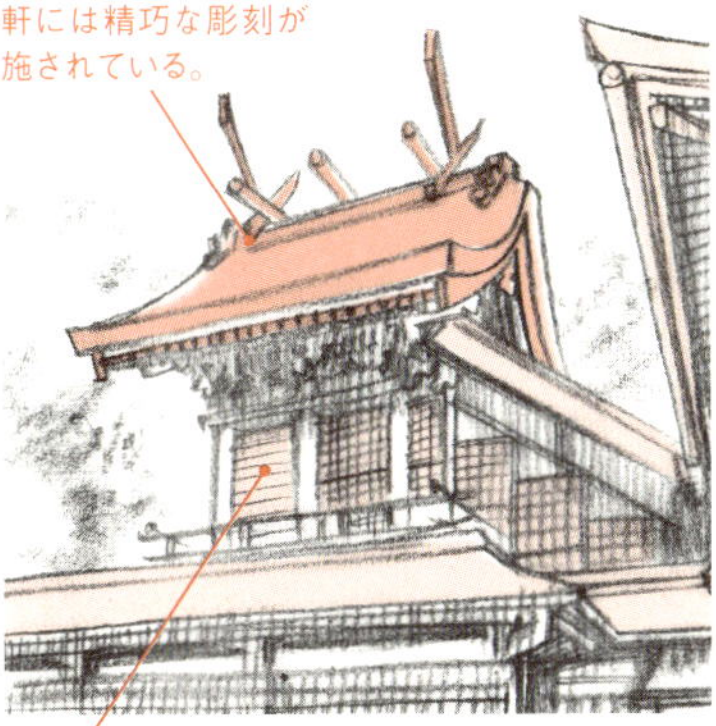

本殿

主祭神3柱※3のうち、櫛明玉命は三種の神器「八尺瓊勾玉」を造った玉祖命と同一神とされる。

### 真ん丸の石を祀る「真玉の泉」

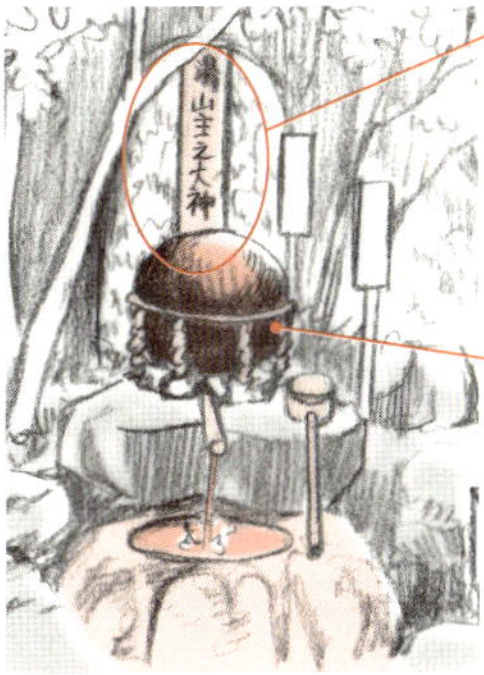


「湯山主之大神」は温泉の神としての大国主神を称える神名だとする説もある。

この丸い石は願い石といわれる。授与された叶い石を神水で清め、願い石に添えながら祈願したらお守り袋に入れてお守りは完成する。

**石の産地らしい石のお守り**

2枚複写になっている。願い事を書き入れたら1枚は奉納し、1枚は「叶い石」と共にお守り袋に入れる。

天然石の「叶い石」がお守り。勾玉などを生産する「玉造」を生業としてきた当地の歴史的背景を示す。

## 別府温泉を守護する火男火売《ほのおほのめ》神社は火の神を祀る

火男火売神社は鶴見岳の頂上に上宮が、麓に下宮がある。

**火の神は山頂の上宮に鎮まる**

上宮の祭神は軻遇突智と火焼速女命(ひやきはやめのみこと)。

鶴見岳の山中では札所めぐりが行える。上宮は「12番」。

鶴見岳の頂上を神格化した男女2柱の神を上宮に祀ったとされる。

現在の拝殿は1881(明治14)年の建造。その7年前に火災があり、本殿拝殿など旧社殿は全焼したと伝わる。

拝殿奥には、幣殿をはさんで本殿が建つ。こちらは2005(平成17)年に改修、屋根は銅板葺き。

**三島神を祀る下宮**

祭神は大山祇神(おおやまつみのかみ)で、三島社系神社と縁が深い。神紋も三島系神社に多い「折敷に波三文字」。

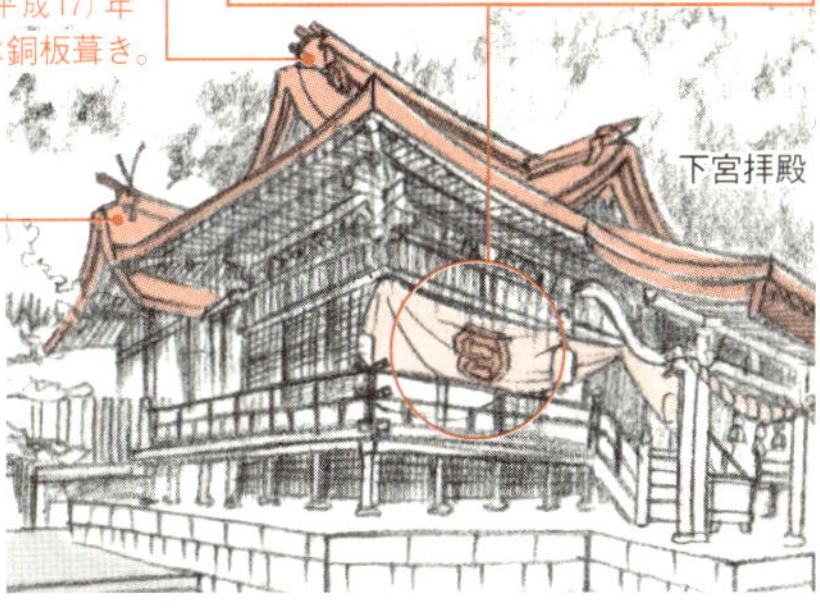

下宮拝殿

※1：大国主神と少彦名命は温泉の神とされ、古代に開湯した温泉の多くは、この2柱によると伝わるものが多い。 ※2：大国主神は少彦名命とともに、日本各地を開拓したとされる。この開拓が「国造り」と呼ばれる。 ※3：少彦名命、大国主神と櫛明玉命(くしあかるたまのみこと)を合わせた3柱。

# 暮らしを左右する天候を司る

京都 三重

# 貴船《きふね》神社 伊勢神宮《いせじんぐう》ほか

古来、日本人は山、岩、木、川といった自然物に加え、太陽、月、雨、雷といった、天候（あるいはそれを左右するもの）にも神を感じ、祀ってきた。作物の実りを助ける雨の神は特に神聖視され、水神・高龗神《たかおかみのかみ》を祀る貴船神社は、祈雨止雨《きうしう》の霊験で名高い。三貴子の1柱で月の神である月読尊は天照大神の弟で、伊勢神宮の内宮・外宮それぞれで祀られている。また上賀茂《かみがも》神社の賀茂別雷大神《かもわけいかづちのおおかみ》など、日本には雷神が多くいるが、群馬の雷電《らいでん》神社には4柱もの雷の神が鎮座する。

## 水神・高龗神を祀る貴船神社の例祭・貴船祭《きふねまつり》

**水を司る神**

毎年6月1日の貴船祭では、高龗神が乗る神輿が本宮から奥宮へ渡御。高龗神は本宮と奥宮に祀られる。

降雨・止雨を司る龍神。

高龗神

古来、貴船祭では年間を通じての適量の降雨と、それに伴う五穀豊穣を祈願してきた。

貴船神社は、神武天皇の母・玉依姫尊が黄色い船に乗って淀川・鴨川・貴船川と遡り、水源に祠を建立し水神を祀ったのを起源とする※1。

**馬を献上して祈雨止雨を祈った**

祈雨止雨を祈る際、元々は生きた馬を奉納していた。のちに馬の絵と変わり、さらに現在の絵馬の形になったとされる。

止雨の祈願には白馬を奉納。

祈雨の祈願には黒馬を奉納。

本殿の前にある黒馬と白馬の「神馬像」。かつて祈雨には黒馬、止雨には白馬を奉納したことに由来する。

■所在地：京都府京都市左京区鞍馬貴船町180　■主祭神：高龗神　■創建：未詳　■おもなご利益：祈雨止雨・諸願成就
＊左頁の神社情報は153頁の「掲載神社データリスト」を参照してください。

## 伊勢神宮の別宮で祀る月読尊

内宮と外宮の別宮で、月讀宮・月夜見宮と社名の表記は違うが、祭神はどちらも月読尊。太陰暦で暮らしていた時代には「月」の満ち欠けを「読」んで農作業の予定を立てたため、農業や暦の神とされることも。

### 4つの社殿が横に並ぶ内宮の月讀宮

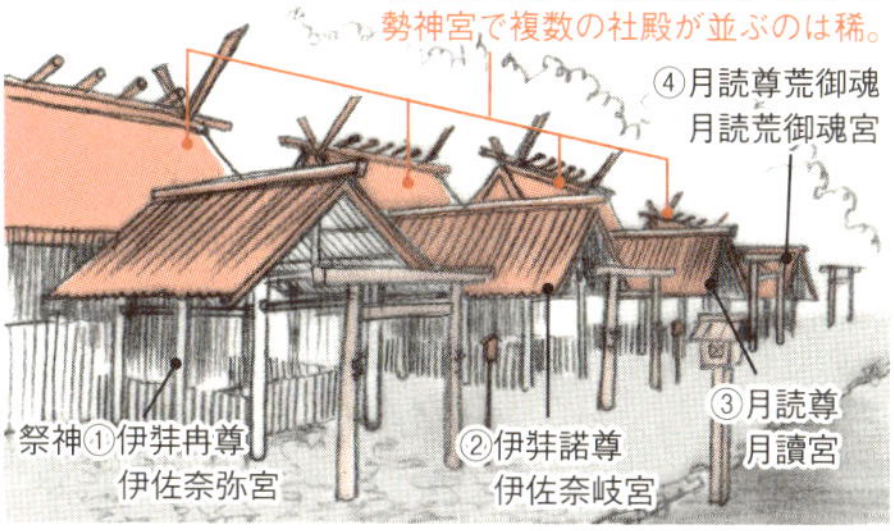
4宮をまとめて「月讀宮」と呼ぶ。伊勢神宮で複数の社殿が並ぶのは稀。
④月読尊荒御魂
月読荒御魂宮
祭神①伊弉冉尊
伊佐奈弥宮
②伊弉諾尊
伊佐奈岐宮
③月読尊
月讀宮

社殿はいずれも千木は内削、鰹木は6本で萱葺、神明造。

### 外宮別宮の月夜見宮

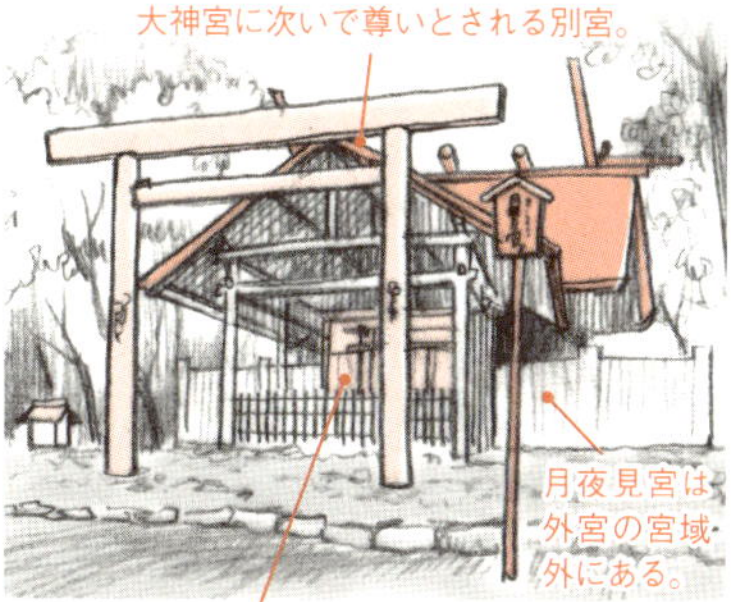
外宮29社のなかで、正宮・豊受大神宮に次いで尊いとされる別宮。
月夜見宮は外宮の宮域外にある。

**「禊」で生まれた三貴子**

黄泉国から帰還した伊弉諾尊は体を清める「禊」を行い、様々な神を生んだ。その最後に生まれた3柱の神は「三貴子」と呼ばれ、最も貴いとされる。

天照大神
素戔嗚尊
月読尊
左目を洗った際に誕生。
鼻を洗った際に誕生。
右目を洗った際に誕生。

**月の神に祝詞と神饌を「月次祭」**

毎年6月と12月に斎行。国家の安泰と五穀豊穣を祈る。

午後10時、神職が由貴夕大御饌（ゆきのゆうべのおおみけ）を供え、祝詞を奏上する。

## 雷除けといえば雷電神社！ 名だたる雷神が大集合

祭神は火雷大神《ほのいかづちのおおかみ》、大雷大神《おほいかづちのおおかみ》、別雷大神《わけいかづちのおおかみ》、菅原道真《すがわらのみちざね》と、日本の雷神が大集合といった趣きで、ご利益も雷除け。電気通信事業守護にも霊験があるという。

社殿内部の格天井は、明治期の浮世絵師・北尾重光による花鳥図が彩る。
本殿
拝殿
本殿は1835（天保6）年造営で、二間社権現造。周囲を飾る精巧な彫刻は、左甚五郎10代目親方・石原常八によるもの。

**雷のごとく金に輝く**

境内に鎮座する銅製のなまず像「なまずさん」※2をモチーフにしたお守り。

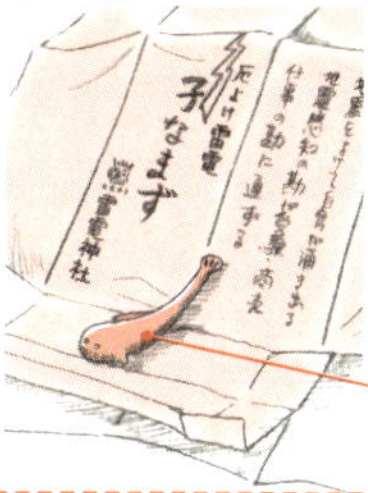
なまず
雷電神社
厄除けや商売繁盛のご利益がある。

※1：貴船は「黄船」に由来するとされる。 ※2：「なまずさん」をなでると雷を除け、自信が湧いてくるとされる。

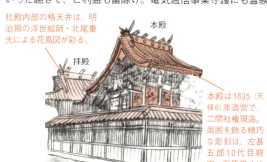

# 豊作を祈る　風と空気の神社

奈良
## 龍田《たつた》大社

山形
## 空気《くうき》神社

八《はっ》朔《さく》・二百十日《にひゃくとおか》・二百二十日《にひゃくはつか》※1は古くから受け継がれて来た「三大厄日」だが、いずれも台風が来て天候が荒れやすい日とされる。作物の豊凶は風の影響を大きく受けるため、人々は風の神を鎮めるべく大切に祀ってきた。「風神の龍田《たつた》」の異名をもつ龍田神社には、火柱を吹く花火で風の神をもてなす神事が伝えられる。風だけでなく、空気を神として祀るのは、その名も空気神社。厳密には宗教施設ではないのだが、大自然と神を敬う思いが生んだ新しい神社の形といえるだろう。

## 風雨と実り、すべての「気」を守護する龍田大社

拝殿は入母屋造・銅板葺。奥には摂社・末社や本殿があるが、瑞垣で大きく囲まれている。

平安時代に編纂された神社の格式を示した『延喜式神名帳』では、特に霊験あらたかな「名神大社」とされている。

風神を祀ることから、社殿に壁をつくらず、風が通るようにしてある。

注連縄は風や龍をイメージしたように柱に巻きつけてある。

**風神が主祭神**

本殿では風神とされる天御柱大神とその妻、国御柱大神を祀る。

天御柱大神《あめのみはしらのおおかみ》
（支那都比古神）

「龍田の風神」として知られる。

国御柱大神《くにのみはしらのおおかみ》
（支那都比売神）

**風神に「火のごちそう」**

「風神花火」が行われる風鎮（ふうちん）大祭は毎年7月に斎行、1300年以上続くとされる。

勢いよく吹き出す花火は祭神へ奉納する「火のごちそう」といわれる。

花火をもつのは神職が基本だが、希望により一般参拝者も参加できる。

男性は上半身裸、女性は白衣を着て花火を捧げ持つのが習わし。

■所在地：奈良県生駒郡三郷町立野南1-29-1　■主祭神：天御柱大神、国御柱大神　■創建：崇神天皇御世　■おもなご利益：五穀豊穣・気の守護

＊左頁の神社情報は153頁の「掲載神社データリスト」を参照してください。

## 空気神社創建のきっかけは環境破壊への警鐘

環境破壊が進む現代で「空気の恩恵を忘れないように」と、1990（平成2）年に創建。山形・新潟の県境にある朝日連峰の山中に鎮まり、空気そのものを神体とするユニークさで注目を集める。

### 日本初！「空気がご神体」

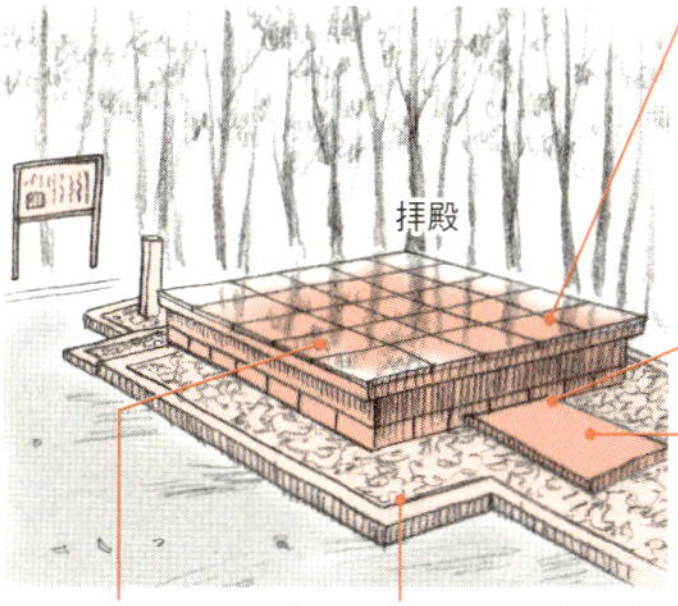


地下の本殿とつながり、鏡の下方で手を叩くと音が反響する。

本殿はこの扉の下にある。

5m角のステンレス製の鏡を載せた拝殿。

冬は社地のある朝日連峰が雪に閉ざされるため、神社も閉鎖される。

**本殿は地下にある**

拝殿の真下にある本殿には1年・12カ月を表す12個の甕に、ご神体の空気が入っている。

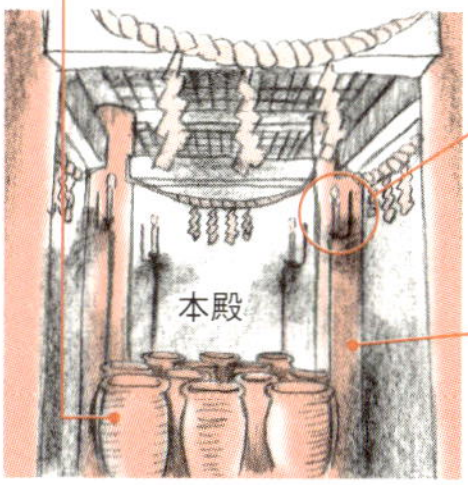


地下本殿の灯りは、ろうそく形のライトだけ。

4本の柱は「春夏秋冬」を表している。

### 例祭では地元小学生が巫女に

例祭「空気まつり」は6月5日と直近の土日に開催※2。拝殿では地元小学生が巫女の姿で舞を奉納するほか、1組限定で結婚式も。

**本殿への参拝は例祭のときだけ**

拝殿中央に設けられた本殿への扉は空気まつりの日のみ解放。

臨時に掛けられるハシゴを降りて地下にある本殿へ降りていく。

## 空気神社の参拝方法はこちら

「空気」という独特のご神体を拝む空気神社では、創建の際に独自の参拝方法が定められた。

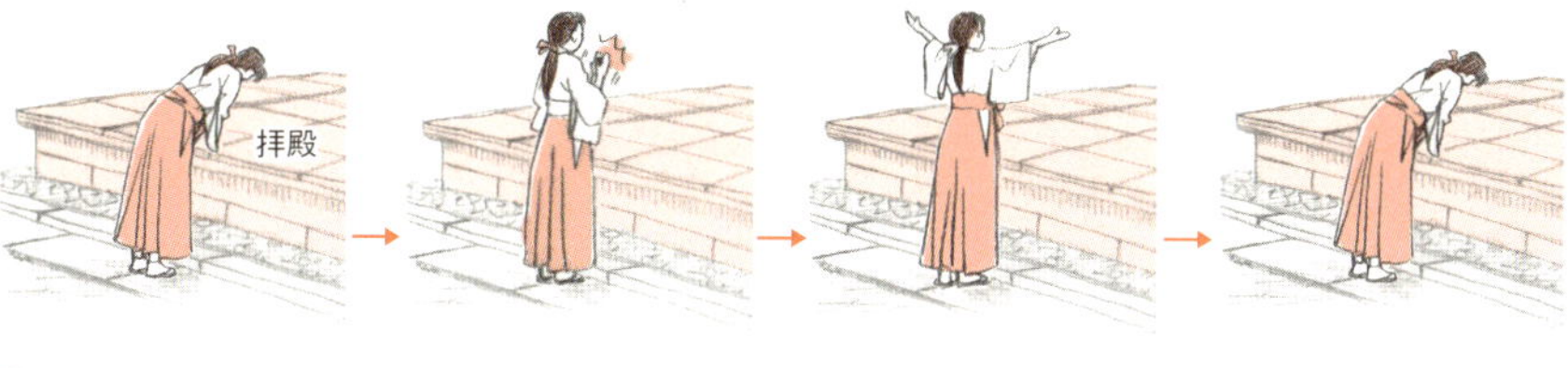


**①2拝**
2度、深く礼をする

**②4拍手**
心で「春夏秋冬」と唱えながら4回柏手を打つ

**③仰ぎ**
空気、自然に感謝しながら両掌を内側に向け、腕を上げ、天を仰ぐ。

**④1拝**
1度、深く礼をする「1拝」で終了。

※1：八朔は陰暦の8月1日（陽暦では8月25日ごろから9月23日ごろまでの間で年により異なる［秋分が陰暦8月中旬なので、早ければその29日前、遅ければ秋分当日となる］）、二百十日は立春からかぞえて210日目（陽暦の9月1日ごろ）、二百二十日は同220日目をさす。 ※2：「世界環境デー」に合わせて設定された。

# 神社のシンボル　動物を祀る

栃木

東京

# 鷲《とりの》子《こ》山《さん》上《しょう》神社
# 厳《いつく》島《しま》弁《べん》天《てん》社《しゃ》 ほか

鷲子山上神社には、とにかくたくさんの梟《ふくろう》がいる。狛梟《こまふくろう》、なで梟、巨大梟像など境内各所で見られ、「梟神社」の異名を持つ。梟は同社の祭神・天日鷲神《あめのひわしのかみ》の使いとされており、「不苦労」にも通じることから災いを除《よ》けるという。

上神明天《かみしんめいてん》祖《そ》神社の境内社・厳島弁天社には白蛇大神《しろへびのおおかみ》が鎮まり、「東京の白蛇さま」と呼ばれる。

一方、オオサンショウウオ（鯢《はんざき》）を神として祀るのが岡山の鯢《はんざき》大明神。例大祭では、はんざき山車《だし》が町を練り歩く。

## 梟が見守る苦労知らずの鷲子山上神社

### 境内が2つの県をまたぐ

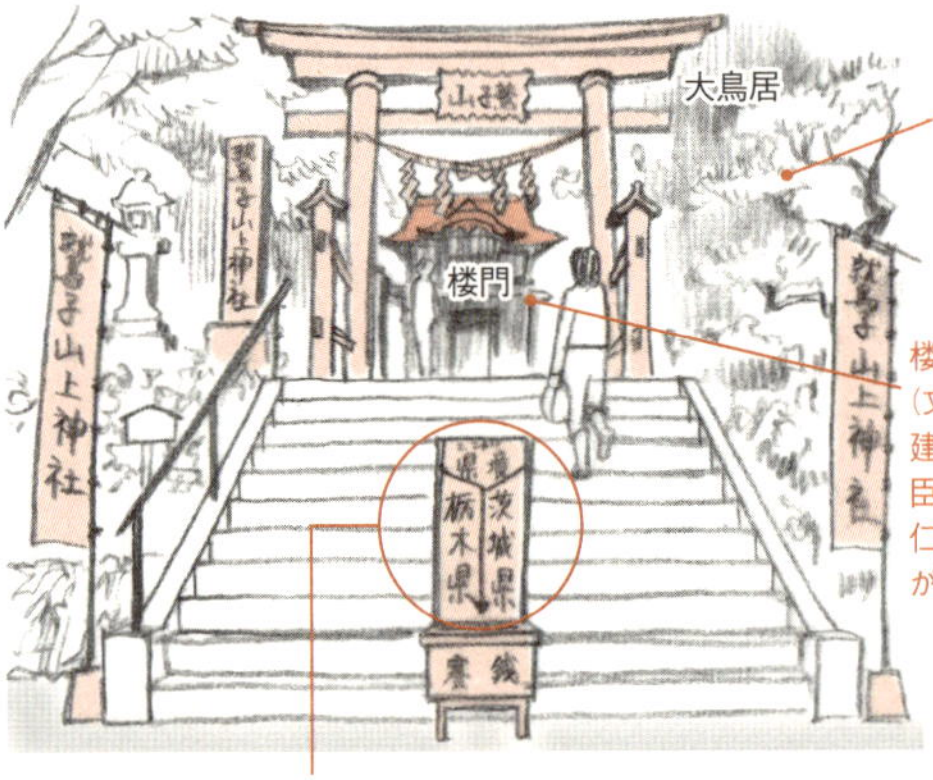


楼門は1815（文化12）年建立。右大臣、左大臣、仁王様の像が坐する。

かつては水戸藩領だったが、廃藩置県によって県境が大鳥居と本殿の中央に。その結果、左手に栃木社務所、右手には茨城社務所がある。

**神使・梟で不苦労**

日本最大級の梟像は全身が金色に輝く。台座を含めた全高は7m。創祀1200年を記念し2008（平成20）年に建立。境内にある本宮神社にある。

台座を支える中心の柱を叩くと、大フクロウが苦労を運び去り、金運や福徳を運んで来るという。

### 階段の昇降で不苦労へ

**祭神は天日鷲神**

階段上の建物の奥に拝殿や本殿がある。

製紙業の守護神。神使は梟。

天日鷲神

楼門を過ぎると96段の石段がある。片道苦労（96段）、往復不苦労（2回苦労・296）で幸運を招く。

■所在地：栃木県那須郡那珂川町矢又1948　■主祭神：天日鷲神　■創建＝807（大同2）年　■おもなご利益＝厄除開運・学業成就

＊左頁の神社情報は153頁の「掲載神社データリスト」を参照してください。

## 5 鎌倉時代の白蛇を祀る厳島弁天社

弁財天は蛇神「宇賀神」と習合し、蛇信仰とつながる。上神明天祖神社では鎌倉時代から社地近くに棲むと伝わる白蛇を祀るため、境内に弁天社を勧請。戦後、池や社殿を造営し現在の姿となる。

**巳の日限定！「巳くじ」**

みくじ箋（託宣が書かれた紙片）は焼き物の白蛇の中に収まっている。凶を引いた場合、身代わりの「お守り白蛇」がいただける。

弁財天と習合した市杵嶋姫（いちきしまひめ）の鎮まる厳島神社（広島）から勧請。1954（昭和29）年、氏子の寄付により社殿や池が造営された。

市杵嶋姫、田心姫（たごりひめ）、湍津姫（たぎつひめ）の宗像三女神に加え、蛇窪龍神、白蛇大神を祀る。

**4尾の白蛇が社殿を護る**

社殿の屋根や柱に白蛇の像が配されている。

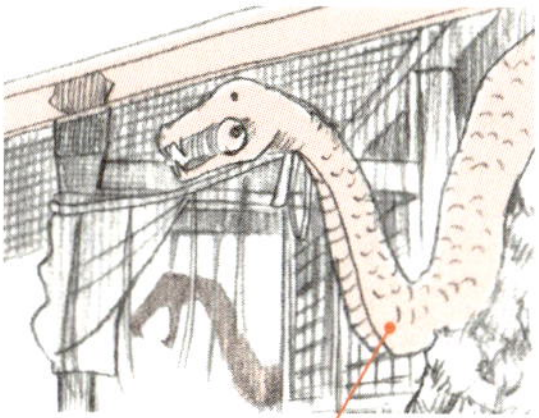

崇敬者が手づくりした白蛇像は4匹。

## 巨大サンショウウオの怨念を鎮める鯢大明神

「はんざき（半裂き）」とはオオサンショウウオのこと、半分に切り裂いても死なない生命力を示す。鯢大明神は、戦国時代に退治された巨大オオサンショウウオの祟りを恐れた村人によって創祀された。

社殿ほか、社地の管理は裏手にあるオオサンショウウオ保護センター（岡山）が行っている。

歴史資料としての価値が認められ、社殿他、社地は岡山県真庭市の指定文化財となっている。

**全長10mのオオサンショウウオがゆく**

毎年8月のはんざき祭りでは、伝説の巨大はんざきを再現した長さ10mの山車が温泉街を練り歩く。

普段は鯢大明神拝所の横にある山車庫で展示。

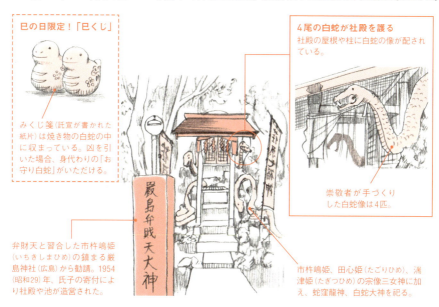

# 妖怪・貧乏神も信仰に

## 京都 疫《えき》神社（八坂神社摂社）

## 東京 太田《おおた》神社 ほか

「八《や》百万《およろず》の神」という言葉に象徴されるように、日本人が神を感じる対象は幅広い。疫神社では疫病をはねのけた蘇民将来《そみんしょうらい》が、太田神社では貧乏神が祭神となっている。その根底には畏れという感情があり、病気や貧困といった災厄も、神として祀ることで我が身に降りかからないよう願ったのである。

妖怪や物の怪も古来、畏れが生み出した存在。マンガやアニメなどの影響もあり、現代の妖怪はより親しみやすい存在として幅広い世代に愛され、祀られている。

## 疫神社で疫病を祓う

祭神の蘇民将来は、宿を求めて訪ねた素戔嗚尊（すさのおのみこと）を手厚くもてなした。そのおかげで子孫は疫病を免れることになったという。

「祇園祭」で知られる八坂神社の摂社。八坂神社西楼門を抜けた正面に鎮座する。

### 夏越祭《なごしさい》の授与品2種

ミニチュアの茅の輪（左）のほか、素戔嗚尊を歓待した菓子（右）も授与される。

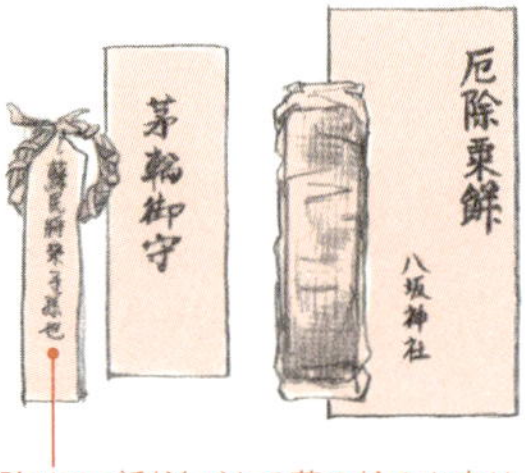


厄除けのご利益がある茅の輪のお守りには「蘇民将来子孫也」とある。

### 茅をくぐって疫病退散

毎年7月31日に開催される夏越祭では蘇民将来の子孫の証である「茅の輪（ちのわ）」をくぐり、厄除けと健康を祈願する。

8の字を描くように3回くぐるなど決まった作法がある地域も。

茅の輪をくぐった後、茅を少し抜き、小さな茅の輪をつくって我が家に飾る。

■所在地：京都府京都市東山区祇園町北側625　■主祭神：蘇民将来　■創建：未詳　■おもなご利益：疫病平癒

＊左頁の神社情報は153、155頁の「掲載神社データリスト」を参照してください。

## 弁財天の姉は貧乏神？ 太田神社

東京・文京区の北野神社末社・太田神社で祀られるのは、貧乏神として知られる黒闇天女《くろやみてんにょ》。「自分をきちんと祀れば福を授ける」と夢枕に立たれた旗本《はたもと》が社を建てたのが起源とされる。

牛天神といわれる北野神社境内にある太田神社と高木神社。合殿（あいどの）のため、扁額にも2社の社名がある。

太田神社の現在の祭神は天鈿女命（あめのうずめのみこと）と猿田彦神（さるたひこのかみ）の2柱だが、黒闇天女への信仰も続いている。

黒闇天女は旗本の夢枕に立ち、毎月1日・15日・25日に赤飯と油揚げを供えるよう告げたという。

## 大漫画家の故郷は妖怪たちの聖地・妖怪神社

2000（平成12）年、「妖怪」のイメージをつくり上げた漫画家・水木しげるの故郷、鳥取・境港に誕生したのが妖怪神社。ここには日本中の妖怪が集まり、人間の願いを叶えてくれるという。

### 八百万の妖怪に願いを託す

鳥居は板と柱を組み合わせ、妖怪「一反木綿（いったんもめん）」を表現。

ご神体は巨大な黒御影石と樹齢300年の欅。いずれも神社建立の際に水木しげるが入魂したという。社殿はない。

境内入口の手水舎では石製の目玉のおやじが水の力でゆっくりと回る。

### 妖力あらたかな祈願グッズ

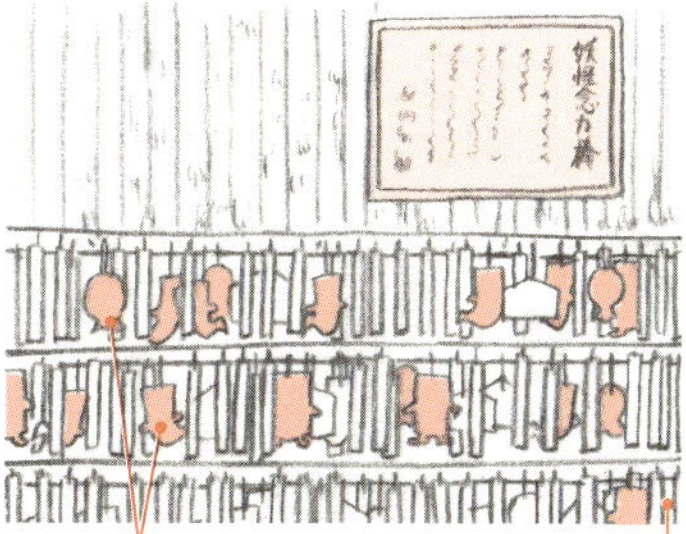


ぬりかべ、一反木綿などおなじみの妖怪をかたどった絵馬。妖怪によって祈願内容が異なる。

**短冊形の絵馬は「念力棒」**

願い事を書き入れ奉納すれば、妖怪の摩訶不思議な力によって叶うとされる。

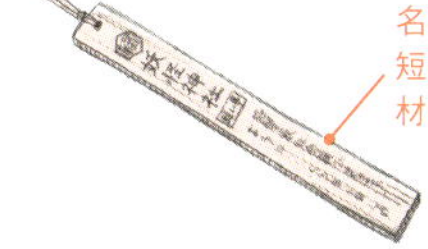

名称は「棒」だが短冊形の板で素材は木製。

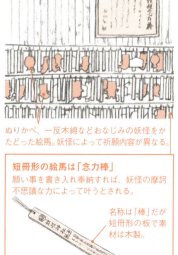

# 起死回生の神剣で窮地逆転

奈良

## 石《いその》上《かみ》神《じん》宮《ぐう》

万事休すの窮地に陥った時、活路を開いてくれる神がいる。

奈良・天理市にある石上神宮に鎮まる石上大神《いそのかみのおおかみ》である。この石上大神という神名は、日本神話に登場する神剣と神宝の霊威を神格化した3柱の神の総称で、ご神体は東征の途上、熊野で危機を迎えた神武天皇を助けるために武甕槌神《たけみかづちのかみ》が下した神剣「韴《ふつ》霊剣《みたまのつるぎ》（布都御魂剣《ふつみたまのつるぎ》）」だ。「フツ」は物を切る時の音という説もある。迷いや憂いを断ち切り、起死回生の一手を授けてくれる神の剣のご利益を求め、多くの人が訪れる。

## 国土平定した神剣に起死回生を託す

1081（永保元）年に白河天皇が寄進したと伝わる拝殿は、国内最古として国宝指定。

明治初期までは本殿がなく、拝殿背後にある禁足地を祭祀の場とする原初の神祀りを伝えていた。

向拝（前方に張り出した部分）は近世後期に付け足された。仏教建築の影響も見られ、造営は鎌倉時代とする説もある。

### 祭祀に使われた神の剣

拝殿奥には神剣を奉安する本殿がある。神剣の独特の形は武器ではなく、祭祀用の剣であったことを物語る。

61文字の銘文があるが全文字の解読にはいたっていない。

長さ74.8cm

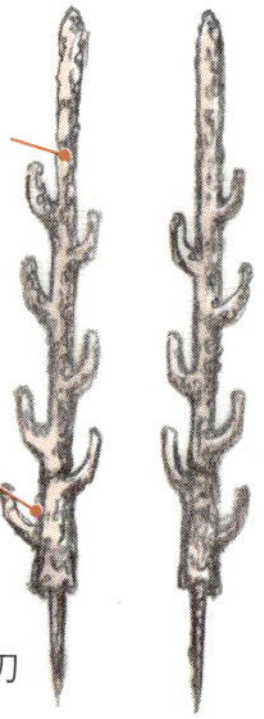


1874（明治7）年、大宮司・菅政友が拝殿後方にある禁足地を発掘して出土。神功皇后が百済から献上された「七支刀（しちしとう）」と推測される。

### 石上大神を祀る

主祭神・石上大神は布都御魂大神（ふつのみたまのおおかみ）、布留御魂大神（ふるのみたまのおおかみ）、布都斯魂大神（ふつしみたまのおおかみ）という3柱の総称。

布都御魂剣[※1]に宿る。

布都御魂大神

十種瑞宝（とくさのみづのだから）[※2]に宿る。

布留御魂大神

十握剣（とつかのつるぎ）[※3]に宿る。

布都斯魂大神

■所在地：奈良県天理市布留町384　■主祭神：石上大神　■創建：紀元前91（崇神天皇7）年　■おもなご利益：起死回生・除災招福

＊左頁の神社情報は155頁の「掲載神社データリスト」を参照してください。

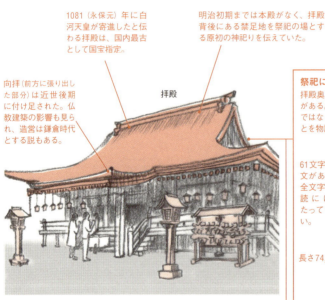

# 日本最古級の神社に残るモノ

楼門前の参道は弥生時代からあるとされる日本最古の道、「山《やま》の辺《べ》の道」の一部。
境内も含めて「歴史的風土特別保存地区」に指定されている

## 日本最古の道に建つ荘厳な楼門

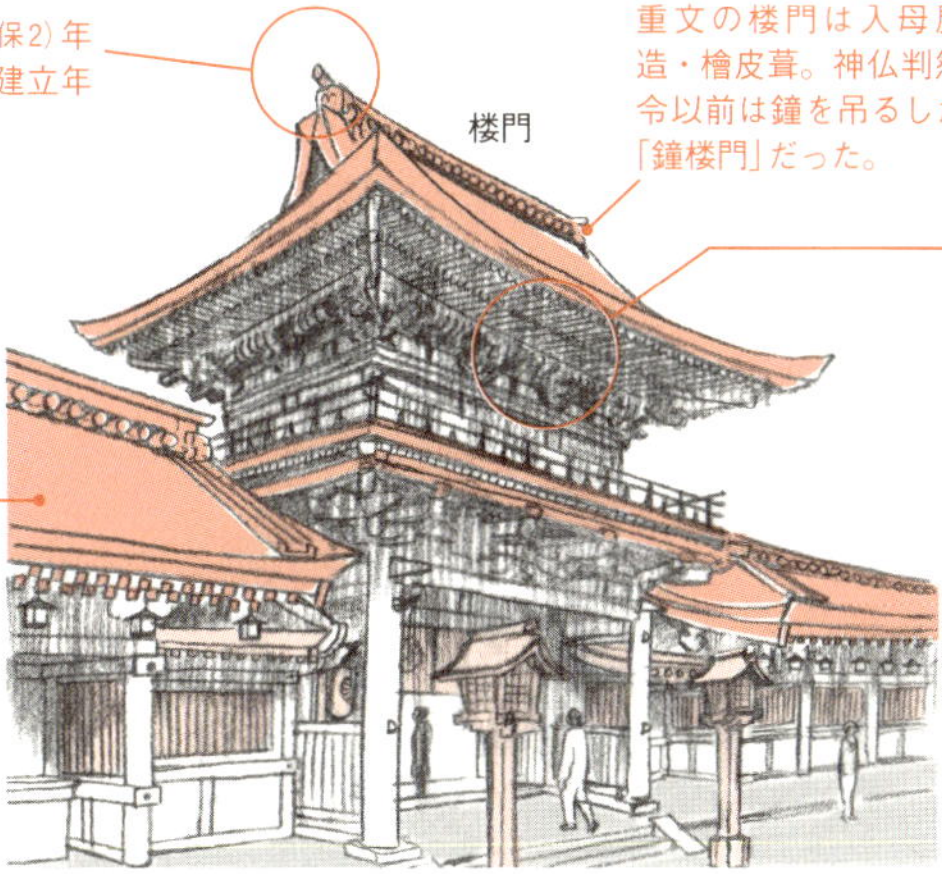


棟木には1318（文保2）年の墨書銘があり、建立年とされている。

楼門につながる廻廊は1932（昭和7）年の完成。

重文の楼門は入母屋造・檜皮葺。神仏判然令以前は鐘を吊るした「鐘楼門」だった。

**木額は「萬古猶新《はんこゆうしん》」**

文字は江戸～大正を生きた軍人・山県有朋の筆による。

本当に大切な物は、時とともに変わることのない不変のものである、の意。

## 本殿完成前には神が鎮座した禁足地

1913（大正2）年に本殿が建てられるまで、社殿背後に広がる禁足地は「神籬（ひもろぎ）」、「御本地」と呼ばれ崇められてきた。

禁足地

神剣とともに出土した神宝類はすべて4世紀頃のものとされている。出土品の多くは拝殿西の神庫に保管。

**垣も剣形**

禁足地を守る石製の瑞垣も、ご神体である剣の形をしている。これより先は参拝者は立ち入ることができない。

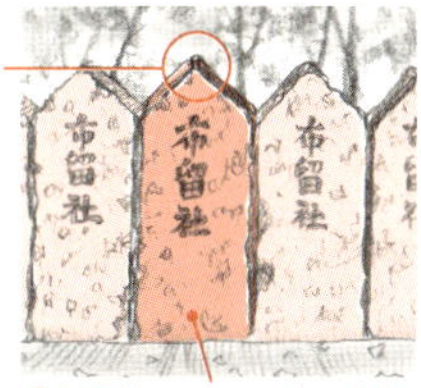


「布留社（ふるしゃ）」は古代から使われて来た石上神宮の別称。

## 後醍醐天皇の馬が魚になって住みついた鏡池

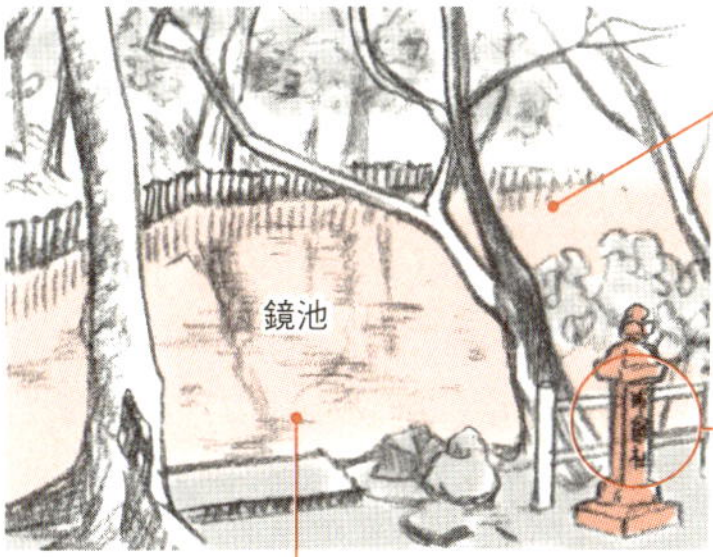


池のほとりに立つ碑にも別称の「布留社」と書かれている。

かつては「石上池」と呼ばれていたこともある。

**鏡池に棲む天然記念物「ワタカ」**

南北朝の争乱で後醍醐天皇が石上神宮に到着した際、敵軍に見つからないよう、いななく軍馬の首を斬り池に投げ入れた。この馬がワタカという魚になったとされる。ワタカはコイ科の魚で奈良県の天然記念物。

馬と同じく草を食べるワタカの習性が、伝説の生まれた要因と考えられている。

※1：「布都御魂剣」は国譲りの際、武甕雷神が用いた神剣。 ※2：「十種瑞宝」は豪族・物部氏の祖先である饒速日尊（にぎはやひのみこと）が、天津神（天上界の神）から授けられた神宝。 ※3：「十握剣」は素戔嗚尊が八岐大蛇を退治した際に使った名剣。

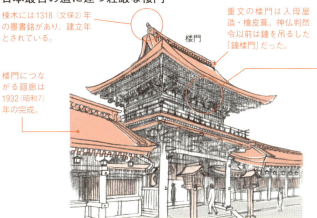

# 火と竈の守護神は神仏習合

奈良　奈良

## 笠山《かさやま》荒神《こうじん》社《じゃ》
## 立里《たてり》荒神《こうじん》社《じゃ》ほか

台所にある竈《かまど》の守護神・荒神《こうじん》については謎が多いが、三宝《さんぽう》(方)荒神《こうじん》※1とも呼ばれ、主として修験道と仏教で祀られてきた。不浄を忌む厳しさが火の清浄性と結び付き、竈の神になったとされる。やがて神道の火の神などと習合、さらには民間信仰における竈神《かまどがみ》や山の神、地主神《じぬしのかみ》の性格も帯びていった。

荒神信仰は西日本を中心に発展。奈良の笠山《かさやま》荒神と立里《たてり》荒神、兵庫の清《きよし》荒神が日本三大荒神とされ、それぞれ笠山荒神社・立里荒神社・清荒神清澄寺《せいちょうじ》で祀られている。

### 男女の竈神を祀る「笠の荒神さん」笠山荒神社

#### 寺院の雰囲気漂う深山に建つ

かつては同じ桜井市内にある竹林寺の境内に鎮座。瓦葺の拝殿など、寺院の雰囲気もあるが、後ろに建つ本殿は春日造。

**竈の神を祀る**
竈の守護神である奥津日子神と奥津比売神のほか、大地の神・土祖神を祀る。

奥津日子神《おきつひこのかみ》　奥津比売神《おきつひめのかみ》

初めて火をおこし、調理して(煮て)食べることを教えたとされる。

#### 空海が身を浄めた閼伽井《あかい》の池

**閼伽井の不動明王**
空海が祀ったとされる不動明王像。堂内には照明が設置され、拝観しやすくなっている。

金運上昇のご利益があるとされる。

境内にある閼伽井の池周辺には弁天社や黒龍社、白龍社などいくつかの小祠が点在する。

空海はこの地に金剛峰寺を建立しようとしたが、笠山が入山禁止だったため断念。閼伽井の池で身を清め、修行したのち高野山へ向かったとされる。

■所在地：奈良県桜井市笠2415　■主祭神：奥津日子神、奥津比売神、土祖神　■創建：未詳　■おもなご利益：台所守護・除災招福

＊左頁の神社情報は155頁の「掲載神社データリスト」を参照してください。

## 高野山の鬼門を守護する元寺院の神社・立里荒神社

空海の高野山開山にあたり、鬼門（北東）の地に荒神を勧請したのが由緒。明治初期まで宝積院《ほうしゃくいん》と称し、高野山と深い関わりがあった。廃仏毀釈で仏体などが退けられ、荒神社と改称した。

社殿の下から生えた杉の木を生かすため、唐破風の一部と床をくりぬいている。

拝殿は1932（昭和7）年造営。火や竈の守護を求める料理人や旅館関係者から厚い崇敬を集める。

祭神は火の神・火産霊神（ほむすびのかみ、別名、軻遇突智［かぐつち］）。荒神と習合した。

**古都・奈良の霊峰に鎮座**

奈良・荒神岳北の峯山頂に鎮座。参道の勾配もきつい。

石段のつづく参道には奉納鳥居が並ぶ。

## 大日如来を荒神が守る・清荒神清澄寺

開山から1100余年。宇多天皇より「日本第一清荒神」と称号を与えられた真言宗の寺院ながら本尊・大日如来の守護神として三宝荒神を祀り、「荒神さん」として崇敬を集める。

天堂には三宝荒神や歓喜天など福徳を授ける諸神諸仏を祀る。参道入口や拝殿前に鋼鉄製の鳥居が立つなど、一般的な寺院には見られない建造物も多い。

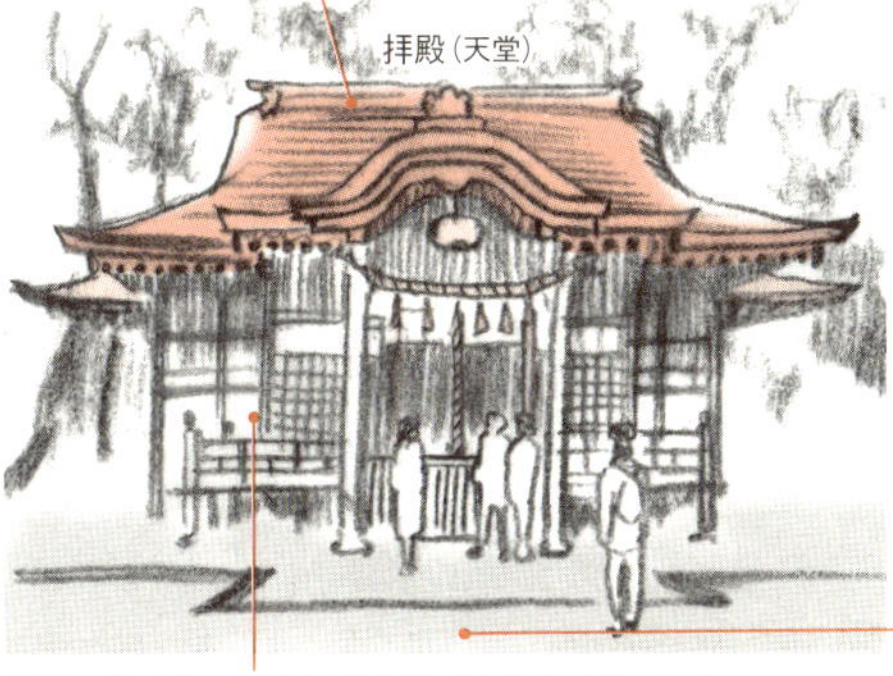


裏手にある棟つづきの浴油堂では福徳の祈りをこめ、三宝荒神・歓喜大（かんぎてん）の合行如法浴油供（ごうぎょうにょほうよくゆく）※2の秘法が行われる。

**神仏が集う「初三宝荒神大祭」**

大祭では全600巻におよぶ『大般若波羅蜜多経』を2日間に渡り拝殿内で読経、奉修する。

山伏、伶人による奏楽も行われ、僧（仏教）×山伏（修験道）×拝殿（神道）という神仏習合の面影が見られる。

※1：三宝荒神は仏教の「三宝」を守護する神。三宝とは「仏」、「法（教典）」「僧（僧侶）」。　※2：「浴油供」は歓喜天像に人肌程度の油を注いで行う修行法の1つで、悩みや祈願に対し道を切り開くご利益がある。

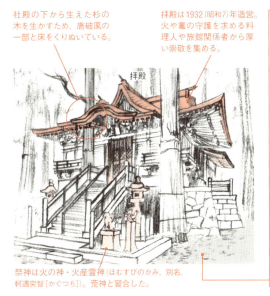

# 無事を祈願して 旅行安全の神

大阪 京都

## 泉州航空神社《せんしゅうこうくうじんじゃ》 首途八幡宮《かどではちまんぐう》 ほか

泉州航空神社は瓊瓊杵尊《ににぎのみこと》に先立って地上に降臨した神・饒速日命《にぎはやひのみこと》を祀る。饒速日命は天磐船《あまのいわふね》という空飛ぶ乗り物で地上に降臨したことから、飛行機やヘリコプターの守護に神威を発揮するとしている。

首途八幡宮の「首途」は門出《かどで》。若き源義経が、奥州・藤原氏のもとへ向かう前に道中の安全を祈願したいわれを持つ。日本で初めて交通安全祈願を斎行したのは、東京・谷保天《やぼてん》満宮《まんぐう》。約100年前、日本初のドライブツアー「遠乗会《とおのりかい》」に際し、運転手の無事の帰宅を祈念した。

## 高天原《たかまがはら》から地上へ 「神話のパイロット」饒速日命を祀る泉州航空神社

### 関西空港の開港を機に創建

1983（昭和58）年、京都・北野天満宮の宮司家出身の佐藤匡英が、航空守護を祈念して創建。

社殿地下では小型プロペラ機をはじめ、4,000点におよぶ航空機関係の資料を展示している。

**天磐船でやって来た神**

饒速日命が高天原から乗って来たという天磐船を祀る磐船神社（大阪・交野市）から勧請している。

祭神の饒速日命は石上神宮（116頁）の祭祀を担った物部氏の祖神と伝わる。

饒速日命

### 参道にはプロペラやヘリもある

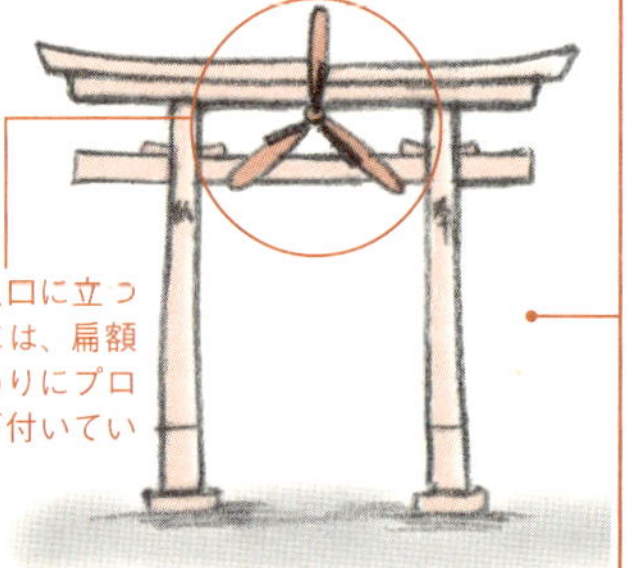

参道入口に立つ鳥居には、扁額の変わりにプロペラが付いている。

**「狛ヘリ」が社殿を守る**

参道脇には狛犬ならぬ狛ヘリコプターが鎮座する。

1981（昭和56）年に泉州航空神社に寄贈されたもの。

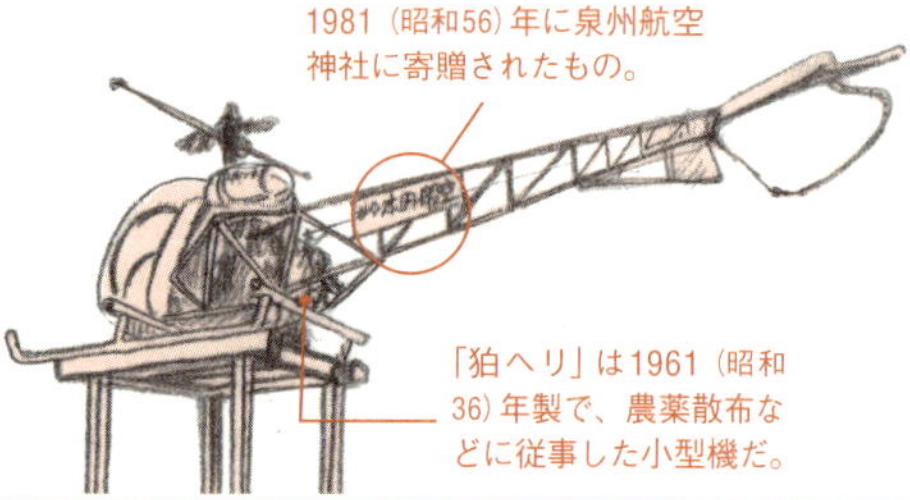

「狛ヘリ」は1961（昭和36）年製で、農薬散布などに従事した小型機だ。

■所在地：大阪府泉佐野市 上瓦屋392-1　■主祭神：饒速日命　■創建：1983（昭和58）年　■おもなご利益：航空安全・交通安全

＊左頁の神社情報は155頁の「掲載神社データリスト」を参照してください。

## 5　旅行の安全祈願なら首途八幡宮

源義経が奥州・藤原秀衡《ふじわらのひでひら》の元へと旅立つ際※、義経とともに道中の安全祈願をしたのが首途八幡宮の社地に住んでいた商人、金売吉次《かねうりきちじ》。この場所からの義経の奥州出立が、社名の由緒と伝わる。

八幡宮の総本宮・宇佐神宮を勧請して創建。かつては「内野八幡宮」と称し、平安京の鬼門守護の社とされていた。祭神は誉田別尊（ほんたわけのみこと、応神天皇）など

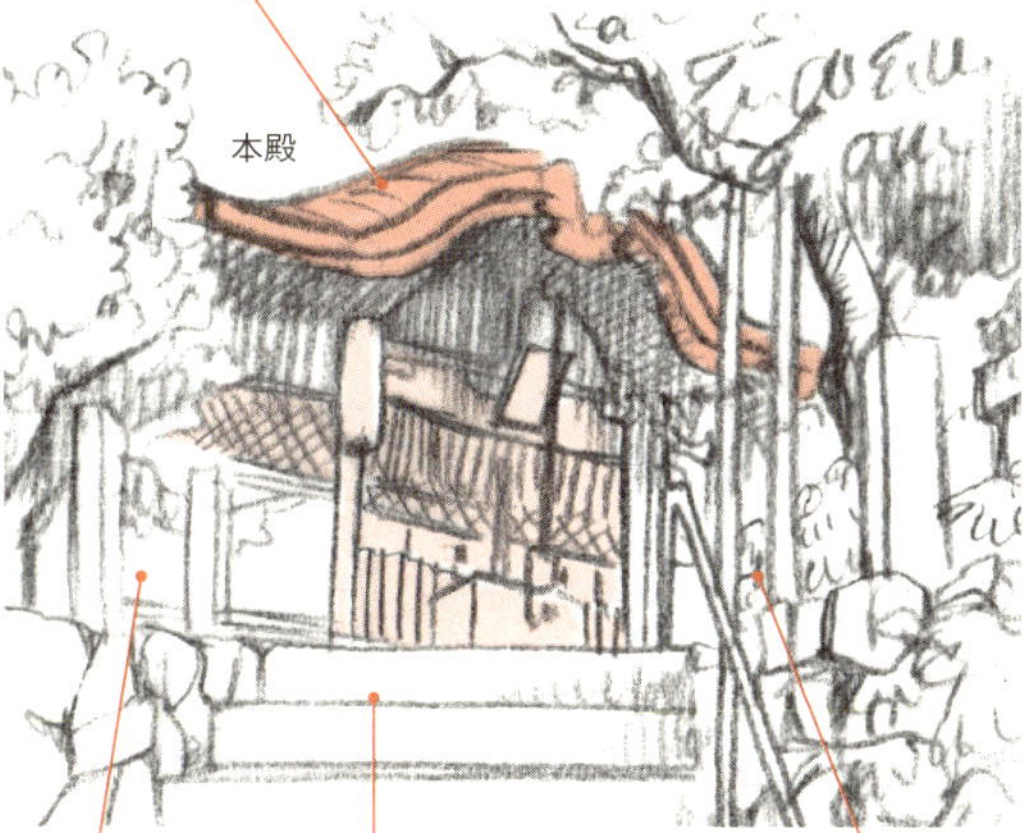


東向きの本殿。

平安時代、社地に住み義経の奥州出立を手助けしたという金売吉次は謎多き人物だが、奥州の砂金を都で売り莫大な財を築いたとされる。

**現代では世界旅行にも**

お守りの表面には世界地図が刺繍されている。

裏面には住所・氏名を記載できるようになっている。

**義経門出の地**

源義経の旅立ちから830年を記念し、2004（平成16）年に奉納された石碑。義経は16歳という若さで奥州へ旅立ったと伝わる。

## 谷保天満宮へのドライブツアーで初の交通安全祈願

1908（明治41）年に実施された日本初のドライブツアー「遠乗会」において、参加者が谷保天満宮に昇殿参拝したのち、無事に帰宅したことから交通安全発祥の地とされている。

東日本最古の天満宮とされ、亀戸天神社、湯島天満宮とともに「関東三大天神」をなす。

多くの天満宮と同様に社紋には「梅鉢紋」を採用。

創祀者の菅原道武は祭神・菅原道真の3男と伝わる。道真の左遷に伴い、武蔵国に流されたとされている。

**レトロな車をお祓い「旧車祭」**

遠乗会で結成された日本初の自動車クラブ「オートモビルクラブジャパン」が主催。

旧車祭の当日は、境内におよそ200台のクラシックカーを展示。一般車の境内への乗り入れは禁止される。

※：源義経の父・源義朝は平清盛と対立し平治の乱を起こし敗れた。義経は鞍馬寺へ預けられ、さらに奥州の武将・藤原秀衡に匿われることに。

# 道具に感謝、物品供養の神社

京都　護王《ごおう》神社

和歌山　淡嶋《あわしま》神社

古来、日本人は様々な道具に命が宿ると考えてきた。その結果、生まれた習わしが様々な物品を弔う「供養日」だ。2月8日、もしくは12月8日は「針供養」とされる。京都の護王神社では、折れたり錆びたりした針を柔らかいこんにゃくに刺してねぎらい、裁縫の上達を願う。

全国の淡島社《あわしましゃ》の総本社・淡嶋神社は人形供養の神社として名高い。3月3日、雛《ひな》祭りの日には奉納された人形を舟に乗せ、海に流して供養。この神事は女児の成長と幸せを祈る意味もある。

## 硬い針は軟らかいコンニャクで供養・護王神社

### 「忠臣の鏡」和気姉弟を祀る

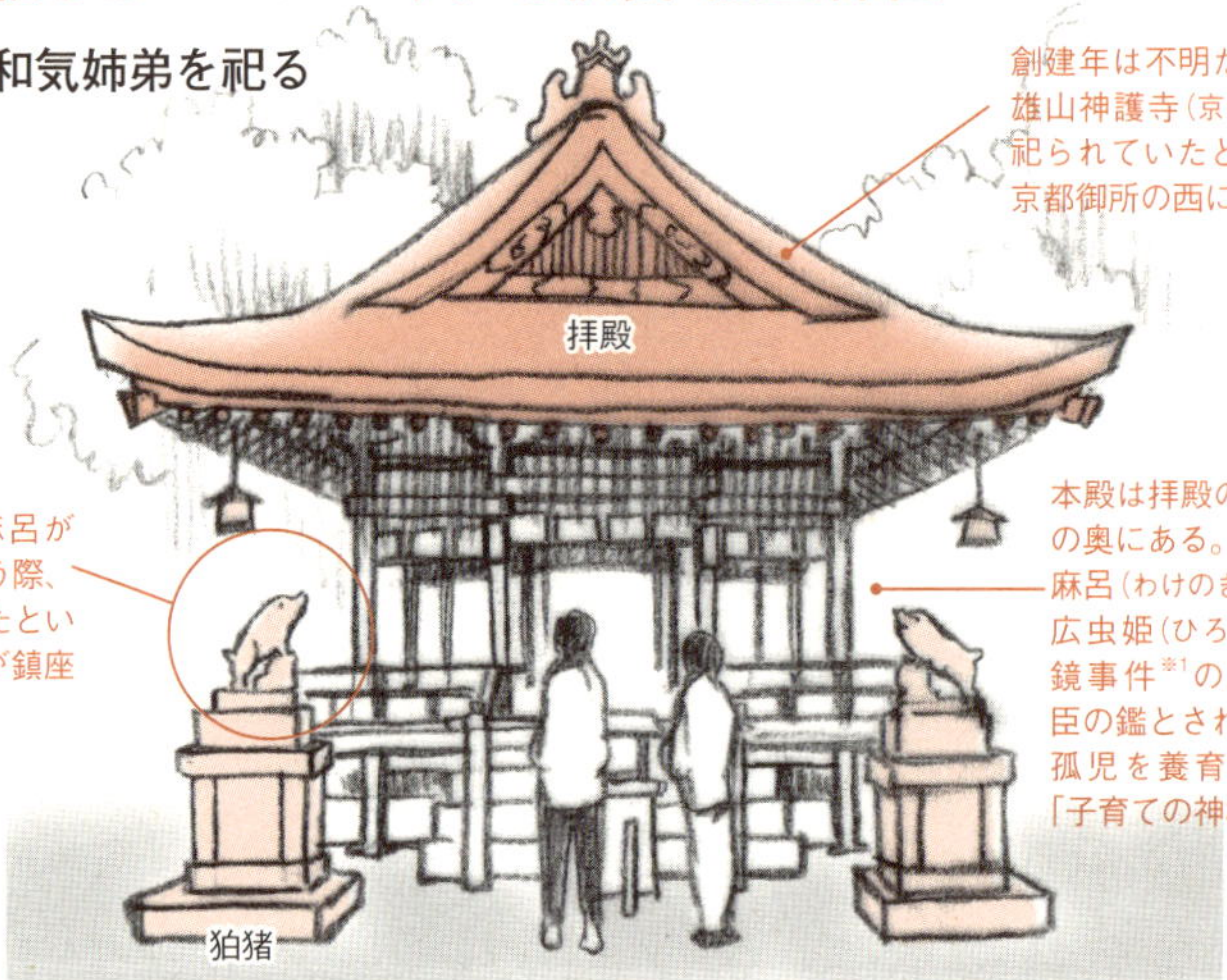

創建年は不明だが、もとは高雄山神護寺（京都市）の境内に祀られていたという。現在は京都御所の西に鎮座する。

祭神の和気清麻呂が宇佐神宮に向かう際、猪の加護を受けたという伝承から狛猪が鎮座する。

本殿は拝殿の裏にある中門の奥にある。祭神の和気清麻呂（わけのきよまろ）と姉・広虫姫（ひろむしひめ）は道鏡事件[※1]の功労から、忠臣の鑑とされる。広虫姫は孤児を養育したことから「子育ての神様」とも。

### 2月8日は針供養祭

境内にある針乃碑。供養した針は碑の後ろに埋められる。

**針仕事はお休み・針供養**

江戸時代頃に始まった行事で、厄日にあたる2月8日、12月8日に針仕事を休み、供養する。針供養は各地で行われる。

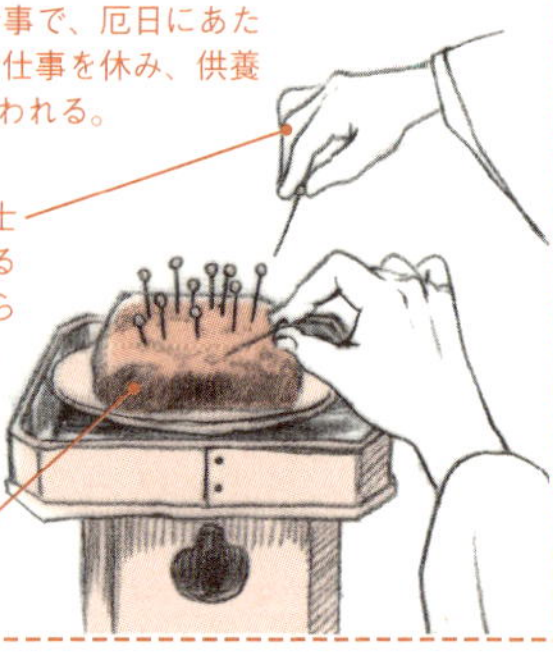

おもな参列者は和裁士や裁縫を得意とする人々。針を弔い、さらなる技の上達を願う。

硬い布地を縫いつづけた針をねぎらうため、供養の場は柔らかなコンニャクや豆腐。

■所在地：京都府京都市上京区烏丸通下長者町下ル桜鶴円町385　■主祭神：和気清麻呂公、和気広虫姫　■創建：未詳　■おもなご利益：足腰守護・子育守護

＊左頁の神社情報は155頁の「掲載神社データリスト」を参照してください。

## 5 雛人形の起源は祭神の神像・淡嶋神社

社伝では神功皇后《じんぐうこうごう》と少彦名命《すくなひこなのみこと》の神像が雛人形の起源とあり、災いを雛人形に移して流す「流し雛」の風習や人形供養が結びついた由縁ともなっている。

### 年間20万体の人形が奉納される

供養できる人形は「顔があるもの」に限られ、年間およそ20万体が納められる。

神仏習合時代の祭神は淡島明神[※2]。婦人病に罹ったために淡島に流されたとしていた。

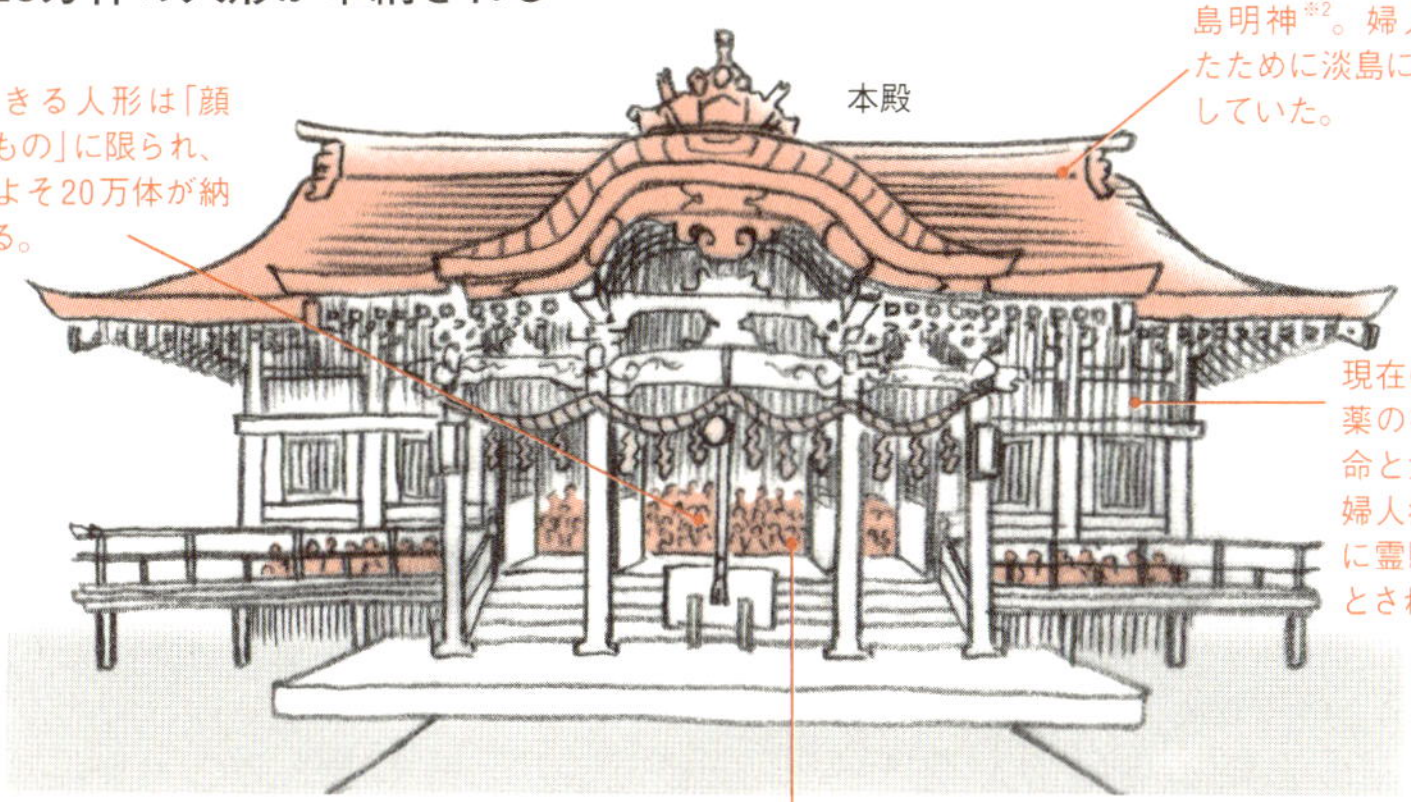


現在の祭神は医薬の神・少彦名命と大己貴神。婦人病平癒などに霊験あらたかとされる。

**お守りには「雛人形の祖」**

雛人形の起源とされる神功皇后と少彦名命が描かれた婦人病除けのお守り。

「お雛守」の色は赤と紫の2種類。

**本殿で雛流し神事を待つ雛人形**

奉納される雛人形は毎年3,000組にも上る。

### 雛人形は桃の花と海へ

3月3日、雛祭り(桃の節句)の日には「雛流し」神事が行われる。雛人形はかつて地域の人々が各自で流しており、神社の行事となったのは1962(昭和37)年から。

桃の節句にちなみ、素木の舟には桃の花が飾られる。

お祓いされた人形のうち400体ほどが3艘の舟に乗せられ、神社近くの加太海岸から流される。

※1：称徳(しょうとく)天皇の寵愛を受けていた僧・道鏡を皇位につけるよう宇佐神宮の神託が下った。和気清麻呂は神託が嘘であると確認し、姉と共に皇位継承を阻止したが、天皇の怒りを買って流罪となった(後に召還)。 ※2：「淡島明神」は明治の神仏判然令(神と仏を区別せよとの通達)により、多くの神社で少彦名命となった。

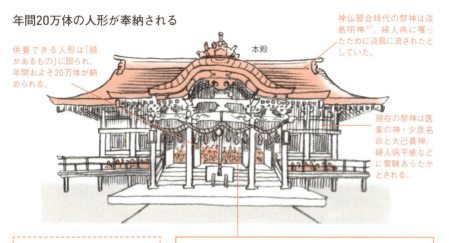

## 職業の大成祈願ならここ

### 熊本 味《み》噌《そ》天神（本村神社）

### 東京 気《き》象《しょう》神社（氷川神社境内社）ほか

八《や》百万《およろず》の神々のなかには「手に職」を持つ職能神がいる。神話においてその道の先駆者とされ、各業界から篤い崇敬を集めている。

肥後・国分寺の味噌蔵があった場所に建つのは味噌天神。腐敗した味噌を美味なる味噌に変えたという逸話をもつ、味噌醸造業者の守護神だ。また、かつて陸軍気象部に鎮座していた気象神社は、気象予報士やその志願者が参詣する。助産師からの尊崇を受けるのは愛媛の高忍日賣《たかおしひめ》神社。この神社では女神の出産を助けた高忍日賣《たかおしひめ》が祀られている。

## 日本で唯一「味噌の守護神」を祀る味噌天神

### 薬の神「御祖《みそ》天神」が味噌天神に

**元々は御祖天神を祀る**
713（和銅6）年、悪疫流行の折、「御祖（みそ）天神」を祀ったのが起源。御祖天神は民間信仰の医薬の神。

後に、国分寺の味噌蔵の守り神となり、味噌天神といわれるように。

正式名称は本村神社だが、熊本市電の停留所にも「味噌天神前」とあり、通称が広く知れ渡る。

現在の祭神・菅原道真を合祀したのは平安時代。

### 秋の例大祭では味噌を無料で配布

秋の例大祭は毎年10月25日に開催。熊本県みそ工業協同組合から奉納された味噌が無料で配布される。

**秋の例大祭で買える「みそ天神万十」**
普段は熊本市内の名庭園・水前寺成趣園近くに店を構える「お菓子のふどきや」で販売されている。

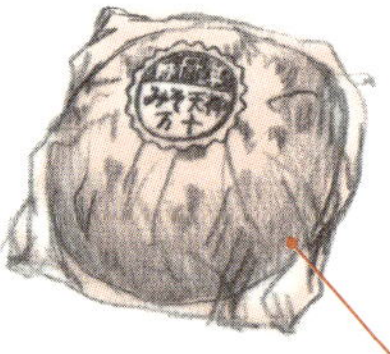

ほのかに味噌が香る皮の中には白餡が込められている。

■所在地：熊本県熊本市中央区大江本町7-1　■主祭神：菅原道真公　■創建：713（和銅6）年　■おもなご利益：醸造守護・学業成就

＊左頁の神社情報は155頁の「掲載神社データリスト」を参照してください。

## 天気を生業とする人々の崇敬を集める気象神社

陸軍気象部構内にあった気象神社は、1948（昭和23）年9月に近隣の高円寺氷川神社境内に遷座した。気象予報士やその卵のほか、天気で仕事が左右される建築業者の参拝も多い。

祭神の思兼神（おもいかねのかみ）は『古事記』の天岩戸隠れで神々を指揮し、天照大神を出すことに成功した知恵の神。難局を打開する神徳が伝わる。

氷川神社（祭神・素戔嗚尊）の境内には稲荷社も鎮まる。

1944（昭和19）年4月10日、陸軍気象部創立記念日に合わせて創祀された。

社殿は神明造。陸軍気象部時代の社殿（空襲で焼失）も伊勢神宮外宮にならい、素木の神明造。

### 希望の天候を祈願「必天気御守」

晴れ・曇り・雨のアイコンが彩るお守り。

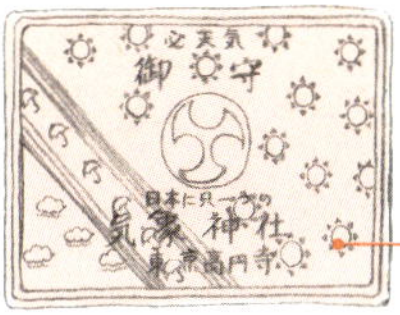


初穂料は500円。財布に入れて持ち歩けるカードサイズ。

### ゲタ形の絵馬で晴天祈願

天気占いの風習にちなみ、絵馬は下駄形。鼻緒は太陽をイメージしてか、赤と黄の2種がある。

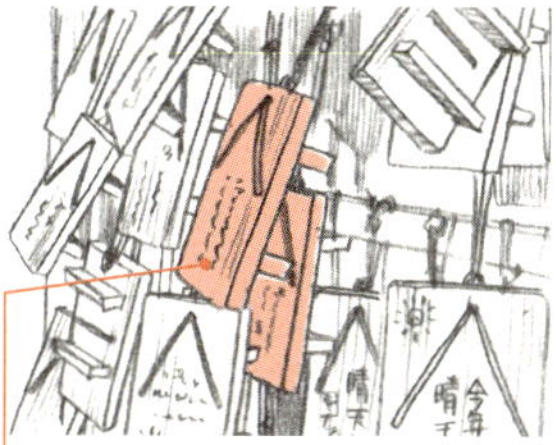

表には「表向きの願い」、裏には「本当の願い」を書いて吊るすという。

## 助産師の崇敬集める高忍日賣神社

主祭神の高忍日賣は女神・豊玉姫命《とよたまひめのみこと》の出産に際し、3柱の神（天忍人命《あめのおしひとのみこと》・天忍男命《あめのおしおのみこと》・天忍日女命《あめのおしひめのみこと》）を遣わし安産に導いたとされる。この伝承により、特に助産師の篤い信仰を集める。

創建年代は不明だが、現社殿は1858（安政5）年に再建されたと伝わる。

高忍日売神社

毎年3月8日には各地の助産師が会する「安産福運大祭」を開催。拝殿で育児相談や腹帯の巻き方指導などが行われる。

### 小石に祈願を「うぶすな様」

拝殿前の楠の下では生まれた土地を守護するという「産土神（うぶすながみ）」を祀る。

背後に立つ神木は樹齢千年と伝わる楠の大木。

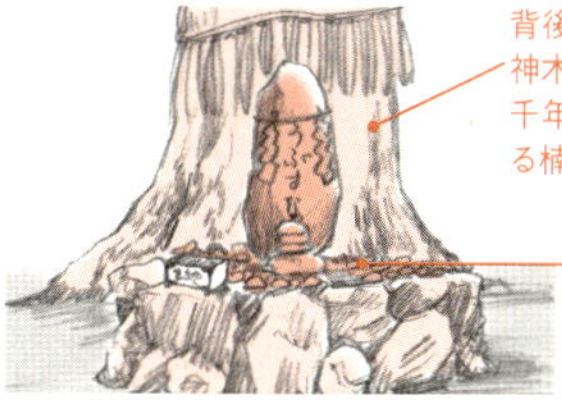

産土神に祈願し、周りの小石を持ち帰ると願いが叶うとされる。成就したら、石を返す。

## column ┃ 平安時代の神社がわかる ──『延喜式《えんぎしき》』神名帳

平安時代、当時定められた法律を記した「法典」が編纂された。そのうちの1つが『延喜式』である。

『延喜式』は905（延喜5）年に編纂を開始、およそ22年かけて927（延長5）年に完成したと伝えられている。原本は残念ながら、残っておらず、現在、金剛寺（大阪）に写本が残るだけである。

『延喜式』はすべて合わせると、その数50巻3,000条を越す膨大なものだが、このうち、1巻から10巻に神社関係の内容が収められている。なかでも、9・10巻は当時の神社名を掲載した神名帳となっており、『延喜式』神名帳の通称で知られる。

この『延喜式』神名帳に記された神社（式内社）は「官社」、つまり朝廷に認められた神社だった。その数は2,861社にもおよび、由緒正しい神社の基準ともいえるが，このリストからはずれた神社（式外社）でも有力な所はあった。

式外社は朝廷との関連が薄かったり、神仏習合による寺院の鎮守社などであったりする社が多かった。

### 平安時代の全国神社図鑑

『延喜式』神名帳では国別、郡別に神社をリストアップし、それぞれの社格や祀る祭神が掲載されている。「社格」には、毎年2月に朝廷の神祇官から幣帛（へいはく、神への奉納物）を受け取る「官幣社（かんぺいしゃ）」と、神社のある国司から幣帛を受け取る「国幣社（こくへいしゃ）」があった。国幣社は都から離れた場所にあり、幣帛を受け取る祝部の上京が難しいとされた神社が指定されることが多かった。

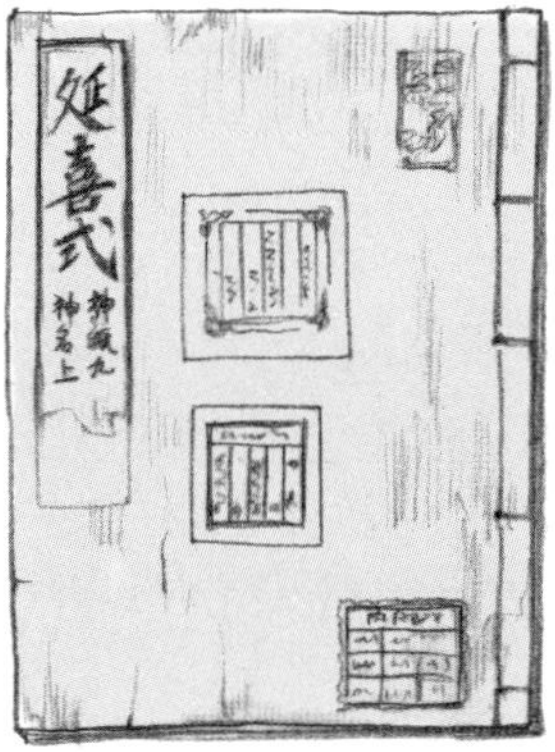


『延喜式』の内容は国立公文書館のデジタルアーカイブで内容を閲覧することができる。

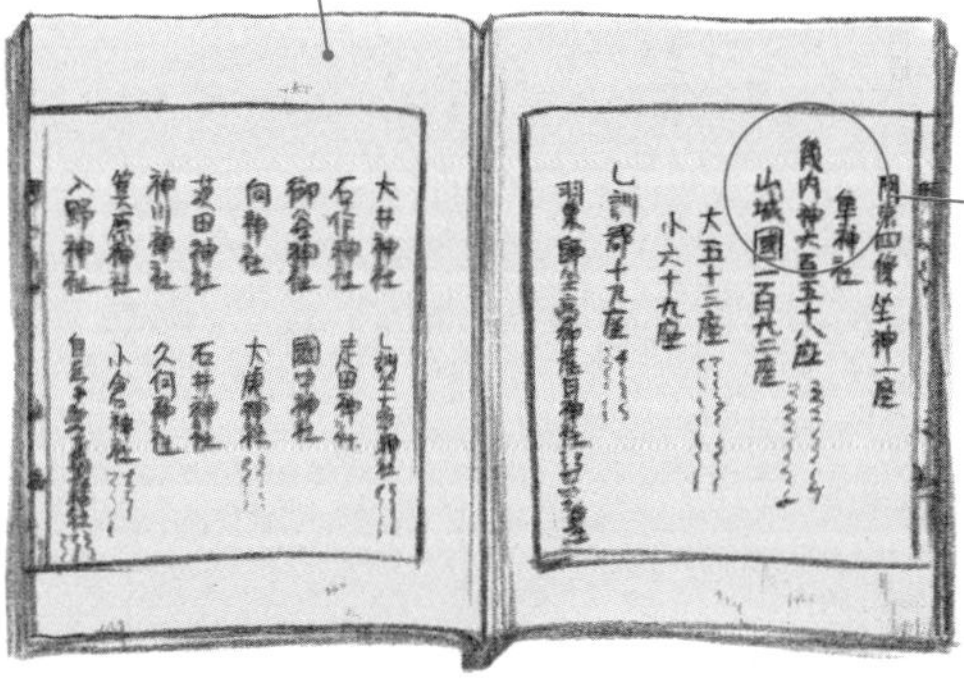

官幣大社は、「畿内」と呼ばれる平安京の至近の地域に多かった。これも神祇官の移動距離と関連していたことと思われる。

# 6章

# 神社の成り立ち

6世紀に仏教が伝来するはるか昔から、「神」は日本各地に鎮座していた。そんな原始の世界の祭祀から現代に至るまで、知ればもっと神社へ行きたくなる、神社の基礎知識いろいろ。

## 神を呼び降ろした古《いにしえ》の聖域

岡山　福岡

# 吉《き》備《び》津《つ》彦《ひこ》神社

# 一宮《いちのみや》神社 ほか

人々は自然物や動植物、自然現象に霊魂が宿ると考え、崇めてきた。やがて稲作が伝わり、生活の基盤が安定すると、収穫に感謝する祭礼が行われるようになったと考えられている。常設の祭祀の場「神社」がまだなかった時代の人々にとって、神は特別な時だけ地上へと降りて来る存在だった。神が降臨すると考えられた場所は山や巨岩、木などで、それがいまに残る「神体山」であり「磐座《いわくら》」や「神木《しんぼく》・神籬《ひもろぎ》」※1である。日本人の祈りの原型は、各地の祭祀遺跡や神事で見ることができる。

### 神が降りたる岩が鎮座・吉備津彦神社

吉備中山※2の北峰、龍王山には、神（大吉備津彦命）が降臨したとされる巨岩（磐座）がある。

吉備津彦神社の元宮と伝えられ、社殿が建築される以前はここで祭祀を行った。

#### 山中の聖地を巡礼・磐座祭

神体山・吉備中山にある元宮の磐座や奥宮の磐座などを登拝巡礼する。5月第2日曜斎行。

誰でも参加可能（昼食持参）。神饌（しんせん）を唱え、全員で大祓詞（おおはらえのことば）※3を奏上する。

■所在地：岡山県岡山市北区一宮1043　■主祭神：大吉備津彦命　■創建：未詳　■おもなご利益：五穀豊穣・武運長久・慈愛・長寿

＊左頁の神社情報は155頁の「掲載神社データリスト」を参照してください。

## 復元された古代祭祀場・一宮神社

北九州市にある一宮神社の境内には磐境《いわさか》といわれる古代祭場跡が残る。
磐境とは神を祀るために石でつくった古代祭祀場のこと。

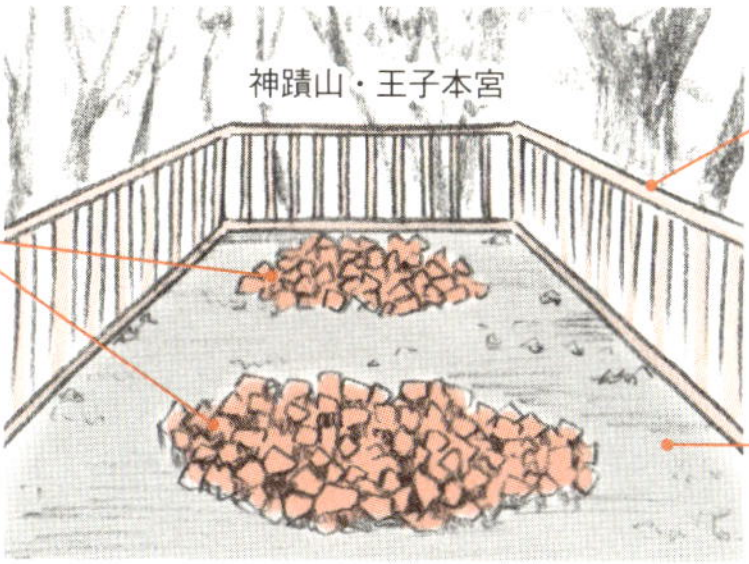


積み石の上に榊などの常緑樹を立て、「神籬」としたと推察される。

聖域と俗界を隔てる「瑞垣」は氏子崇敬者の浄財により整備された。

北九州市の一宮神社は王子神社・大蔵神社・諏訪神社の3社を合祀※4。神武天皇自ら祭祀を行ったとされる磐境を復元している。

## 南と北の原始信仰

琉球の「御嶽《うたき》」は神祭りを行う場で、集落を守る聖域である。一方、アイヌのイオマンテは、小熊を皆で食べて感謝を捧げる祭礼で、食料の安定供給を願うものだ。

### 沖縄最高の聖地 斎場御嶽《せーふぁうたき》

南城市にある斎場御嶽は琉球の始祖「アマミキヨ」が造ったとされる沖縄最高の聖地。最高神女であった聞得大君（きこえのおおきみ）の就任の儀式が執り行われたという。

巨岩が三角形のトンネルを形づくるので三角岩とも呼ばれる。

**聖なる場所・チョウノハナ**

トンネルの奥には斎場御嶽で最も神聖な場所とされる拝所・チョウノハナがある。神の島「久高島（くだかじま）」が望める。

お香を焚き、香炉の上に置いて神に捧げる。

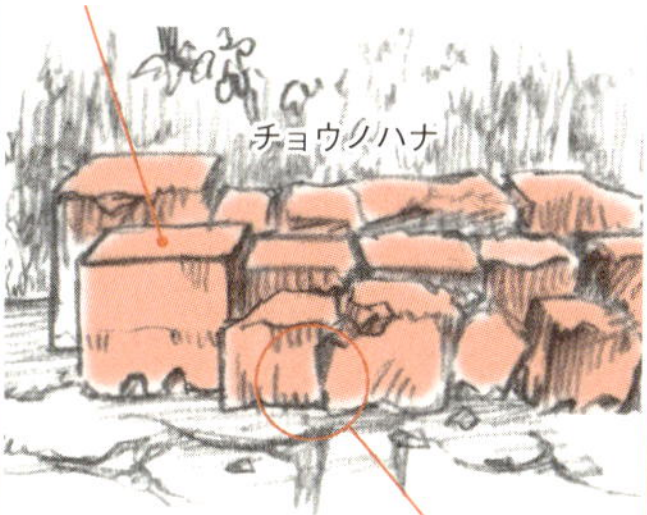


御嶽では拝所に石製の四角い香炉が配置されている場合が多い。

### 和人※5の記したイオマンテ

イオマンテで供される小熊は神からの贈り物と考えられていた。

江戸後期の作とされる絵巻『蝦夷嶋奇観（えぞとうきかん）』では、イオマンテのようすが残されている。

『蝦夷嶋奇観』より

※1：岩石による祭祀場を磐境・磐座、神霊が降臨するとされた木を神籬と呼ぶ。 ※2：東側に吉備津彦神社、西側に吉備津神社が鎮座。古来、神の山として崇敬されている。 ※3：祓を司る祓戸大神が罪穢れを清浄にするさまを述べた祝詞。 ※4：このうち、王子神社は神武東征の際、神武天皇が1年滞在した「岡田宮」と伝わる。※5：アイヌの人々は、かつてアイヌ以外の日本人をこう呼んだ。

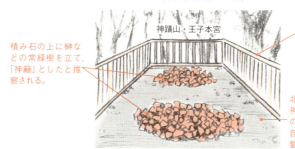

# 神々と仏の「習合」と「分離」

奈良　滋賀

## 東大寺 日吉《ひよし》大社 ほか

**6**世紀半ば、伝来当初の仏は「蕃《あだしくに》神《のかみ》」※1と呼ばれる「神」だった。

しかし仏教の広まりとともに、神仏習合が進む。神を仏の力で解脱《げだつ》させるという考えが誕生、神社に寺（神宮寺）が建つ。

さらに平安時代には「神は仏の仮の姿」とする本地垂迹説《ほんじすいじゃくせつ》が提唱され、権現※2の神号もこの時に登場した。江戸時代になると日本文化の源流を探る国学が興り、神と仏を分けるべきとされる。そして明治政府は、神仏判然令《しんぶつはんぜんれい》を発布。千年にわたり共存してきた寺と神社は分離した。

### 守護の神が近くに鎮まる東大寺二月堂

#### お寺の僧が神々を勧請した

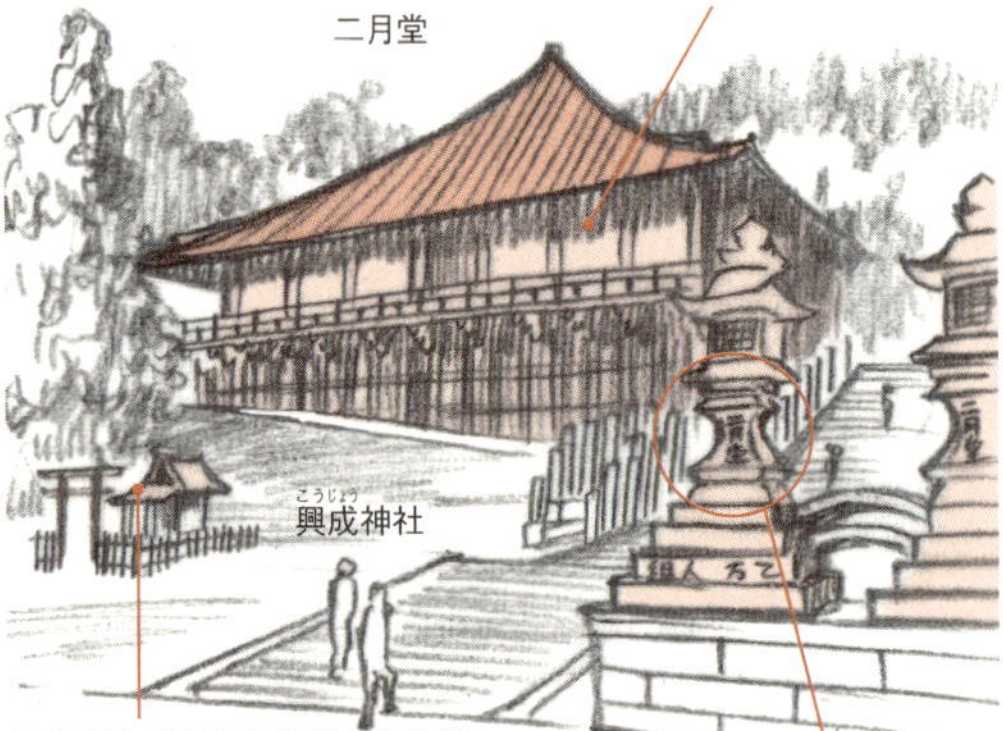


大観音、小観音と呼ばれる2体の十一面観音像が本尊。

神仏習合が当たり前だった時代、寺の境内には寺院を鎮護する「鎮守社」が建てられた。東大寺二月堂の周りには3つの鎮守社が残る。

「二月堂」の由来となったのは旧暦2月に行われる行事「修二会」※3。

#### 二月堂3鎮守の1つ遠敷《おにゅう》神社

遠敷神社の祭神は彦火火出見尊（ひこほほでみのみこと、別名火折尊［ほおり］）。遠敷明神の名で若狭彦神社（福井）にも祀られる。

興成神社、飯道（いいみち）神社と並ぶ二月堂鎮守神の1つ。修二会の始まりと終わりに東大寺の僧が3社を巡拝、神前で祈りを捧げる。

**神仏習合行事「お水取り」**

修二会の行事の1つ。3月12日深夜、本尊に供える「香水」を汲み上げる僧のために松明が灯される。

僧が振り回す松明の火の粉を浴びると、無病息災になるとされる。

香水は下根来（しもねごり）八幡宮（福井）※4の神事を経て遠敷川（福井）へと流される。やがて地下水となり10日後に東大寺境内の井戸「若狭井」に湧き出るとされる。

■所在地：奈良県奈良市雑司町406-1　■本尊：十一面観音　■創建：752（天平勝宝4）年　■おもなご利益：無病息災

＊左頁の神社情報は155頁の「掲載神社データリスト」を参照してください。

## 鎮守神時代の習わしが残る日吉大社

滋賀にある日吉大社は西本宮に大己貴神《おおなむちのかみ》(大国主神)、東本宮に大山咋神《おおやまくいのかみ》を祀る。天台宗の広まりと共に比叡山と延暦寺の鎮守神となり、山王権現《さんのうごんげん》と呼ばれた。神仏分離の後は、境内から仏教的要素を一掃したが、神事を通して神仏の関係は続いている。

### 三輪山の神を勧請した日吉造の西本宮

本殿
正面と両側面に庇を付けるのが日吉(ひえ)造の特徴。
本殿は国宝。西本宮の拝殿と同じく1586(天正14)年の再建。
西本宮祭神は大己貴神。大津京遷都の際に奈良・三輪山から勧請された。

**本殿床下の祭祀場「下殿」**

下殿は神仏習合時代、仏像や仏画を祀り、僧侶が仏事を営んでいた。

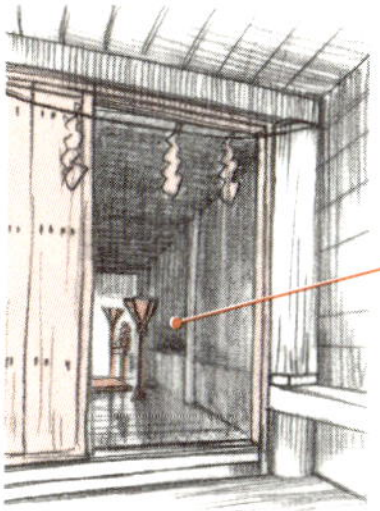
現在は特別祈祷所となり、国宝である本殿に一般参拝者が昇殿できる貴重な場となっている。

### 山の神を祀る東本宮

拝殿
本殿
織田信長の「比叡山焼き討ち」と共に東本宮・西本宮とも多くの社殿が焼失したが、豊臣秀吉が再建した。
1595年造営の本殿は国宝。祭神・大山咋神は山の神。
比叡山の滋賀県側の麓に鎮座する。

**延暦寺の僧が出張「山王礼拝講」**

神官の祝詞奏上後、延暦寺の僧が法華経8巻を読誦する法会「法華八講」は3時間におよぶ。

僧の慢心に怒った山王権現(日吉大社に鎮まる神々)を鎮めるため、若僧の修学成果を披露したことが起源。

## 神と仏の別れを決定づけた「神仏判然令」

1868(慶応4)年に発布された神仏判然令※5により、僧の神社祭祀への関与、「権現」などの仏教的神号が禁止された。神社と寺院も区分され、一部では宮寺や仏像などが破壊(廃仏毀釈)された。

### 失われた大寺院・内山永久寺《うちやまえいきゅうじ》

本堂池
内山永久寺は奈良・天理市にあった。「大和の日光」と称えられた豪華な堂坊も廃仏毀釈で破壊され明治初期に廃寺となった。
現在は本堂前にあった池のみが残る。

### 内山永久寺で唯一残った建物

出雲建雄神社拝殿
内山永久寺の鎮守社・住吉社の拝殿が、石上神宮(奈良)の摂社・出雲建雄神社の拝殿として残る。1914(大正3)年に移築。
中央に通路を開いた割拝殿形式。

※1:「外国からきた神」の意。 ※2:「仏が神として権(かり)に現れる」の意。 ※3:東大寺二月堂の開祖・実忠の創祀した約2週間の行事で、天下泰平を祈願。 ※4:東大寺の守護神・手向山八幡宮から勧請。 ※5:神道の過度な尊重が「廃仏毀釈」につながった。

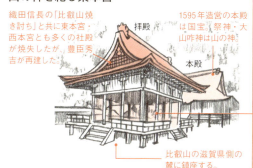

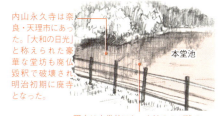

# 諸国の代表「一宮《いちのみや》」に歴史あり

## 鳥取 倭文《しとり》神社 兵庫 射楯兵主《いたてひょうず》神社 ほか

奈良時代から明治初期まで、日本には60余りの令制国《りょうせいこく》（地方行政区分）が存在した。それらの国々でもっとも由緒があり、格式が高いとされた神社が一宮だ。これに続く二宮《にのみや》、三宮《さんのみや》のある国もあった。

一宮ほかは一種の社格だが、国が定めたものではない※1。一国に一宮が2社存在しその正当性を争ったり、下剋上よろしく二宮が一宮に成り代わったりすることもしばしばあった。一宮の成立は11世紀頃とされるが、いまも社地周辺の人々の精神的支柱として信仰を集めている。

## 伯耆国《ほうきのくに》一宮の倭文神社

### 「一ノ宮」の古額が残る拝殿

拝殿
「正一位伯州一ノ宮大明神」と刻まれた勅額※2と伝わる額が現存。
『延喜式』神名帳にその名が残る古社。倭文部（しとりべ）が祖神を祀ったことが由緒とされる。
主祭神は倭文部（しとりべ）ともいわれる織り物の神・建葉槌命（たけはづちのみこと）。大正末までは下照姫命が主祭神とされていた。全国の倭文神社で祀られている。

### 境内から発掘されたお宝

1915（大正4）年の発掘調査により、一ノ宮経塚の地下1.5mから石室が出土。中には経筒（きょうづつ）や仏像が安置されていた。
倭文神社境内、隋神門右手にある。
一ノ宮経塚
一宮の名が刻まれた経筒が出たことから一ノ宮経塚と呼ばれる。
同社の社伝で主祭神・下照姫命（したてるひめのみこと）の墓所とされていた。

**「一宮」の名が刻まれた経筒**

経筒とは経典を入れる容器。高さ約42㎝×直径約20㎝。銅製。

1103（康和5）年10月3日の年紀と共に、「山陰道伯耆国河村東郷御坐一宮大明神」の銘文が刻まれている。

■所在地：鳥取県東伯郡湯梨浜町大字宮内754　■主祭神：建葉槌命　■創建：未詳　■おもなご利益：安産・子授け・縁結び

＊左頁の神社情報は155頁の「掲載神社データリスト」を参照してください。

## 国の祭神を集めて祀る「総社《そうしゃ》」・射楯兵主神社

地方長官である国司の重要な職務に、国内の神社を巡拝し五穀豊穣や天下泰平を祈るというものがある。一宮、二宮、三宮はその巡拝の順序を示している。やがて、国司の労を軽減するため、国府《こくふ》[※3]の近くに一宮以下の神社をまとめて勧請した「総社」が置かれるようになった。射楯兵主神社は播磨国総社として知られる。

### 総社に国中の神が集まる

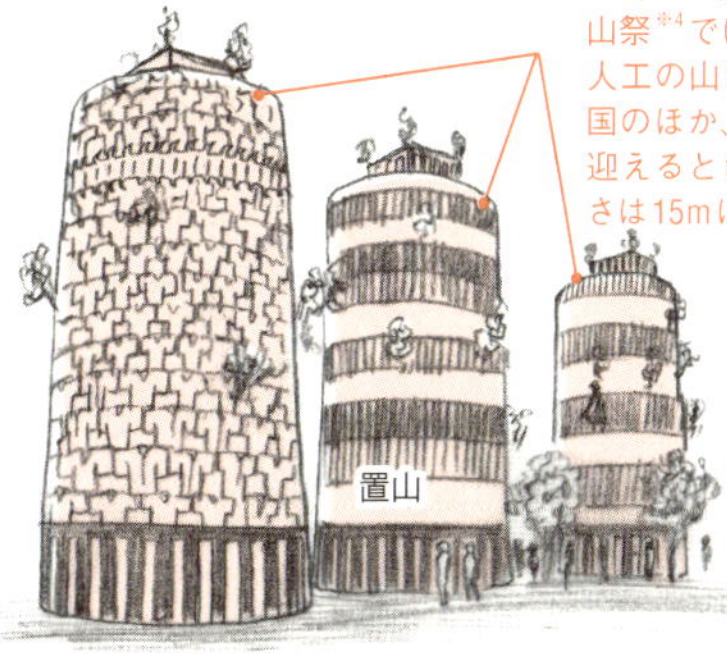


20年に1度行われる三ツ山祭[※4]では「置山」という人工の山をつくり、播磨国のほか、日本中の神を迎えるとされる。その高さは15mにもおよぶ。

**「国府」は総社の町の証**

総社は地方行政機関である国府の近くに創建されたため、射楯兵主神社周辺にも「国府寺町」の名が残る。

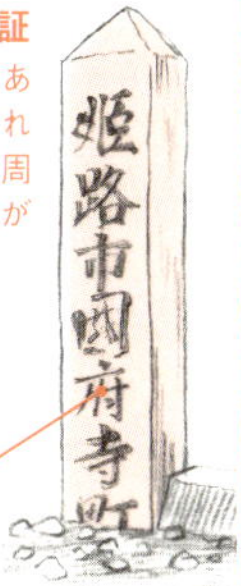

「一宮」「国府」など、一宮制が地名に残された地域は各地に点在する。

### 総社を示す巨大な楼門

2006（平成18）年完成の楼門は幅26m×高さ16mで、国内最大級。「総社門」の通称で知られる。

創祀は564（欽明天皇25）年と伝わる。1181（養和元）年に播磨国16郡・174座の神々を祀る「総社」となった。主祭神は、射楯大神（五十猛命、いそたけるのみこと）と兵主大神（大己貴神）。

## 「一宮争い」に負けた　元祖武蔵国一宮・小野神社

一宮は人々の篤い信仰を集め、寄進も増えることから諸国で「一宮争い」が起きた。越中国（富山）では4社が一宮となったほか、武蔵国では、三宮だった氷川神社が一宮として定着した。

小野神社の祭神は武蔵国開拓の祖神・天下春命（あめのしたはるのみこと）。創建は紀元前532（安寧天皇18）年と伝わる。一方、氷川神社が一宮として登場するのは、室町時代に成立した『大日本国一宮記』が初とされる[※5]。

14世紀の説話集『神道集』では「一宮は小野大明神」と記載されている。

**今も残る「一宮」**

小野神社では社号標や太鼓、朱印帳には「一之宮」の字が今も残る。

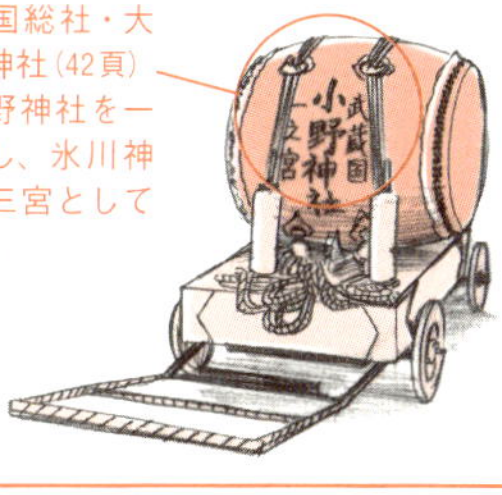

武蔵国総社・大國魂神社（42頁）は小野神社を一宮とし、氷川神社は三宮としている。

※1：国司が国内の主要神社を参拝する順序を定めたのが一宮ほか。一宮から順に、二宮、三宮……と参拝した。これらは神社の勢力により、自然に定まっていったもののようだ。 ※2：天皇直筆の額。 ※3国司の役所。 ※4：三ツ山祭は60年に1度斎行される一ツ山祭りの臨時祭。 ※5：時の権力者の崇敬を集めたことで影響力を増し、一宮に昇格したと考えられる。

# 室町以降は社殿も華やかに

栃木 埼玉

## 日光東照宮《にっこうとうしょうぐう》 秩父《ちちぶ》神社 ほか

**神** 社巡りの楽しみの1つに、社殿彫刻がある。神社建築は伊勢神宮の神明造に象徴されるような、素木《しらき》のシンプルなものが原点。ところが住居を豪勢に飾り立てた武家文化の影響で、室町時代頃から次第に社殿にも意匠を凝らすようになった。

この潮流のピークは江戸初期から中期。極彩色に彩られ、名工の手で彫刻をあしらわれた社殿が日光東照宮をはじめ各地で造営された。その後、幕府の質素倹約政策に伴い彩色を控えるよう強いられた名工たちの熱意は、緻密性へと昇華した。

### 社殿彫刻といえばココ・日光東照宮

#### 家康公の眠る奥宮への参道を飾る「坂下門」

坂下門は白と金に彩色。唐門など、他の神門と比較すると静かな彩色だが、欄間の鶴の透かし彫りや腰羽目の牡丹・唐草など落ち着いた美しさをもつ。

1636（寛永13）年造営で、銅瓦葺・八脚平唐門。

徳川家康が眠る奥宮に通じ、将軍参詣時のみ開かれたため「開かずの門」とも呼ばれた。

坂下門

#### 平和と安定の象徴「眠り猫」

1635（寛永12）年に造営された坂下門手前廻廊の蟇股（かえるまた）に彫られている。国宝。

裏側には、竹林に遊ぶ2羽の雀の彫刻がある。天敵・猫の裏でものんびりと遊ぶ姿は、家康のもたらした平和と安定を表すとも。

**伝説の名工・左甚五郎**

日光東照宮の「眠り猫」をはじめ、左甚五郎作と伝わる彫刻は全国に100カ所近くある。

左甚五郎を主人公とする講談、落語、歌舞伎などが多く生み出された。魂を吹き込まれたため、木彫りの動物たちが夜な夜な歩き出したという逸話も残る。

■所在地：栃木県日光市山内2301　■主祭神：徳川家康公　■創建：1617（元和3）年　■おもなご利益：仕事運・勝負運

＊左頁の神社情報は155頁の「掲載神社データリスト」を参照してください。

## 6　個性豊かな彫刻が揃う秩父神社

「秩父夜祭」で知られる秩父神社の本殿や拝殿にも、左甚五郎作と伝える個性豊かな彫刻が施されている。モチーフとなっているのは、躍動感に満ちた動物たちだ。

**左甚五郎作「子育ての虎」**

「子育ての虎」は、「赤子には肌を離すな。幼児には手を離すな。子どもには目を離すな。若者には心を離すな」という親の心得を説いているとされる。拝殿正面左側に位置。

**「つなぎの龍」も左甚五郎による**

東を守ると伝わる聖獣・青龍が、本殿東面に彫られており、体は青く塗られている。

体には鎖がかけられている。これは彫り物の龍に魂が宿り、夜毎、田畑を荒らしたためだと伝わる。

中世以降は秩父平氏の信仰する妙見信仰※と習合、秩父妙見宮と呼ばれたが、明治の神仏判然令により再び社名を秩父神社とした。

**不老長寿の「お元気三猿」**

妙見菩薩の持つ不老長寿のご利益にあやかろうと「お元気」の名がつけられている。

本殿西側に彫刻された秩父の三猿は「見るべし・聞くべし・言うべし」を表現。

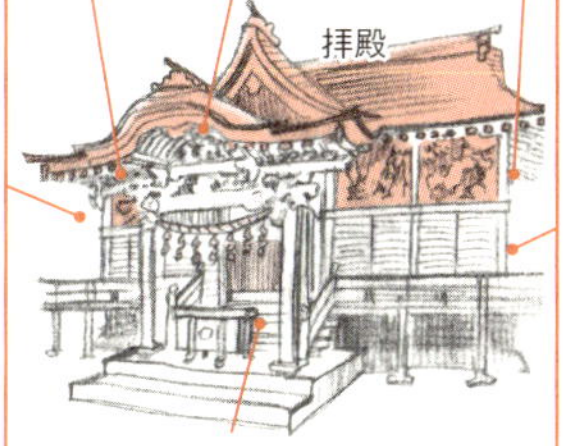


拝殿と本殿をつないだ権現造

**知識の象徴**
**「北辰のふくろう」**

知恵の神である主祭神・思兼神（おもいかねのかみ）の神使にふさわしいと考えられ、モチーフとされた。

本殿北面に彫られており、体は本殿、顔は北を向く。

## 大笹原神社の彩色なしの彫刻は東山文化の粋

滋賀・大笹原神社は室町中期・8代将軍足利義政の頃に花開いた東山文化の粋を集めた建築様式で知られる。社殿彫刻に彩色されていないが、華麗さで参拝者の目を楽しませている。

**「国宝」の彫刻は作者不明**

社殿は国宝に指定されているが、彫刻の作者はわかっていない。

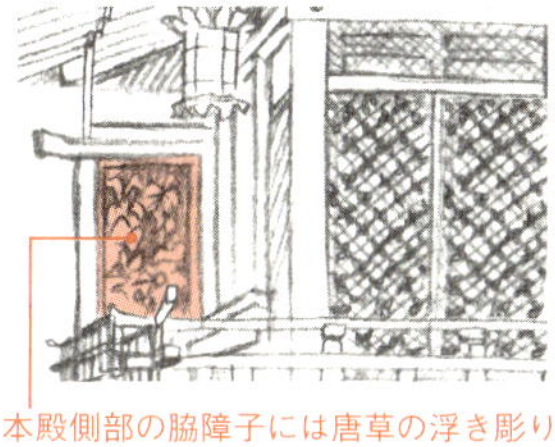

本殿側部の脇障子には唐草の浮き彫り。他の彫刻はほぼ左右対称だが、ここだけはわずかながら対称性が破られ、自由な作風の息吹を感じさせる。

986（寛和2）年の創建と伝わる。現社殿は1414（応永21）年建立。入母屋造。

祭神は素戔嗚尊（すさのおのみこと）をはじめ5柱で、かつては「牛頭（ごず）天王社」と呼ばれた。

※：北極星、および北斗七星を神格化した仏教の「妙見菩薩」を信仰する。

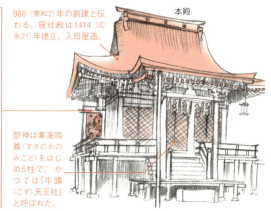

# 神前に捧ぐ聖なる食事

京都　奈良

# 談山《たんざん》神社
# 下鴨《しもがも》神社 ほか

神《しん》饌《せん》とは、神に供える神聖な食事のこと。神の霊力が宿ると考えられてきた米を中心に、酒や塩、魚介類や野菜などをささげることが多い。このうち火を通さないものは「生饌《せいせん》」、煮炊きしたものは「熟饌《じゅくせん》」と呼ばれる。祭礼時の「特別神饌」だけでなく、毎日神饌をつくる神社もある。神饌所のない神社では、氏子が奉納した米や野菜を捧《ささ》げる。

また、お下《さ》がり※1となった神饌を参加者たちで分け合い、神との結びつきを強くする「直会《なおらい》」が行われる祭事もある。

## 談山神社では年に１度、藤原鎌足に芸術的な神饌を

### 社殿形式は日光東照宮のモデル

もとは妙楽寺（みょうらくじ）という寺院の一部だったが、神仏分離によって神社に転じた。

春日造の社殿は1850（嘉永3）年に再建。重文。極彩色の彫刻が施され、東西透廊で本殿を囲む様式は日光東照宮のモデルとされた。

大化の改新の功労者・藤原鎌足を祭神とする。社殿（本殿）は鎌足の霊廟として701（大宝元）年に創建。

### 百味《ひゃくみ》の御食《おんじき》を供える嘉吉祭

「百味」とは「限りない」ことを意味するが、実際に100種類以上の供物が捧げられていた。現在は約30種類。

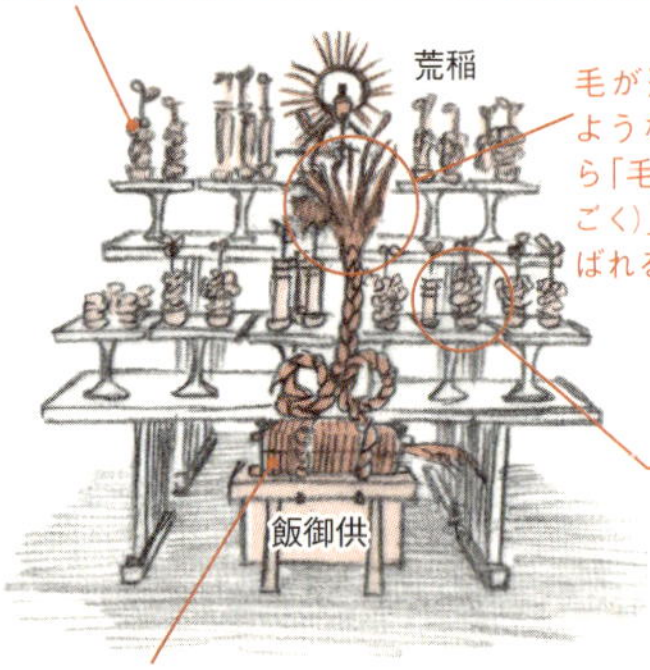


毛が逆立ったような形状から「毛御供（けごく）」とも呼ばれる。

蒸したもち米を稲藁で包み、箱状にし、注連縄をつける。「鎌足さん（祭神の藤原鎌足より）の弁当箱」とも。

#### 氏子がつくるカラフルな神饌・和稲《にぎしね》

神饌を調整する技術は地元多武峰集落の氏子が代々受け継ぐ。

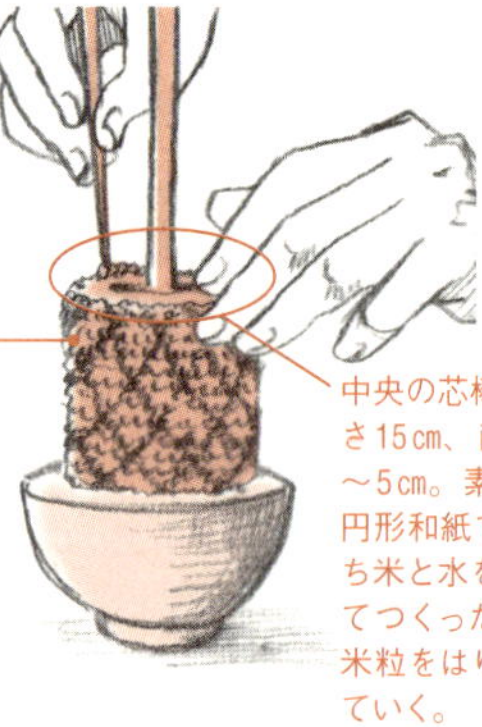

和稲と呼ばれる神饌。赤、青、黄の食用紅で染めた米粒を1周42粒70段にわたってはりつける※2。

中央の芯棒は高さ15㎝、直径4～5㎝。素材は円形和紙で、もち米と水を混ぜてつくった糊で米粒をはりつけていく。

■所在地：奈良県桜井市多武峰319　■主祭神：中臣鎌足公　■創建：701（大宝元）年　■おもなご利益：恋愛成就・結婚成就

＊左頁の神社情報は155頁の「掲載神社データリスト」を参照してください。

## 神事用の台所が残る下鴨神社

境内に神饌を調理する神饌所を備える神社もある。下鴨神社（賀茂御祖《かもみおや》神社）もその1つで、本殿西側には神事用に米や餅などの穀物類を調理していた大炊殿がある。

**葵祭《あおいまつり》※3の神饌もここで**

大炊殿の中の調理場では、葵祭などの神事で捧げられる特別神饌を調理していた。なお、現在は調理場として利用されることはない。

入り口の土間には竈が設けられ、調理場の奥には神饌のレプリカや調理器具が展示されている。

大炊殿はおもに米や餅などの穀物類を調理していた建物で、鳥獣類は境内の供御所にある「贄殿（にえどの）」で調理された。

内部には神饌を調理するための水を汲む井戸がある。

御井の手前には「水ごしらえ場」があり、若水神事をはじめとする水の祭事が行われる。

## 御蔭《みかげ》神社で神饌をのぞき見

下鴨神社の摂社・御蔭神社では、毎年5月12日に御蔭神事を斎行。神霊を神馬に遷し、下鴨神社へと迎えるこの神事では、昆布や魚といった魚介類や神饌菓子が捧げられる。

比叡山山麓の上高野御蔭山（かみたかのみかげやま）に鎮座する境外摂社。本殿は2棟あり、それぞれで、下鴨神社の祭神・玉依媛命（たまよりひめのみこと）と、賀茂建角身命（かもたけつぬみのみこと）の荒魂（あらたま）を祀る。

流造の本殿は江戸期の造営。

**由緒ある神饌菓子も**

神事により神霊を遷した後、神に捧げられた神饌が公開される。

昆布や魚のほか、小麦粉を揚げた神饌菓子「糫餅（かんぺい）」も捧げられる。糫餅は下鴨神社のほか、奈良の春日大社でも供されるもので、古くは奈良時代の文献にも記述がみられる。

※1：神前に供えた神饌を下げたものを「お下がり」と呼ぶ。 ※2：42粒は同社が寺であった頃にあったとされる42の塔頭に由来するという。 ※3：正式名は「賀茂祭」。毎年5月、下鴨神社・上賀茂神社（賀茂別雷神社）（49頁）で行われる例祭。平安貴族の間で「祭」といえば葵祭を意味していた。

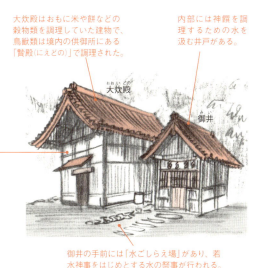

## column ｜ 神社で働く人々の話 —— 神職の階級と装束

昇殿参拝や神事を執り行う人物を「神《かん》主《ぬし》」と呼ぶことがある。ところが、神主というものは正式な職名ではない。

神社で働く人々は「神職」といい、「階位」と「身分」があり、それに応じて、「宮司《ぐうじ》」や「禰宜《ねぎ》」などの職階（役職）が決まる。

神社本庁※1傘下の神社の場合、神職になるには國學院大學の神道文化学部や皇學館大学の神道学科で所定の単位を取得するか、神職養成機関の所定課程を修了する必要がある。

さらに経歴や人格、功績により「身分」が定められ、装束の色が決定する。

### 神職の役職も資格次第

神社で働く人々の役職名。下記のほか、独自の職名を採用する神社もある。

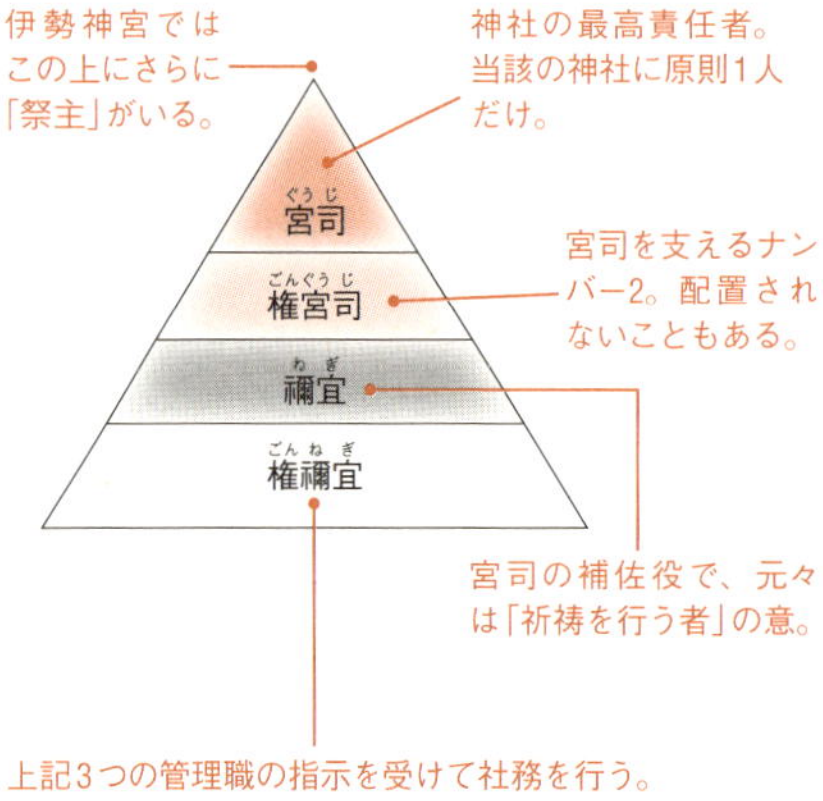


**神職は資格が必須**

より上級の階位へ上がるためには、神社本庁の検定委員会が行う試験を行わなくてはならないほか、神職としての経験も求められる。

| 階　位 | 内　容 |
|---|---|
| 浄階《じょうかい》 | 長年神道研究に貢献した者にのみ与えられる最高階位。 |
| 明階《めいかい》 | 別表神社※2の宮司・権宮司に就くために必要な階位。 |
| 正階《せいかい》 | 一般的な神社の宮司、別表神社の禰宜に就くために必要な階位。 |
| 権正階《ごんせいかい》 | 宮司に就くのに必要な最低階位。 |
| 直階《ちょっかい》 | 一般の神職に就くための階位。 |

### 装束は身分で決まる

神社本庁の身分選考委員会で決定する。別表神社の人事は身分によって定められる。

| 身　分 | 装　束 |
|---|---|
| 特級 | 常装は白袴（文様入り）、正装は黒袍。 |
| 一級 | 常装は薄紫袴（文様入り）、正装は黒袍。 |
| 二級上 | 常装は紫袴（文様入り）、正装は赤袍。 |
| 二級 | 常装は紫袴（文様なし）、正装は赤袍。 |
| 三級 | 常装は浅葱色の袴（文様なし）、正装は紺（縹）袍。 |
| 四級 | 常装は浅葱色の袴（文様なし）、正装は紺（縹）袍。 |

※1：神社神道の宗教団体。神社本庁といっても国の機関ではない。 ※2：神社本庁統轄下の神社の中で、由緒や規模の大きさなどから特別に選定された300余の神社。全国の神社の1％に満たない（東京都内でも明治神宮ほかわずか11社のみ）。

## 神職はこんな時にこんな装束を

神職の装束は平安貴族の装束「衣冠束帯（いかんそくたい）」を基本としている。例祭や祈念祭など、由緒ある重要な祭祀（大祭［たいさい］）では正装、歳旦祭（さいたんさい）や紀元祭などの祭祀（中祭［ちゅうさい］）では礼装、月次祭（つきなみのまつり）などの祭祀（小祭［しょうさい］）では常装を着用することが定められている。

**男性神職の装束**

神社本庁が定めた「神職の祭祀服装に関する規程」を基本としている。

**上級神職の袴は藤紋入り**

紋入りの袴は二級より上級の身分をもつ神職のみが着用できる。

藤紋は藤原氏など、平安貴族が愛用した高貴な紋。

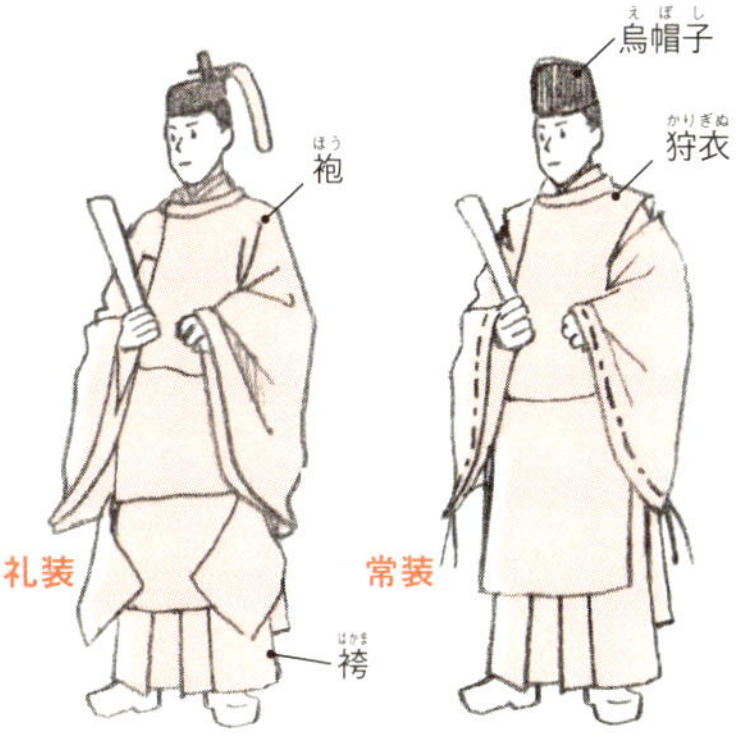

**女性神職の装束**

女性神職と巫女は異なる。神職の女性の割合は全体の1割ほどといわれる。

## 神社に仕える巫女

白衣に緋袴がトレードマークの巫女は神職ではなく、神職をサポートするのが役割。特に資格も必要ない。採用は神社の裁量に委ねられ、神前での作法や神道知識などを身につける。

未婚の若い女性が多い。年始や七五三などの繁忙期には臨時に募集する神社も。伊勢神宮（三重）では「舞女（まいめ）」、今宮戎神社（大阪）では「福娘（ふくむすめ）」と呼ぶ。

巫女の標準的な装束

黒髪を水引などで束ねる。短い場合は添え髪をすることも。

白の小袖。

緋色の袴。神社によっては緑色や紺色の袴を着用することも。よく見る緋袴×白小袖の装束は明治時代に確立したもの。

**巫女の元祖は天鈿女命《あめのうずめのみこと》？**

巫女はかつて、霊的な力も信じられていた。

古代、祭祀や儀礼の中で神意を聞き、それを参加者に伝えた巫女。そのルーツは天鈿女命だといわれている。厳しい潔斎を行いながら神に奉仕する特別な女性であったが、中世以降、次第に神職のサポート役となり現在に到っている。

# 主な神社の系統一覧

ご利益

所願成就
（あらゆる願いを叶える）

国家安寧
（世の中の平穏無事）

## 伊勢信仰（神明《しんめい》信仰）

本社：伊勢神宮・内宮（皇大神宮）
（三重県伊勢市）

主祭神

天照大神《あまてらすおおみかみ》

主な伊勢信仰（神明信仰）の神社

山上《やまのうえ》大神宮（北海道函館市）
開成山《かいせいざん》大神宮（福島県郡山市）
意富比《おおひ》神社（通称船橋大神宮、千葉県船橋市）
東京大神宮（東京都千代田区）
芝大神宮（東京都港区）
伊勢山皇大神宮（神奈川県横浜市）
仁科《にしな》神明宮（長野県大町市）
金沢神明宮（石川県金沢市）
日向《ひむかい》大神宮（京都府京都市）
皇大《こうたい》神社（京都府福知山市）
天岩戸《あめのいわと》神社（京都府福知山市）
露天《つゆのてん》神社（大阪府大阪市）
阿紀《あき》神社（奈良県宇陀市）
ハワイ大神宮（アメリカ・ハワイ州）

ご利益

武勇長久（戦いの幸運祈願）　勝利祈願　出世開運

# 八幡《はちまん》信仰

本社：宇佐神宮（大分県宇佐市）

主祭神

誉田別命《ほんだわけのみこと》（八幡神）

## 主な八幡信仰の神社

大分《だいぶ》八幡宮（福岡県飯塚市）
手向山《たむけやま》八幡宮（奈良県奈良市）
石清水《いわしみず》八幡宮（京都府八幡市）
離宮《りきゅう》八幡宮（京都府乙訓郡大山崎町）
筥崎宮《はこざきぐう》（福岡県福岡市）
鳩森《はとのもり》八幡神社（東京都渋谷区）
鶴岡《つるがおか》八幡宮（神奈川県鎌倉市）
富岡《とみおか》八幡宮（神奈川県横浜市）
鹿児島神宮（鹿児島県霧島市）
大宮八幡宮（東京都杉並区）

ご利益

五穀豊穣　商売繁盛

# 稲荷《いなり》信仰

本社：伏見稲荷大社（京都府京都市）

主祭神

倉稲魂命《うかのみたまのみこと》

## 主な稲荷信仰の神社

笠間稲荷神社（茨城県笠間市）
竹駒神社（宮城県岩沼市）
千代稲荷神社（東京都渋谷区）
柳森神社（東京都千代田区）
豊川稲荷（妙厳寺、愛知県豊川市）
瓢箪山《ひょうたんやま》稲荷神社（大阪府東大阪市）
千代保《ちよぼ》稲荷神社（岐阜県海津市）
草戸《くさど》稲荷神社（広島県福山市）
祐徳《ゆうとく》稲荷神社（佐賀県鹿島市）
最上《さいじょう》稲荷（妙教寺、岡山県岡山市）

ご利益

受験　学業

# 天神《てんじん》信仰

本社：北野天満宮（京都府京都市下京区）
太宰府天満宮（福岡県太宰府市）

主祭神

菅原道真

## 主な天神信仰の神社

弘前《ひろさき》天満宮（青森県弘前市）

湯島《ゆしま》天満宮（東京都文京区）

谷保《やぼ》天満宮（東京都国立市）

飛騨天満宮（岐阜県高山市）

山田天満宮（愛知県名古屋市）

文子《あやこ》天満宮（京都府京都市下京区）

大阪天満宮（大阪府大阪市）

長岡天満宮（京都府長岡京市）

防府《ほうふ》天満宮（山口市防府市）

ご利益

縁結び　安産　商売繁盛　夫婦和合　交通安全

# 出雲《いずも》信仰

本社：出雲大社（島根県出雲市）

主祭神

大国主神《おおくにぬしのかみ》

## 主な出雲信仰の神社

出雲大神宮（京都府亀岡市）

出雲大社東京分祠（東京都港区）

常陸国出雲大社（茨城県笠間市）

ハワイ出雲大社（アメリカ・ハワイ州）

## その他大国主神（大己貴命）を祀る主な神社

氣多《けた》大社（石川県羽咋市）

大國魂《おおくにたま》神社（東京都府中市）

射楯兵主《いたてひょうず》神社（兵庫県姫路市）

大神《おおみわ》神社（奈良県桜井市）

大前《おおさき》神社（栃木県真岡市）

ご利益

厄除　疫病退散　病気平癒　良縁成就　商売繁盛

# 祇園《ぎおん》・津島《つしま》信仰

本社：八坂《やさか》神社（京都府京都市）
広峯《ひろみね》神社（兵庫県姫路市）
津島神社（愛知県津島市）

主祭神

素戔嗚尊《すさのおのみこと》
（建速須佐之男命《たけはやすさのおのみこと》）

## 主な祇園信仰の神社

沼名前《ぬなくま》神社（広島県福山市）
難波《なんば》八阪《やさか》神社（大阪府大阪市）
素盞嗚《すさのお》神社（広島県福山市）
須佐《すさ》神社（和歌山県有田市）
須我《すが》神社（島根県雲南市）
須賀《すが》神社（東京都新宿区）
弥栄《やさか》神社（島根県鹿足郡津和野町）
八雲《やくも》神社（北海道二海郡八雲町）
祇園神社（兵庫県神戸市）

ご利益

安産祈願　子育大願　容姿端麗　火防守護

# 浅間《あさま》信仰

本社：富士山本宮《ほんぐう》浅間《せんげん》大社（静岡県富士宮市）

主祭神

木花之佐久夜毘売命《このはなのさくやひめのみこと》

## 主な浅間信仰の神社

静岡浅間《せんげん》神社（静岡県静岡市葵区）
河口《かわぐち》浅間《あさま》神社（山梨県南都留郡富士河口湖町）
富士《ふじ》御室《おむろ》浅間《せんげん》神社
（山梨県南都留郡富士河口湖町）
北口本宮冨士浅間《せんげん》神社（山梨県富士吉田市）
浅間《あさま》神社（山梨県笛吹市）
一宮《いちのみや》浅間《せんげん》神社（山梨県西八代郡市川三郷町）
小室《おむろ》浅間《せんげん》神社（山梨県富士吉田市）
富知六所《ふじろくしょ》浅間《せんげん》神社（静岡県富士市）
山宮《やまみや》浅間《せんげん》神社（静岡県富士宮市）
須山《すやま》浅間《せんげん》神社（静岡県裾野市）

ご利益

勝負運上昇

# 鹿島《かしま》信仰

本社：鹿島神宮（茨城県鹿嶋市）

本社主祭神

武甕槌大神《たけみかづちのおのかみ》

主な鹿島信仰の神社

鹿島大神宮（福島県郡山市）
鹿嶋神社（東京都品川区）
鹿島神社（神奈川県横浜市）
鹿嶋神社（兵庫県高砂市）
近津《ちこうづ》鹿島神社（熊本県熊本市）

ご利益

縁結び　復縁

# 白山《はくさん》信仰

本社：白山比咩《しらやまひめ》神社（石川県白山市）

本社主祭神

白山比咩大神（菊理媛尊《くくりひめのみこと》）

伊弉諾尊《いさなぎのみこと》

伊弉冉尊《いざなみのみこと》

主な白山信仰の神社

平泉寺《へいぜんじ》白山《はくざん》神社（福井県勝山市）
洲原《すはら》神社（岐阜県美濃市）
長滝白山《ながたきはくさん》神社（岐阜県郡上市）
大山白山《おおやまはくさん》神社（岐阜県加茂郡白川町）
白山《はくさん》神社（東京都文京区）

ご利益

家内安全　安産　縁結び

# 山王《さんのう》信仰

本社：日吉《ひよし》大社（滋賀県大津市）

本社主祭神

大己貴神《おおなむちのかみ》（西本宮）

大山咋神《おおやまくいのかみ》（東本宮）

主な山王信仰の神社

日枝《ひえ》神社（東京都千代田区）
日枝《ひえ》神社（富山県富山市）
日吉《ひよし》神社（千葉県東金市）
日吉《ひよし》神社（岐阜県安八郡神戸町）
山王神社（浦上皇大神宮）（長崎県長崎市）

ご利益

商売繁盛　勝負運上昇

# 三島《みしま》・大山祇《おおやまづみ》信仰

本社：三嶋大社（静岡県三島市）
大山祇神社（愛媛県今治市）

本社主祭神

大山祇神《おおやまつみのかみ》

積羽八重事代主神《つみはやえことしろぬしのかみ》

主な三島信仰の神社

三島神社（東京都台東区）
三嶋神社（神奈川県相模原市）
三島鴨《かも》神社（大阪府高槻市）
三島神社（大分県臼杵市）
三島神社（静岡県賀茂郡南伊豆町）

ご利益

縁結び　安産　健康長寿

# 熊野《くまの》信仰

本社：熊野本宮《ほんぐう》大社（和歌山県田辺市）、
熊野速玉《はやたま》大社（和歌山県新宮市）、
熊野那智《なち》大社
（和歌山県東牟婁郡那智勝浦町）

本社主祭神

家都美御子大神《けつみみこのおおかみ》
（素戔嗚尊《すさのおのみこと》）

熊野速玉大神

熊野夫須美大神《ふすみのおおかみ》

主な熊野信仰神社

三熊野《みぐまの》神社（岩手県花巻市）
熊野神社（東京都新宿区）
師岡《もろおか》熊野神社（神奈川県横浜市）
熊野神社（兵庫県神戸市）
熊野神社（岡山県倉敷市）

ご利益

商売繁盛　除災招福　五穀豊穣

# えびす信仰

本社：西宮《にしのみや》神社（兵庫県西宮市）

本社主祭神

えびす大神
（蛭児《ひるこ》大神）

主なえびす信仰の神社

桐生《きりゅう》西宮神社（群馬県桐生市）
堀川戎《ほりかわえびす》神社（大阪府大阪市）
石津太《いわつた》神社（大阪府堺市）
胡子《えびす》神社（広島県広島市）
柳原蛭子《やなぎはらひるこ》神社（兵庫県神戸市）

ご利益

勝負運上昇　縁結び

# 春日《かすが》信仰

本社：春日大社（奈良県奈良市）

本社主祭神

武甕槌命《たけみかづちのみこと》

経津主命《ふつぬしのみこと》

天児屋根命《あめのこやねのみこと》

比売神《ひめのかみ》

主な春日信仰の神社

春日神社（山形県鶴岡市）
春日神社（福岡県春日市）
春日神社（大分県大分市）
西院春日神社（京都府京都市右京区）
官舎《かんしゃ》神社（三重県伊勢市）

ご利益

武運長久　立身出世　縁結び

# 氷川《ひかわ》信仰

本社：氷川神社（埼玉県さいたま市）

本社主祭神

須佐之男命《すさのおのみこと》

稲田姫《いなだひめのみこと》

大己貴神《おおなむちのかみ》

主な氷川信仰の神社

氷川神社（埼玉県川越市）
簸川《ひかわ》神社（東京都文京区）
氷川神社（東京都練馬区）
中《なか》氷川神社（埼玉県所沢市）
奥《おく》氷川神社（東京都奥多摩市）

ご利益

航海安全　芸能上達　開運出世

# 住吉《すみよし》信仰

本社：住吉大社（大阪府大阪市）

本社主祭神

底筒男命《そこつつのおのみこと》

中筒男命《なかつつのおのみこと》

表筒男命《うわつつのおのみこと》

息長足姫命《おきながらたらしひめのみこと》（神功皇后）

主な住吉信仰の神社

住吉神社（山口県下関市）

住吉神社（福岡県福岡市）

住吉神社（東京都中央区）

住吉神社（北海道小樽市）

住吉神社（兵庫県明石市）

ご利益

仕事運上昇　勝負運上昇

# 東照宮《とうしょうぐう》

本社：日光東照宮（栃木県日光市）
久能山《くのうざん》東照宮（静岡県静岡市）

本社主祭神

徳川家康公

主な東照宮の神社

仙波《せんば》東照宮（埼玉県川越市）

滝山東照宮（愛知県岡崎市）

鳳来山《ほうらいさん》東照宮（愛知県新城市）

日吉《ひよし》東照宮（滋賀県大津市）

紀州東照宮（和歌山県和歌山市）

ご利益

勝利祈願　商売繁盛　子授け

# 諏訪《すわ》信仰

本社：諏訪大社本宮（長野県諏訪市）、
前宮（長野県茅野市）、
春宮・秋宮（長野県諏訪郡下諏訪町）

本社主祭神

建御名方神《たけみなかたのかみ》
（本宮・春宮・秋宮）

八坂刀売神《やさかとめのかみ》
（前宮・春宮・秋宮）

八重事代主神《やえことしろぬしのかみ》
（春宮、秋宮）

主な諏訪信仰の神社

秋田諏訪宮（秋田県仙北郡美郷町）

諏訪神社（東京都新宿区）

五社《ごしゃ》神社諏訪神社（静岡県浜松市）

諏訪神社（大阪府大阪市）

鎮西《ちんぜい》大社諏訪神社（長崎県長崎市）

ご利益

縁結び　航海安全　夫婦円満

# 貴船《きふね》信仰

本社：貴船神社（京都府京都市）

本社主祭神

高龗神《たかおかみのかみ》

主な貴船信仰の神社

貴船《きぶね》神社（群馬県みどり市）

貴船《きぶね》神社（静岡県浜松市）

貴布禰《きふね》神社（兵庫県尼崎市）

貴船《きふね》神社（愛知県名古屋市）

貴船《きふね》神社（東京都品川区）

ご利益

縁結び　安産　婦人病平癒

# 淡島《あわしま》信仰

本社：淡嶋《あわしま》神社（和歌山県和歌山市）

本社主祭神

少彦名命《すくなひこなのみこと》

大己貴神《おおなむちのかみ》

息長足姫命《おきながらたらしひめのみこと》（神功皇后）

### 主な淡島信仰の神社

淡島神社（福岡県北九州市）

淡島神社（長崎県佐世保市）

淡島神社（神奈川県横須賀市）

粟島神社（千葉県白井市）

粟嶋神社（和歌山県海南市）

ご利益

航海安全　商売繁盛　病気平癒　縁切り

# 金比羅《こんぴら》信仰

本社：金刀比羅宮（香川県仲多度郡琴平町）

本社主祭神

大物主神《おおものぬしのかみ》

### 主な金比羅信仰の神社

金刀比羅宮（東京都港区）

安井金刀比羅宮（京都府京都市東山区）

別所琴平神社（熊本県熊本市中央区）

琴平神社（高知県土佐市）

金比羅宮（東京都多摩市）

ご利益

火伏せ（防火）　商売繁盛　縁結び

# 愛宕《あたご》信仰

本社：愛宕神社（京都府京都市）

本社主祭神

伊弉冉尊《いざなみのみこと》

軻遇突智《かぐつち》

天熊人命《あめのくまひとのみこと》

稚産霊《わくむすびのかみ》

豊受大神《とようけのおおかみ》

ほか3神

### 主な愛宕信仰の神社

愛宕神社（宮城県仙台市）

愛宕神社（東京都港区）

古町《ふるまち》愛宕神社（新潟県新潟市）

愛宕神社（京都府亀岡市）

鷲尾《わしお》愛宕神社（福岡県福岡市）

ご利益

航海安全　容姿端麗　水難守護　商売繁盛　技能向上

# 宗像《むなかた》（厳島《いつくしま》）信仰

本社：宗像大社辺津宮《へつぐう》（福岡県宗像市）、
中津宮《なかつぐう》（福岡県宗像市）、
沖津宮《おきつぐう》（福岡県宗像市）

本社主祭神

市杵嶋姫《いちきしまひめ》（辺津宮）、
湍津姫《たぎつひめ》（中津宮）、
田心姫《たごりひめ》（沖津宮）

### 主な宗像（厳島）信仰の神社

宗像神社（奈良県桜井市）

宗像神社（京都府京都市上京区）

厳島神社（広島県廿日市市）

厳島神社（神奈川県横浜市中区）

厳島神社（愛媛県松山市神田町）

| 主祭神 | 創建 | 主な御利益 | 掲載頁 |
|---|---|---|---|
| | | | |
| 武甕槌神 | 初代神武天皇元年(紀元前660)年 | 勝運向上 | p16 |
| 大山祇神 | 594(推古天皇2)年 | 勝運向上・航海守護 | p18 |
| 手力雄神、菅原道真 | 458(雄略天皇2)年 | 学業成就 | p20 |
| 菅原道真 | 905(延喜5)年 | 学業成就 | p22 |
| 菅原道真 | 947(天暦元)年 | 学業成就 | p24 |
| 太玉命 | 初代神武天皇元年 | 事業繁栄 | p26 |
| 大己貴神、少彦名命、平将門命 | 730(天平2)年 | 事業繁栄 | p28 |
| 大山咋神 | 未詳 | 立身出世 | p30 |
| えびす大神(蛭児) | 未詳 | 商売繁盛 | p32 |
| 未詳 | 862(貞観4)年 | 馬券的中 | p34 |
| | | | |
| 天照大神・豊受大神 | 1880(明治13)年 | 恋愛成就・結婚成就・良縁成就 | p38 |
| 大国主神 | 神代 | 恋愛成就・開運招福 | p40 |
| 大國魂大神 | 111(景行天皇41)年 | 恋愛成就・良縁成就 | p42 |
| 大国主神、須勢理姫命 | 1135(長承4)年 | 結婚成就・夫婦円満 | p44 |
| 大己貴神(大国主神) | 未詳 | 良縁成就・恋愛成就・結婚成就 | p46 |
| 玉依比売命 | 未詳 | 良縁成就・恋愛成就・子授け | p48 |
| 素戔嗚尊、奇稲田姫、大己貴神 | 未詳 | 家庭円満・良縁成就 | p50 |
| 素戔嗚尊、奇稲田姫、大己貴神、脚摩乳、手摩乳命 | 541(欽明天皇2)年 | 恋愛成就・良縁成就 | p51 |
| 白山比咩大神、伊弉諾尊、伊弉冉尊 | 紀元前91(崇徳天皇7)年 | 恋愛成就・良縁成就・復縁成就 | p52 |
| 明治天皇、昭憲皇太后 | 1920(大正9)年 | 皇室の繁栄・国家安泰・夫婦和合 | p54 |
| 崇徳天皇、大物主神、源頼政 | 1695(元禄8)年 | 悪縁切り・良縁成就 | p56 |
| 九頭龍大神 | 未詳 | 開運厄除・良縁成就 | p58 |
| | | | |
| 稲荷大神 | 和銅年間と伝わる | 五穀豊穣・商売繁盛・心願成就 | p62 |
| 豊受大神 | 478(雄略天皇22)年 | 五穀豊穣・殖産興業 | p64 |

# DATA

## 掲載神社 データリスト

| 神社名 | 所在地 |
|---|---|
| **第1章／福を招く神社** | |
| 鹿島神宮 | 茨城県鹿嶋市宮中2306-1 |
| 大山祇神社 | 愛媛県今治市大三島町宮浦3327 |
| 湯島天満宮 | 東京都文京区湯島3-30-1 |
| 太宰府天満宮 | 福岡県太宰府市宰府4-7-1 |
| 北野天満宮 | 京都府京都市上京区御前通今出川上る馬喰町 |
| 安房神社 | 千葉県館山市大神宮589 |
| 神田神社（神田明神） | 東京都千代田区外神田2-16-2 |
| 日枝神社 | 東京都千代田区永田町2-10-5 |
| 西宮神社 | 兵庫県西宮市社家町1-17 |
| 勝馬神社（大杉神社境内社） | 茨城県稲敷市阿波958 |
| **第2章／縁結び縁切りの神社** | |
| 東京大神宮 | 東京都千代田区富士見2-4-1 |
| 出雲大社 | 島根県出雲市大社町杵築東195 |
| 大國魂神社 | 東京都府中市宮町3-1 |
| 夫婦大國社（春日大社摂社） | 奈良県奈良市春日野町160 |
| 氣多大社 | 石川県羽咋市寺家町ク1 |
| 片山御子神社（上賀茂神社摂社） | 京都府京都市北区上賀茂本山339 |
| 氷川神社 | 埼玉県さいたま市大宮区高鼻町1-407 |
| 川越氷川神社 | 埼玉県川越市宮下町2-11-3 |
| 白山比咩神社 | 石川県白山市三宮町ニ105-1 |
| 明治神宮 | 東京都渋谷区代々木神園町1-1 |
| 安井金比羅宮 | 京都府京都市東山区東大路松原上ル下弁天町70 |
| 九頭龍神社（箱根神社末社） | 神奈川県足柄下郡箱根町元箱根80-1 |
| **第3章／食を見守る神社** | |
| 伏見稲荷大社 | 京都府京都市伏見区深草薮之内町68 |
| 伊勢神宮 | 三重県伊勢市豊川町279 |

| 主祭神 | 創建 | 主な御利益 | 掲載頁 |
|---|---|---|---|
| 塩土老翁、武甕槌神、経津主神 | 未詳 | 大漁満足・航海安全・身体健康 | p66 |
| 大物主神 | 未詳 | 厄除開運・商売繁盛・醸造守護 | p68 |
| 大山咋神、中津島姫神(市杵嶋姫) | 701(大宝元)年 | 醸造守護・節酒・延命長寿 | p70 |
| | | | |
| 櫛真智命、大己貴神、少彦名命ほか | 紀元前91(崇神天皇7)年 | 病気平癒・厄除開運 | p74 |
| 誉田別命、気長足姫尊、比売大神、大物主神、素戔嗚尊 | 未詳 | 癌封じ・ぼけ封じ・虫封じ・眼病平癒 | p75 |
| 大山祇神、誉田別命 | 未詳 | 腹痛平癒・病気平癒 | p76 |
| 大山咋命 | 729(天平元)年 | 腹痛平癒・病気平癒 | p77 |
| 大己貴神 | 717(養老元)年 | 眼病平癒・厄除開運 | p78 |
| 天児屋根命 | 鎌倉時代初期 | 耳の病気平癒 | p79 |
| 面足尊、吾屋惶根尊 | 1782(天明2)年 | 耳の病気・頭痛平癒・火難除け | p79 |
| 倉稲魂神 | 未詳 | 足腰健康・勝運向上 | p80 |
| 菊理姫命、伊弉冉尊、大己貴神 | 未詳 | 厄除開運・家内安全・交通安全 | p81 |
| 脚摩乳 | 未詳 | 足腰健康・病気平癒 | p81 |
| 平将門 | 未詳 | 首上病気平癒・学業成就 | p82 |
| 唐橋中将光盛卿 | 1191(建久2)年 | 頭部疾病平癒・学業成就・厄除 | p83 |
| 蘇我入鹿 | 未詳 | 首上病気平癒 | p83 |
| 高良玉垂命、八幡大神、住吉大神 | 未詳 | 延命長寿・厄除開運 | p84 |
| 伊弉諾尊、伊弉冉尊 | 神代 | 健康長寿 | p85 |
| 応神天皇 | 未詳 | 皮膚病平癒 | p86 |
| 天照大神 | 未詳 | 皮膚病平癒 | p87 |
| 可美真手命、饒速日尊 | 紀元前659(神武天皇2)年 | 腫瘍平癒・病気平癒 | p87 |
| 市杵嶋姫命 | 1793(寛政5)年 | 健康長寿・開運良縁 | p88 |
| 市杵嶋姫命 | 552(欽明天皇13)年 | 恋愛成就・商売繁盛・芸道上達 | p89 |
| 罔象女神 | 未詳 | 眼病平癒・美肌 | p89 |
| おせき大神 | 未詳 | 喉病平癒 | p90 |
| 級長彦命、凡象女命、津長井命 | 811(弘仁2)年 | 風邪平癒・水難守護 | p91 |
| 素戔嗚尊 | 未詳 | 病気平癒・病魔退散 | p91 |
| 大吉備津彦命 | 未詳 | 開運招福・健康長寿 | p92 |
| 応神天皇 | 未詳 | 疳虫平癒・子どもの病気平癒 | p93 |

| 神社名 | 所在地 |
|---|---|
| 鹽竈神社 | 宮城県塩竈市一森山1-1 |
| 大神神社 | 奈良県桜井市三輪1422 |
| 松尾大社 | 京都府京都市西京区嵐山宮町3 |
| 第4章／病気を治し健康を司る神 | |
| 武蔵御嶽神社 | 東京都青梅市御岳山176 |
| 行田八幡神社 | 埼玉県行田市行田16-23 |
| 杉尾神社 | 和歌山県海南市阪井1858 |
| 仁比山神社 | 佐賀県神埼市神埼町的1692 |
| 篠座神社 | 福井県大野市篠座42-5 |
| 耳明神社 | 広島県尾道市因島土生町1424-2 |
| 武蔵第六天神社 | 埼玉県さいたま市岩槻区大戸1752 |
| 民部稲荷神社（川越八幡宮摂社） | 埼玉県川越市南通町19-1 |
| 白山宮 | 愛知県日進市本郷町宮下519 |
| 足王社（白山宮境内社） | 愛知県日進市本郷町宮下519 |
| 御首神社 | 岐阜県大垣市荒尾町1283-1 |
| 頭之宮四方神社 | 三重県度会郡大紀町大内山3314-2 |
| 入鹿神社 | 奈良県橿原市小綱町 |
| 高良大社 | 福岡県久留米市御井町 |
| 多賀大社 | 滋賀県犬上郡多賀町多賀604 |
| 戸田八幡神社 | 神奈川県厚木市戸田1055 |
| 西宮社（露橋神明社末社） | 愛知県名古屋市中川区山王3-12-4 |
| 石切劔箭神社 | 大阪府東大阪市東石切町1-1-1 |
| 本城厳島神社 | 栃木県足利市本城2-1805 |
| 江島神社 | 神奈川県藤沢市江の島2-3-8 |
| 清水社（熱田神宮末社） | 愛知県名古屋市熱田区神宮1-1-1 |
| おせき社 | 京都府京都市深草薮之内町68 |
| 石井神社 | 東京都江東区亀戸4-37-12 |
| 真田神社 | 神奈川県平塚市真田4 |
| 吉備津神社 | 岡山県岡山市北区吉備津931 |
| 三宅八幡宮 | 京都府京都市左京区上高野三宅町22 |

| 主祭神 | 創建 | 主な御利益 | 掲載頁 |
| --- | --- | --- | --- |
| 日本武尊、手児屋根命、東照宮公 | 651(白雉2)年 | 出世開運・子育て・所願成就 | p93 |
| 天御中主尊、安徳天皇、高倉平中宮、二位の尼 | 未詳 | 安産・水難除け・子育て | p94 |
| 天御中主神、安徳天皇、高倉平中宮、二位の尼 | 1818(文政元)年 | 安産・子授け・水難 | p95 |
| 木花咲耶姫命 | 759(天平宝字3)年 | 縁結び・子授け・厄除け | p95 |
| 少彦名命、神農炎帝 | 1780(安永9)年 | 病気平癒・薬業安全 | p96 |
| 大己貴神、少彦名命 | 未詳 | 病気平癒・学業成就 | p97 |
| 大山咋命 | 537(宣化天皇2)年 | 病気平癒・子宝成就 | p97 |
| | | | |
| 美與利大明神 | 未詳 | 愛猫守護 | p100 |
| 金色姫命 | 未詳 | 猫返し | p101 |
| 少彦名命、天児屋根命 | 1629(寛永6)年 | 病気平癒・安産・文学上達・美術上達 | p101 |
| 稲依別王 | 未詳 | 愛犬守護 | p102 |
| 誉田別命、気長足姫尊、与登比売神 | 未詳 | 国家安泰・平和成就・西方守護 | p103 |
| 天照皇大神(東本宮) | 未詳 | 開運厄除・所願成就 | p104 |
| 天鈿女命 | 1957(昭和32)年 | 芸能上達 | p105 |
| 天鈿女命 | 未詳 | 芸能上達 | p105 |
| 大己貴神、少彦名命、誉田別命 | 舒明天皇年間と伝わる。 | 商売繁盛・身体健全・必勝祈願 | p106 |
| 櫛明玉神、大名持神、少彦名神、五十猛神 | 未詳 | 縁結び・子宝 | p107 |
| 天宇受売命 | 771(宝亀2)年 | 火防守護・恋愛成就・夫婦和合 | p107 |
| 高龗神 | 未詳 | 祈雨止雨・所願成就 | p108 |
| 月讀尊 | 未詳 | 家内安全・夫婦円満 | p109 |
| 月夜見尊、月夜見尊荒御魂 | 未詳 | 家内安全・夫婦円満 | p109 |
| 火雷大神、大雷大神、別雷大神 | 598(推古天皇6)年 | 雷除け・火事除け・地震除け | p109 |
| 天御柱大神、国御大神 | 崇神天皇御世 | 五穀豊穣・気の守護 | p110 |
| 空気 | 1990(平成2)年 | 心身浄化 | p111 |
| 天日鷲神 | 807(大同2)年 | 厄除開運・学業成就 | p112 |
| 天照大神、応神天皇、天児屋根命 | 未詳 | 学業成就・芸能上達 | p113 |
| 鯢大明神 | 未詳 | 家内安全・不老長寿 | p113 |
| 蘇民将来 | 未詳 | 疫病平癒 | p114 |
| 天鈿女命、猿田彦命 | 1182(寿永元)年 | 芸能上達・開運招福 | p115 |

| 神社名 | 所在地 |
| --- | --- |
| 鳥越神社 | 東京都台東区鳥越2-4-1 |
| 水天宮 | 福岡県久留米市瀬下町265-1 |
| 東京水天宮 | 東京都中央区日本橋蛎殻町2-4-1 |
| 子安神社 | 東京都八王子市明神町4-10-3 |
| 少彦名神社 | 大阪府大阪市中央区道修町2-1-8 |
| 五條天神社 | 東京都台東区上野公園4-17 |
| 萩日吉神社 | 埼玉県比企郡ときがわ町西平1198 |
| 第5章／日々の暮らしを守る神社 | |
| 猫神社 | 宮城県石巻市田代浜字仁斗田 |
| 蚕影神社 | 東京都立川市砂川町4-1-1 |
| 阿豆佐味天神社 | 東京都立川市砂川町4-1-1 |
| 犬上神社(大瀧神社摂社) | 滋賀県犬上郡多賀町富之尾1585 |
| 市ヶ谷亀岡八幡宮 | 東京都新宿区市谷八幡町15 |
| 天岩戸神社 | 宮崎県西臼杵郡高千穂町岩戸1073-1 |
| 芸能神社(車折神社摂社) | 京都府京都市右京区嵯峨朝日町23 |
| 佐瑠女神社 | 三重県伊勢市宇治浦田2-1-10 |
| 那須湯泉神社 | 栃木県那須町湯本182 |
| 玉作湯神社 | 島根県松江市玉湯町玉造508 |
| 火男火売神社 | 大分県別府市火売8-1 |
| 貴船神社 | 京都府京都市左京区鞍馬貴船町180 |
| 月讀宮 | 三重県伊勢市中村町742-1 |
| 月夜見宮 | 三重県伊勢市宮後1-3-19 |
| 雷電神社 | 群馬県邑楽郡板倉町板倉2334 |
| 龍田大社 | 奈良県生駒郡三郷町立野南1-29-1 |
| 空気神社 | 山形県西村山郡朝日町大字白倉745-1 |
| 鷲子山上神社 | 栃木県那須郡那珂川町矢又1948 |
| 厳島弁天社 | 東京都品川区二葉4-4-12 |
| 鯢大明神 | 岡山県真庭市豊栄1530 |
| 疫病社 | 京都府京都市東山区祇園町北側625 |
| 太田神社 | 東京都文京区春日1-5-2 |

| 主祭神 | 創建 | 主な御利益 | 掲載頁 |
|---|---|---|---|
| 美穂津姫命 | 2000（平成12）年 | 家内安全・交通安全・厄除開運 | p115 |
| 布都御玉大神 | 紀元前91（崇神天皇7）年 | 起死回生・除災招福 | p116 |
| 奥津日子神、奥津比売神、土祖神 | 未詳 | 台所守護・除災招福 | p118 |
| 誉田別命、火産霊神 | 未詳 | 台所守護 | p119 |
| 大日如来（本尊） | 896（寛平8）年 | 台所守護・家内安全・勝負運 | p119 |
| 饒速日命 | 1983（昭和58）年 | 航空安全・交通安全 | p120 |
| 誉田別尊、比咩大神、息長帯姫命 | 未詳 | 旅行安全・交通安全・家運繁栄 | p121 |
| 菅原道真 | 903（延喜3）年 | 交通安全・学業成就 | p121 |
| 和気清麻呂公、和気広虫姫 | 未詳 | 足腰守護・子育守護 | p122 |
| 少彦名命、大己貴神、息長足姫命 | 未詳 | 婦人病平癒・安産 | p123 |
| 菅原道真公 | 713（和銅6）年 | 醸造守護・学業成就 | p124 |
| 八意思兼命 | 未詳 | 快晴祈願・災害防止・合格祈願 | p125 |
| 高忍日賣大神 | 未詳 | 縁結び・子授け・安産 | p125 |
| | | | |
| 大吉備津彦命 | 未詳 | 五穀豊穣・武運徴求・慈愛・長寿 | p128 |
| 神倭伊波禮毘古命、建御名方命、大歳神 | 未詳 | 延命長寿・開運将来・病気 治癒 | p129 |
| アマミキヨ | 14世紀末 | 癒し・運気向上 | p129 |
| 十一面観音 | 752（天平勝宝4）年 | 無病息災 | p130 |
| 彦火火出見命 | 未詳 | 子宝・子育て | p130 |
| 大己貴神 | 668（天智天皇7）年 | 厄除け・家内安全・商売繁盛 | p131 |
| 出雲健雄命 | 平安後期 | 健康長寿・病気平癒 | p131 |
| 建葉槌命 | 未詳 | 安産・子授け・縁結び | p132 |
| 射楯大神、兵主大神 | 未詳 | 商売繁盛・交通安全・縁結び | p133 |
| 天下春命、瀬織津比咩命、伊弉諾尊、素盞嗚尊、大己貴大神、瓊々杵尊、彦火火出見尊、倉稲魂命 | 紀元前531（安寧天皇18）年 | 厄除け・厄祓い・病気平癒 | p133 |
| 徳川家康公 | 1617（元和3）年 | 仕事運・勝負運 | p134 |
| 八意思兼命、知知夫彦命、天之御中主神、秩父宮雍仁親王 | 紀元前88（崇神天皇10）年 | 学業成就・縁結び | p135 |
| 須佐之男命、櫛稲田姫命 | 986（寛和2）年 | 厄除け・良縁 | p135 |
| 中臣鎌足公 | 701（大宝元）年 | 恋愛成就・結婚成就 | p136 |
| 玉依姫命、賀茂建角身命 | 未詳 | 厄除・方除 | p137 |
| 玉依姫命荒御魂、賀茂建角身命荒御魂 | 未詳 | 恋愛成就・縁結び | p137 |

| 神社名 | 所在地 |
| --- | --- |
| 妖怪神社 | 鳥取県境港市大正町62-1 |
| 石上神宮 | 奈良県天理市布留町384 |
| 笠山荒神社 | 奈良県桜井市笠2415 |
| 立里荒神社 | 奈良県吉野郡野迫川村 |
| 清荒神清澄寺 | 兵庫県宝塚市米谷字清シ1 |
| 泉州航空神社 | 大阪府泉佐野市上瓦屋392-1 |
| 首途八幡宮 | 京都府京都市上京区智恵光院通今出川上ル桜井町102-1 |
| 谷保天満宮 | 東京都国立市谷保5209 |
| 護王神社 | 京都府京都市上京区烏丸通下長者町下ル桜鶴円町385 |
| 淡嶋神社 | 和歌山県和歌山市加太116 |
| 本村神社（味噌天神） | 熊本県熊本市中央区大江本町7-1 |
| 気象神社（氷川神社末社） | 東京都 杉並区高円寺南4-44-19 |
| 高忍日賣神社 | 愛媛県伊予郡松前町徳丸387 |
| **第6章／神社の成り立ち** | |
| 吉備津彦神社 | 岡山県岡山市北区一宮1043 |
| 一宮神社 | 福岡県北九州市八幡西区山寺町12-30 |
| 斎場御嶽サングーイ | 沖縄県南城市知念字久手堅地内 |
| 東大寺二月堂 | 奈良市雑司町406-1 |
| 遠敷神社（東大寺二月堂鎮守） | 奈良市雑司町406-1 |
| 日吉大社西本宮 | 滋賀県大津市坂本5丁目1-1 |
| 出雲健雄神社 | 奈良県天理市布留町384 |
| 倭文神社 | 鳥取県東伯郡湯梨浜町大字宮内754 |
| 射楯兵主神社 | 兵庫県姫路市総社本町190 |
| 小野神社 | 東京都多摩市一ノ宮1-18-8 |
| 日光東照宮（坂下門、眠り猫） | 栃木県日光市山内2301 |
| 秩父神社 | 埼玉県秩父市番場町1-1 |
| 大笹原神社 | 滋賀県野洲市大篠原2375 |
| 談山神社 | 奈良県桜井市多武峰319 |
| 下鴨神社 | 京都府京都市左京区下鴨泉川町59 |
| 御蔭神社（下鴨神社摂社） | 京都府京都市左京区下鴨泉川町59 |

# あとがき

鎌倉時代初期に活躍した歌人の西行法師は、伊勢神宮に出かけたとき、次のような歌を詠んだという。

なにごとの　おはしますかは知らねども　かたじけなさに涙こぼるる

ここにどんな神様がお祀りされているのかはわからないが、ありがたい感じがして自然と涙が出てくる、という意味である。

日本人であれば、多くの人が共感するのではないだろうか。全国に八万社もある神社。それぞれに神が祀られ、独自の歴史を持つ。あまりに身近であるために、なぜそこにその神社があるのか、どんな祭神なのかなど意識する機会なく過ごしがちである。

それでも年末になると、来年の初詣はどこの神社に行こうかなと考えたりする。そんなとき、一年を振り返りながら、新しい年はどんなことを目標にしようか、なにを頑張ろうかと考え、その目標に関わるような神社やご祭神を探してみるというのはどうだろうか。

毎年暮らしている地域の氏神様に初詣に行く人も、その神がどんな神話を持ち、どんなご神徳を持つのかを知ってみると、これまでとは違った見方ができるだろう。

知識が増えると、神社やご祭神がより身近に感じられ、参拝のときには、その神様に心の中で語りかけてみたくなる。願い事を述べるだけではなく、日々の感謝の気持ちも伝えたくなる。この本がそんな神社参拝をするきっかけになれば幸いである。

最後に、ライティングに当たっては、これまでもいくつかの書籍でご一緒した本間美加子さんに多大なご尽力をいただいた。神道、神社の知識に明るく、信頼できる本間さんの存在がなければ、このようにわかりやすく楽しい本にはならなかっただろう。そこにみしまゆかりさんのイラストが加わったことで、行ったことのない神社もより身近に感じられるようになった。編集としてこれらをまとめてくださったジーグレイプの坂田哲彦氏に感謝申し上げたい。

# 参考文献


- 薗田稔・茂木栄監修『日本の神々の事典』学習研究社　1997年
- 川口謙二編著『日本の神様読み解き事典』柏書房　1999年
- 神社本庁監修『神社のいろは』扶桑社　2012年
- 神社本庁監修『神社のいろは続』扶桑社　2013年
- 三橋健著『神社の由来がわかる小事典』PHP研究所　2007年
- 辰宮太一監修『関東の聖地と神社』JTBパブリッシング　2013年
- 丹羽基二著『神紋総覧』講談社　2016年
- 濱島正士監修『文化財探訪クラブ④神社建築』山川出版社　2001年
- 井上順孝編、伊藤聡・遠藤潤・森瑞枝著『神道』新曜社　1998年
- 中村陽監修『イチから知りたい日本の神さま②稲荷大神』戎光祥出版　2009年
- 井上順孝監修、稲田智宏・島田潔・平藤喜久子執筆『すぐわかる日本の神社』東京美術　2008年
- 茂木貞純著『知識ゼロからの伊勢神宮』幻冬舎　2012年
- 『楽学ブックス神社１伊勢神宮』JTBパブリッシング　2011年
- 『楽学ブックス神社２出雲大社』JTBパブリッシング　2012年
- 若林純撮影、構成『寺社の装飾彫刻』日貿出版社　2012年
- 若林純撮影、構成『寺社の装飾彫刻近畿編』日貿出版社　2013年
- 『週刊日本の神社』シリーズ各号　デアゴスティーニ　2014～2016年
- 瓜生中『知識ゼロからの神社と祭り入門』幻冬舎　2003年
- 稲垣栄三著『原色日本の美術　神社と霊廟』小学館　1968年
- ペン編集部編『神社とは何か？　お寺とは何か？２』阪急コミュニケーションズ　2012年
- 谷田 博幸著『鳥居』河出書房新社　2014年

その他、各神社公式サイト・発行パンフレットなどを参照

# Profile

監修

## 平藤喜久子（ひらふじ・きくこ）

1972年山形県生まれ。

國學院大學研究開発推進機構日本文化研究所准教授。博士（日本語日本文学）。

専門は神話学。主な著書に『日本の神様と楽しく生きる』（東邦出版）、『神社ってどんなところ？』（筑摩書房）、『神のかたち図鑑』（白水社・共編著）、『神の文化史事典』（白水社・共編著）、『よくわかる宗教学』（ミネルヴァ書房・共編著）などがある。

著者

## 本間美加子（ほんま・みかこ）

山形県生まれ。早稲田大学教育学部卒業後、編集プロダクション勤務を経てフリーライターに。和の伝統、日本文化をテーマとした書籍を中心に執筆。イラストレーター・上大岡トメさんを隊長とする「ふくもの隊」隊員としても活動中。

『神社さんぽ１・２』（アース・スター・エンターテイメント）、『日本のふくもの図鑑』（朝日新聞出版）などのライティングを担当。

# 神社の解剖図鑑 2

2017年1月1日　初版第1刷発行
2022年4月27日　　　第4刷発行

監修　平藤喜久子

著者　本間美加子

発行者　澤井聖一

発行所　株式会社エクスナレッジ
〒106-0032
東京都港区六本木7-2-26
https://www.xknowledge.co.jp/

問合せ先　編集　Tel：03-3403-1381
Fax：03-3403-1345
info@xknowledge.co.jp
販売　Tel：03-3403-1321
Fax：03-3403-1829